如歌岁月

——纪念北京市昌平区小汤山中学建校五十七周年

JINIAN BEIJINGSHI CHANGPINGQU XIAOTANGSHAN
ZHONGXUE JIANXIAO WUSHIQI ZHOUNIAN

主　编：李士春
副主编：李海燕
编　委：王　炜　张登元　任忠明　闫维清　齐景新
　　　　诸荣胜　王建兴　罗忠洲　顾文志　许　颖
　　　　李　明　丁云峰　朱燕春

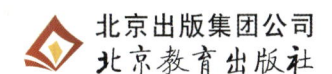

1956—2013

北京出版集团公司
北京教育出版社

图书在版编目（CIP）数据

如歌岁月：纪念北京市昌平区小汤山中学建校五十七周年 / 李士春主编. -- 北京：北京教育出版社，2013.7
 ISBN 978-7-5522-2371-2

Ⅰ.①如… Ⅱ.①李… Ⅲ.①小汤山中学－纪念文集 Ⅳ.①G639.281.3-53

中国版本图书馆CIP数据核字（2013）第151288号

如歌岁月
——纪念北京市昌平区小汤山中学建校五十七周年

RUGESUIYUE

JINIAN BEIJINGSHI CHANGPINGQU XIAOTANGSHAN ZHONGXUE
JIANXIAO WUSHIQI ZHOUNIAN

李士春　主编

北京出版集团公司
北京教育出版社　出版

（北京北三环中路6号）
邮政编码：100120

网址：www.bph.com.cn
北京出版集团公司总发行
全国各地书店经销
三河市国英印务有限公司印刷

＊

787×1 092　16开本　17.5印张
2013年7月第1版　2013年7月第1次印刷
ISBN 978-7-5522-2371-2
定价：48.00元

质量监督电话：010-58572750　58572393

老校掠影

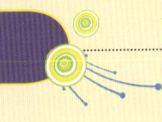

▶ 学校旧址风貌

▶ 1987届高三毕业生部分学生与老师合影

▶ 全校学雷锋大会

▶ 语文教研组获得昌平县优秀教研组荣誉称号

▶ 建校35周年校庆活动

▶ "大地文学社"开展活动

新校风貌

学校全体领导班子合影

市区骨干教师合影

教研组组长合影

年级组长合影

紫金杯优秀班主任合影

荣获北京市"青年文明号"的政治教研组

◀ 学校新址风貌

▶ 办公室

◀ 教室

▶ 二楼文化长廊

◀ 田径场

▶ 学生餐厅

▶ 李校长在"成功课堂"启动大会上发言

◀ 青年教师拜师大会

▶ 外籍教师在我校上课

◀ "成功课堂"小组合作学习模式

▶ "成功课堂"第二阶段实施方案研讨会

◀ 教学经验交流表彰会

建校50周年校庆活动

党员先进性教育活动动员会

学校领导参加学生会第一次例会

2010年重阳节退休教师鲜花港合影

市区级中学生业余党校和少年先锋团校学员参加暑期培训

教师篮球赛

▲ 周一升旗仪式 　　　　　　　　　　▲ 新生军训阅兵式

▲ 家长委员会成员和校领导合影 　　　▲ 高三学生成人仪式暨百日誓师大会

▲ 师生参加迎奥运火炬传递活动 　　　▲ 校团委开展"谢师恩"活动

▲ 学校获得的锦旗 　　　　　　　　　▲ 硕果累累的荣展室

·卷首语·

"溪喜汤泉长积翠,源头活水第英流"。坐落于"汤泉古镇"的小汤山中学,已经走过了五十七年的风雨历程。春华秋实,岁月更替,汤中人用智慧和心血,创造出一个个令人瞩目的佳绩,吟颂出一首首瑰丽奇美的诗篇,谱写出一曲曲催人奋进的乐章,成就了汤中五十七载辉煌。

汤中五十七年的发展足以用"巨变"来形容。五十七年前,"苇坑烂塘蚊虫咬,简陋校舍透骨寒";五十七年后,汤中是一所教学环境温馨美丽、教学设施先进完备的"花园式"学校。五十七年来,相继有近两万名学子,怀抱爱国之心,走出汤中校门,擎起建设祖国的重任。近几年来,学校秉承"以德立校、以质强校、以体促校、以和兴校"的办学策略,沐九华之汤,纳龙脉之气,发扬敢为人先的精神,创新教育教学理念,不断乘势而上,教育教学成绩迈上了新台阶。特别是在学校开展"成功教育"之后,形成了校风正、学风浓、学生文明程度整体提升、教育教学成绩明显提高的良好局面，学生"成长、成人、成才、成功"的培养目标初见成效，"人文和谐校园、师生成长家园、科研成才乐园"的办学特色进一步凸显。

五十七年定格的是时间，流逝的是岁月，记录的是历史。五十七年的风雨，五十七年的求索，五十七年的拼搏，铸就了汤中教育伟岸的身躯，锤炼了汤中教育奋发的意志，谱写了汤中教育辉煌的篇章。

抚今追昔，我们感怀过去，我们憧憬未来。为庆祝昌平区小汤山中学建校五十七周年，反映我校五十七年来取得的显著成就，抒写对母校的至深情怀，激励校园莘莘学子发扬学校优良传统，再创汤中佳绩，小汤山中学举办了"情系汤中"征文活动，并在此基础上编辑出版了《如歌岁月》这本书。书中的作品有的反映了学校的成长历程，有的记录了在学校发展过程中的重要人物、重大活动、重大事件，还有的抒写名师风范、师生情谊、同窗情怀，当然也不乏记录个人成长足迹、抒写感恩母校和祝福母校的作品。衷心地希望《如歌岁月》这本书能够成为曾在汤中工作过的前辈、历届校友和现在的汤中人的精神食粮，以此来愉悦身心、启迪智慧、畅想未来。

汤中的昨天是辉煌的，汤中的明天将更加美好！

学校简介

　　昌平区小汤山中学始建于1956年，原名北京市112中学，位于小汤山镇大柳树环岛西200米。1960年正式更名为北京市昌平县小汤山中学，2000年1月1日更名为北京市昌平区小汤山中学。2000年5月1日，学校迁至小汤山镇西。

　　小汤山中学占地面积4.4万平方米，建筑面积1.7万平方米，使用面积1.1万平方米。图书馆藏书10万册，电子图书300册，订阅杂志200种，订阅报刊90种。拥有计算机300台，多媒体教室座位66个。普通教室30个，实验室6个，专用教室13个，还建有多功能演播厅、室内健身房、录播教室各1个。

　　学校开设教学班30个，其中初中18个，高中12个，在校学生1100多人。学校建有食堂、宿舍楼，可以为120名教师和300名学生提供优质的食宿条件。学校现有教职工116人，包括专任教师109人，其中，高级专业技术职务教师21人，中级专业技术职务教师40人；市级学科带头人1人，区级学科带头人2人；区级骨干教师17人，镇级骨干教师32人，教师学历达标率为100%，教师平均年龄为32.6岁。

　　在全体教职工的不懈努力下，学校在成长中取得了突出的成绩，曾获北京市绿色学校、北京市少年军校示范校、北京市文明礼仪示范校、

北京市电化教育优类校、北京市普通中学规范化建设达标学校、首都绿化美化花园式单位、首都教育系统奥运工作先进集体等荣誉称号。2008年学校训练的女子拔河队，荣获第六届全国农民运动会560公斤级全国冠军，学校因此荣获区政府授予的"特殊贡献"荣誉称号；2009年学校代表昌平区参加北京市中学生体能测试位列初中第二。学校因中考成绩优异多次迈入"十佳"学校行列，2012年，学校中考成绩及格率达到了98.3%，综合排名位于全区前列；2012年学校高考录取率达到95.83%，高考理科数学、理科综合和英语成绩在全区六所普通高中位居第一。2013年，初三中考及格率100%，区排名第一，高考录取率97.2%，本科率52%，其中理科综合及格率、平均分均为普通高中校第一，理科数学为普通高中校第二，其中秦凡凯同学考出了613分的好成绩，位居昌平区第70名。

2011年抗震加固后校园更加美丽，学校更加温馨，现代化设备的大规模使用，大大改善了办学条件，提高了教学效率。和谐校园、民主管理促进教师奋发进取。在"一切为了师生发展"的办学理念推动下，学校两支队伍发展全面迅速，通过教学"成功课堂"改革、德育"三六三一"模式的推广等教育手段的实施，学生整体文明素养大幅度提升，学校步入快速、高效发展阶段，全体师生凝心聚力，共同向着更高的目标前进！

目 录

校史撷英

汤中六十年的变迁 / 郑崇明 ……………………………………… 2

汤中往事 / 柳孝国 ………………………………………………… 5

汤中帮工队 / 薛永宽 ……………………………………………… 7

母校记忆 / 闫瑞亮 ………………………………………………… 8

母校记忆 / 杨继祥 ………………………………………………… 9

说说"非典"那年的事儿 / 高　兴 ……………………………… 11

桃李芳华

教育梦，我的梦 / 任忠明 ………………………………………… 14

难忘的经历 / 田俊杰 ……………………………………………… 18

铸炼师魂谱心曲，登高立远育人才 / 闫维清 …………………… 20

我真的想说 / 王建兴 ……………………………………………… 26

在历练中成长，在成长中成熟 / 丁云峰 ………………………… 29

从一次次转岗中华丽转身 / 杨　娜 ……………………………… 32

个人成长感悟 / 曹芳源 …………………………………………… 35

板报情缘 / 陈长恕 ………………………………………………… 37

刻印工作的如歌岁月 / 陈长恕 …………………………………… 40

管理艺术

以学校文化建设为引领，促进学校又好又快发展 / 李士春 …………… 46
创建和谐职工之家，促进学校快速发展 / 王　炜 …………………… 54
发挥先锋模范作用，再创汤中辉煌 / 王　炜 ………………………… 64
汤中将再次腾飞 / 张登元 ……………………………………………… 69
成功课堂——学校教学的永恒追求 / 闫维清 ………………………… 73
打造优秀单元教师群体——记小汤山中学政治教研组 / 任忠明 …… 78
实施成功德育模式，促进学生和谐发展 / 诸荣胜 …………………… 91

杏坛弦歌

爱的旋律 / 段焕章 ……………………………………………………… 98
信手拈花——我和我的孩子们的点滴记忆 / 蒋红梅 ………………… 99
秋日的校园 / 朱燕春 …………………………………………………… 103
信任是一种力量 / 朱燕春 ……………………………………………… 104
梦里繁花依旧——我的母校记忆 / 杨建华 …………………………… 106
我的点滴生活剪影 / 车玉鹏 …………………………………………… 112
教师日记 / 王小燕 ……………………………………………………… 116

翌日朝晖

难忘的中学时代 / 孔　利 ……………………………………………… 124
我与母校同龄，我和母校同行 / 蔡国平 ……………………………… 128
别　后 / 许春华 ………………………………………………………… 130
有一种爱叫"咱们" / 张　宁 …………………………………………… 132
汤中情结 / 张庆民 ……………………………………………………… 134

小汤山中学，我的家 / 高艳丽 …………………………………… 139

我的母校——别来无恙 / 朱春颖 …………………………… 141

我的母校——112中 / 蒋国礼 ……………………………… 142

你若安好，便是晴天 / 谢萌家长 …………………………… 143

不止汤中的三年 / 李木子 …………………………………… 145

母校记忆 / 杨紫桐 ……………………………………………… 147

汤中回忆 / 张　萌 ……………………………………………… 150

祝你生日快乐 / 张　思 ………………………………………… 151

记忆最深处，抹不掉，替不了 / 张子涵 …………………… 152

园丁心语

汤中——我的家 / 张登元 ……………………………………… 156

感谢有您 / 李海燕 ……………………………………………… 157

绚丽人生的起点 / 许　颖 ……………………………………… 159

我在母校 / 刘永江 ……………………………………………… 161

赞汤中成功课堂 / 刘永江 ……………………………………… 164

汤中今昔赞 / 刘永江 …………………………………………… 165

赞汤中 / 曹德华 ………………………………………………… 165

借助外力，发展自己，惠及学生 / 付东方 ………………… 166

感恩的心 / 李　明 ……………………………………………… 169

冬日的阳光 / 顾文志 …………………………………………… 171

我的汤中情 / 马有林 …………………………………………… 173

爱的世界——班主任的经历 / 臧　鹏 ……………………… 176

我们是一家人，相亲相爱的一家人 / 王　玲 ……………… 179

新教师的感受 / 吴春阳 ………………………………………… 181

长大后，我就成了你 / 赵文婧 ……………………………… 182

做教练的喜悦和幸福 / 穆欣欣 ………………………………………… 184

在加拿大学习的日子 / 邢惠萍 ………………………………………… 187

感恩汤中，努力工作 / 魏建辉 ………………………………………… 190

散尽学生气，成为中学老师 / 刘丙寅 ………………………………… 192

我参与，我成功，我快乐 / 程　希 …………………………………… 194

做颁奖礼仪员的收获 / 王　蕊 ………………………………………… 196

成长感悟 / 高淑娟 ……………………………………………………… 197

从汤中学生到中层领导的感悟 / 齐景新 ……………………………… 201

我眼中的李校长 / 罗忠洲 ……………………………………………… 209

交流平台

浅谈小组合作教学模式 / 李红艳 ……………………………………… 214

让孩子喜欢生物课 / 李海红 …………………………………………… 217

千百倍耕耘，换来桃李满园香——我的英语教学感悟 / 陈立银 …… 221

学生体能测试的感悟 / 夏宝成 ………………………………………… 226

走好教师专业发展之路 / 马　婷 ……………………………………… 229

做一名出色的化学教师 / 冯春梅 ……………………………………… 231

和风细雨润心田 / 杨长芳 ……………………………………………… 235

新课改下的高中数学课堂教学 / 佐晓峰 ……………………………… 237

理念指引教学方向，小组合作学习收效高 / 吴卫辛 ………………… 242

浅谈高中后进生的转化 / 孙建明 ……………………………………… 245

成功课堂的理念与实践 / 张　艳 ……………………………………… 250

如何提高通用技术课程课堂的实效性 / 魏　军 ……………………… 253

"心灵港湾"让汤中心理健康教育扬帆启航 / 陈　玲 ………………… 256

播撒师爱之光，呵护打工子弟 / 孙　婕 ……………………………… 260

校史撷英

回顾与学校有关的重要人物、重大活动、重大事件,追忆校园风貌的重大变迁等。

汤中六十年的变迁

◎作者 郑崇明

小汤山中学始建于1956年，坐落在小汤山镇大柳树村村南，原名为"北京市112中学"，建校初期只有初中部，每个年级四个班，每届招收180名学生。

从原校名看，首都北京的中学教育还是很弱的。当时几百万人口的大都市也就这百十所学校，从这点看，小汤山地区的人民是幸运的。新中国成立刚七年，城市工业、手工业公私合营还没有完全完成，农民刚从几家几户的互助组往初级合作社过渡，可见国民经济还是相当落后的，甚至可以说当时中国还是一个贫穷落后的国家。在当时的情况下，党和国家领导人高瞻远瞩，挤出钱来发展农村地区的基础教育，那真是人民的幸事。直至今天，我依旧为此而感到荣幸、骄傲和自豪！写这几句话的意思是想让后人知道一点真正的历史，不要光用嘲笑、批评的眼光去看待历史。

书归正传。1956年年初建校，9月1日学校正式开学，初中四个班，教室刚建完8个，边施工边上课，一直到1958年建成。教室12个，每个近60平方米，教师办公室3个，实验室1个，行政、办公用房15间，总面积为1000平方米。校舍全部采用蓝砖蓝瓦，大开扇的玻璃窗，室内白墙白顶棚，光线明亮，与当时农村的土坯墙茅草房和大多数用旧庙改成的学校相比，真是天壤之别，在当时那真是优越极了。

学校内无食堂、无宿舍，师生均租住民房。教室后有一个土操场，没有围墙，四周用竹竿插成篱笆，就成了围墙。1958年，在当时"大跃进"精神的鼓舞下，第一任校长贾九朝带领师生利用课余时间，挖了第一口水井，并安上了手摇水车，解决了学校无饮水源，喝水要到大柳树村去挑的问题。同时，师生还利用暑假期间割草晒干，卖了八百多元，买回了一台大木壳的电视机，丰富了师生的业余生活。当时那在当地可是一大新鲜事，三里五村的老百姓晚上都到学校来看电视。

还是谈校舍建设的事吧，1958年过后，赶上了国家的"三年困难时期"，学校的二期工程如实验室、图书馆、职工宿舍等没有建成，好在学校东拼西凑建了六间单职工宿舍和两间职工食堂。

"三年困难时期"过后，迎来了学生入学高峰，学校急需扩建。但"文化大革命"又开始了，国家经济仍处在一个相当紧张的时期。生源多，教室不够用，学校建了七个红砖水泥楼板的教室和一个化学实验室。资金不足，又没有木板指标，当时的领导真是费尽心思，有两个教室的屋顶是用荆条把子圈成弧形建成的，根本谈不上质量保证，大约只用了不足十年，这些房子就成了危房而被拆除重建。

1980年至1999年的二十年间，小汤山中学虽没有发生根本的变化，但在校舍和校内路面等方面都进行了大量的建设，投入了大量的资金和心血。教室扩建了十三个，新建实验室两个，图书馆一个，办公室四个，计算机房一个，学生食堂一个，取暖锅炉房一个，学生宿舍三十间，教职工宿舍三十间，总建筑面积达到4500平方米。

不能不谈的是校内路面。小汤山地区属于典型的黑粘土地类型，建校后十年间，下雨泥粘脚是一大特色，一陷就是十多厘米深，满院黑泥浆。1965年，师生利用劳动课时间从村里借车，到大汤山下捡石块儿，人力拉回学校，铺了一条近六百米长、一米宽的石块儿路。1985年，师生及部分学生家长又在原石块儿上抹上了水泥，使校园路面得到了真正的改善。1991年，校内铺了近3000平方米的水泥砖，同时铺设了近300米的下水道，至此，校内积水问题、泥粘脚问题得到了比较彻底的解决。

在此期间，学校还对所有的旧教室进行了翻顶、刷新，虽然在外观上、安全保证方面有了一定的改善，但还是没有根本解决"远看像座庙，近看是学校"的问题，一切现代化的设备在低矮、潮湿的房间里无法安装使用。

学校当时有师生1300人，仅靠自挖的两口水井根本无法保障水的正常使用。校长薛天从县里到公社跑了不知多少次，最终还是和大柳树村合作，师生自挖近2000米的管沟，于1973年首次喝上了自来水。十年后，出现了用水紧张的情况。由于管线口径小，学校的水龙头下十几分钟才能接满一桶水，食堂用水要到地下两米处的水管一桶一桶去接。后来，在水管上安压水机，自建地下水柜、水塔，真是绞尽脑汁，但还得时不时地用拖拉机到五里外的苗圃机井去拉水，供学校食堂和学生用水。

如歌岁月　纪念北京市昌平区小汤山中学建校五十七周年

学校围墙全长700米，建校初为竹篱笆围成，风吹日晒雨淋，三年后开始东倒西歪，相继成了老百姓的柴火，学校四周大开，车马行人自由穿行。1973年暑假，师生自己动手到小汤山疗养院拆捡危楼砖石运回学校，由几位较有经验的教师砌成地基，第二年暑假还是由师生自己动手砌成700米的土坯围墙，结束了汤中无围墙的历史。

纵观汤中老校的历史，处处留下了当时师生的汗水，真正体现了毛主席提倡的"自己动手、丰衣足食"的艰苦奋斗的精神。

2000年5月，汤中师生喜迁新校，即现校址小汤山村西汤秦公路东侧。当时搬迁工作量之大，谁见了都头疼。但是素有艰苦奋斗光荣传统的汤中师生，在没有任何外援的情况下，自己动手，利用"五一"休假的四天时间，完整而安全地完成了搬迁工作，5月8日师生正常上课。

新校主楼为师生教学办公楼，主体呈金龙攀玉柱形，建有30个教室、6个大实验室、一个阶梯教室、一个舞蹈教室、一个电教主控室和大小计算机房三个，总面积18000平方米，现代化教育教学设施一应俱全。

2011年，在李校长的努力下，学校结合抗震加固工程又进行了全面装修，室内瓷砖地、瓷砖墙，室外塑胶运动场，大学城内高等学府也不过如此吧！现在的学生真是幸运，赶上了好时代。

小汤山中学能有如今的局面，不仅是改革开放的成果，更是党和人民重视教育的结果。望广大师生珍惜这一大好时光，努力工作学习，为祖国的强盛、人民的幸福而奋斗！你们的明天会更好，汤中的明天会更好。

通篇多为汤中师生艰苦奋斗、自力更生建设校园的事，望大家不要忘记那个时代，不要忘记那些为汤中的今天而努力拼搏的师生，祝福他们生活幸福、身体健康！

作者简介：

郑崇明，男，1973年参加工作，中共党员，中学体育高级教师，2009年退休。他于1985年任小汤山中学总务主任，1998年任小汤山中学党支部副书记、工会主席。在职期间多次被上级评为党务和工会工作先进工作者，学校曾被评为北京市优秀职工之家。

汤中往事

◎作者 柳孝国

小汤山中学是1956年建成的一所农村完全中学，以初中教学为主。1983年我到汤中工作的时候，校舍很破旧，教师们也不是很团结，中考的及格率和优秀率都不高，处于昌平县教育水平的队尾。

改变现状的关键是转变教师的思想。领导的偏听偏信是教师不团结的根源。当时我有一个做法，如果有人向我反映另外一个老师的问题，我一定把这个老师叫来，我们三个人一起谈。久而久之，教师们开始关心自己的工作成绩，而非他人的是非了。

发展党员队伍也刻不容缓。当时分期分批发展，前后近三十人成为光荣的共产党员，成为教师团结的基础、学校的骨干力量，也成为广大师生艰苦奋斗、改变学校现状的坚实基础。

改善教育教学条件是凝聚人心的当务之急。当时的汤中，地势低洼，校园内没有甬路，下雨天一动就是一脚泥，修甬路是师生多年的心愿。我们从物资局批了三十吨水泥，从小汤山疗养院借来卡车。老师们自己去运水泥。说起来简单，干起来可不容易。从水泥厂库房把水泥搬上车，拉回来卸车，一袋一百斤，每个人浑身都是水泥面，有时再加上出汗，一天干下来和泥人一样。有了水泥，就发动学生一起干，每班负责一段，在班与班之间、排房与排房之间和食堂前面都铺上了水泥甬路，彻底解决了下雨一动一脚泥的问题。为解决喝水难的问题，我们也是想尽了办法。当时学校只有一个水龙头，吃公社的井水，还时时停水。我们从财政局找来一个废旧的十吨汽油罐，埋在地下，上面修了水塔，在水塔上面再放一个汽油罐。平时让地下的罐流满水，再抽到上面的罐里，最后借助校园各处铺设的塑料水管，把水接到需要的地方，解决了吃水难的问题。学校有三百多学生住宿，冬天取暖是个大问题，最主要的是怕煤气中毒。平房装暖气，全县里汤中是第一处。我们到小汤山暖气片厂求援，厂长杨林非常支持，用多少送多少，为汤中做了巨大贡献。在校办厂厂长谢玉河和李书孝老师的指挥下，老师们自己动手设计、安装，用近一个月的时间完成了学生宿舍、老师宿舍、教室、老师办公室暖气设备的安装。从此，小汤山中学结束了冬天生炉子的历史。自此，我们又修校门、盖厂房、建食堂和浴室，做了很多事情。值得一提的是，所有这些事情都是郑崇明老师设计规划，全部由在校师生利用空余时间、自力更生、艰苦劳动建成的，而在劳动过程中，师生的凝聚力也在逐渐增强。

走出学校，开阔眼界，到全国各地看一看，这在全县也是一件新鲜事。我们去过青岛、烟台、济南、上海、苏州、无锡、南京、桂林、南宁、重庆、成都、昆明、大连，尽管当时坐火车全是坐硬座，住宿只能住两三块钱一天的旅社或学校教室，但大家心情都非常愉快，一路上相互照顾，团结得像一个大家庭。还记得当时照相机还很稀有，每到一处好景点，老师们都要排好队，等着我给拍照留念呢！

思想提高了，教师团结了，条件改善了，心情舒畅了，工作有了干劲儿，学校的教学成绩有了改变。尤其是随着升学率的提高，附近学校的学生也开始纷纷转到汤中，汤中逐渐成为昌平县东片一所名副其实的大学校。

事隔二十多年，汤中教师艰苦奋斗、自力更生的精神，团结和谐、互相帮助的情景，回想起来，还记忆犹新。

作者简介：

柳孝国，1983年调入小汤山中学工作，任教导处主任，1985年7月—1992年12月任小汤山中学校长，后到昌平校办企业公司工作，现已退休。

汤中帮工队

◎作者 薛永宽

汤中成立于1956年,是我生活工作中不可缺少的一部分。峥嵘岁月,感触多多,在此说说我们的帮工队。

汤中的帮工队,没人给它命名,校史上肯定也找不到这个名字,但它的确是客观存在的实体。话说到八几年,教师的社会地位明显提高了,但生活待遇还是很低,这也是事实。老师们多数生活在农村,为了改善一下居住条件,有的重新盖房,有的翻盖,有的重修。这时,学校里就自然组成了一个帮工队。帮工队里有一帮子能人,如邵万全、郑崇明、孙忠、姚占儒、陈广仁、李书孝等。他们生在农村,长在农村,又因为心灵手巧,他们盖房、设计样样通。

当时汤中的男老师几乎都是帮工队的成员,个别女老师还成为帮工队的大厨。哪位老师家想动工盖房子,只要跟邵万全、郑崇明、孙忠他们一说,这几个人肯定会给你出谋划策,想尽法子让你省钱、省力。在我的记忆里,这个帮工队给我家、姚占儒家、邵万全家、李万生家、郝政家、王启富家都盖过房子。帮工队大部分是利用周六、周日时间帮人盖房子。清早起来,帮工队队员们会在定好的时间、地点,骑上自行车,带上铁锹、大铲等工具,浩浩荡荡地出发,真是好气派、好壮观。

印象最深的一次是给李万生老师家盖房,当时校办厂已经有汽车了,谢玉河厂长、柳孝国校长等领导都去了。有坐汽车去的,有开手扶去的,有骑车去的,大队人马好不热闹。盖房的工地上,里里外外,房上房下,都是我们学校的老师,大工、小工安排得井井有条。虽然干了一天活很累,太阳都落山了,但大家心往一处想,劲往一处使,完工的时候,夜幕早已降临。等到吃饱喝足,队员们披着满天的星星,有说有笑地各自回家了。

现在想想,当时学校的帮工队,确实为不少老师解决了实际问题,更使汤中教师团结得像一个大家庭。我怀念汤中,我怀念汤中的帮工队!

母校记忆

◎作者 闫瑞亮

我是初三（2）班学生闫翀的父亲，我的初中也就读于小汤山中学。

我是1976年2月踏入汤中大门的，那时北京还是以年初作为新学期开始。当时的小汤山中学位于大柳树环岛西侧，那时的校舍环境真的没法跟现在的新校相比，整个学校也就5排平房，由于那时学生很多，所以教室很挤，一个班要容纳50多个学生。学校的校容很差，教室之间是土路连接，一下雨学生的鞋上都会沾上很多泥，弄得教室满地是泥。学校的北部是操场，凹凸不平，而且时常有石头露出地面，这使得我们上体育课经常有摔伤的，操场和村子之间连围墙也没有，所以一到麦收和秋收的时节，操场就成为场院，用来晾晒粮食作物，使得我们的体育课都无法正常上。为了改变这种状况，学校决定砌上围墙，但又没有经费。于是学校动员家住农村的孩子，在家里打土坯交到学校，在师生共同努力下，围墙终于砌起来了，学校上课再也不用受外界干扰了。

而那时最难过的要数冬天。那时的冬天气温比现在低得多，白天零下七八度是常事，我们都穿着厚重的棉衣、棉裤。由于天气太冷，手都揣在袖管里。整间教室只用一个小小的煤球炉子取暖，每天我们轮流值日，不到七点就到学校生火，经常弄得满屋子都是烟，结果火还是灭了。我还记得总务处有个杨老师，一次从我们教室前经过，看到满屋子的烟就走了进来，手把手地教我们如何生火，我们才知道，原来生火要有耐性，要等木柴燃旺，再把煤倒入炉子。当时的木柴和煤不充足，我们就到校外去捡一些干树枝。煤都是每周定量发给100斤，一开始三四天就用光了，后两天只能挨冻。后来实在冻得受不了，我们几个男生商量着到校外煤屋去搞点煤。

于是放学后我们没有立刻回家，在班里假装写作业，等大家都走了，天也渐渐黑下来，我们带上教室里装煤用的竹篓，悄悄地来到学校的煤屋。说是煤屋，其实连窗户都没有，只是一个棚子，我们七手八脚地把煤篓装满。突然一个人影走到我们面前，我定睛一看，原来是杨老师，今天是他值班，他听到这边有动静，还以为是校外人员来捣乱，结果我们被逮个正着。我们把事情的缘由讲述一遍，他在愤怒中带着耐心对我们说，学校的煤如果不按计划定量分配，恐怕连半个冬天也坚持不下来，学校也知道发给各班的煤不充足，但是没有办法。听完后我们几个把煤又倒了回去，杨老师又语重心长地说："你们也是为了大家，就把煤搬回班里去吧，以后要注意计划用煤，天黑了，大家早点回家吧，路上注意安全！"听了杨老师的话，我们几个心里热乎乎的，打心眼里感激这位善解人意的长者。

这件事已经过去30多年了，我至今仍记忆犹新，但我再也没见过杨老师。真心希望有一天能再见见这位仁厚的老师，不知他是否还能认出我们！

作者简介：

闫瑞亮，男，汉族，大柳树村村民，1979年于汤中毕业，现工作于北京小汤山医院。

母校记忆

◎作者 小汤山中学退休高级骨干教师 杨继祥

小汤山中学坐落在风景优美、世界著名的温泉之乡——昌平区小汤山镇。学校大门外是一条宽阔的柏油马路，七八棵古老的垂柳，洒下一片阴凉，垂柳的南侧矗立着一块古色古香的石碑，上面刻着"小汤山中学"五个鲜红的大字。来到学校大门前，一幅巨大的山水壁画映入眼帘。走进大门，一座新颖别致的三层教学楼展现在眼前，大门北侧，是宽阔的运动场，甬路两侧是大片的月季花。

如歌岁月　纪念北京市昌平区小汤山中学建校五十七周年

　　这所学校的原址在小汤山镇大柳树村南侧，我是1983年来到这所学校的，当时这所学校只有几排普通的平房和一小段水泥甬路，校园里其他地方都是土路，一下雨，校园里一片泥泞，教室、办公室全是泥脚印。过了两三年，学校筹集了一笔资金，加长了甬路，教室、办公室门前做了地面硬化，改善了校园面貌。学校在教学方面也有了突飞猛进的变化，学生成绩也有了很大的提高。1987年，学校领导让我做了学校的语文教研组组长，兼两个班的语文课，当时我带领语文组开展了一系列有效的语文教研活动，成立了"大地文学社"，不定期出版《大地》作文报，指导学生在《北京日报郊区版》和《说写月刊》等刊物上发表了十几篇学生作文。《大地》作文报这本刊物被昌平教师进修学校语文教研组推荐给全区各个中学作参考。后来，北京市教育局组织了全市第一届《我爱北京博物馆》中学生作文演讲比赛，我校高中组一位同学经过多次比赛进入全市前十名，后进入决赛获得市级第三名，受到了区教育局的表扬。后来语文教研组被昌平区教育局评为"先进教研组"。

　　1998年得到上级拨款，修建新校舍，这是一座具有现代化元素的教学楼。既有先进的多媒体技术，又有齐全的实验仪器。图书馆有丰富的图书供同学们阅读；物理、化学、生物实验室都有先进的实验仪器供同学们使用；通用教室、金工教室等技术教学让同学们学习书本课程之后适当学习技术课程；计算机教室有先进的计算机，有助于提高学生的综合水平。

　　如今这所学校已经成为昌平区东部的一颗明星，常组织区级的运动比赛，如退休教师每年一次的运动会，昌平东部的几所学校都来这里参加活动，因为有了越来越完备的体育设施，师生的文体活动也越来越丰富，学生的身体素质和体育成绩有了很大提高。

　　学校领导特别重视学校的教学质量，初中部、高中部的升学率直线上升，学生宿舍、学生食堂宽敞明亮，为住宿生提供美味可口的饭菜和舒适的住宿环境。原来的学校学生宿舍是平房，冬天生炉火取暖，室内又脏又冷，学生住的是大连铺，非常拥挤，没有现在这么好的条件。

　　现在学校有认真负责的领导班子，有骨干教师带领的教师团队，学校教学蒸蒸日上。以李校长为核心的学校领导班子非常关心学校发展、学生学习情况，经常来到教学区听课视察。在佐老师所带领的高三年级组，班级学风浓郁，秩序安定，学生成绩突飞猛进，以数学为主的各学科成绩，在昌平区普通高中名列前茅。

小汤山中学经历了几十年的风风雨雨，终于发展成为一所具有现代化教学设施和高水平教学能力的现代化学校，最后祝愿小汤山中学越办越好，学生成绩越来越高。

说说"非典"那年的事儿

◎作者 高 兴

我记得邵主任曾说过这样的话："总务处的工作，除了课堂上讲课不是我们的工作范畴，余下的都在总务处工作范畴之内。"的确，我们总务处的工作包罗万象，工作人员也有分工。我主管供水、供暖和基本教育教学设备的更换和维修。但是身为党员，不能满足于干好自己的工作，我力争团结、带动所有总务处人员，努力工作，服务一线，确保学校日常教育教学工作的顺利进行，特别是在非常时期做出表率。

不少人还记得2003年的"非典"疫情吧！虽然媒体广泛宣传它可防、可控、可治，但也引起不少人恐慌，有的甚至是谈"非"色变。我校根据上级指示，做出相应的工作安排。作为党员，考验我们的时候到了。4月22日，我主动请战，由邵主任安排我到了学校消毒小组，负责对学校教学楼各个角落一天两次全方位消毒。几天来，在不影响本职工作的情况下，我严格按照学校要求，背着很重的喷雾器，穿梭于学校的每个角落。随着疫情发展，4月25日，上级通知学校停课两周。除了领导干部和消毒人员，其他教职工都按照学校的安排回家指导学生学习。我坚守自己的工作岗位，一点儿也没有害怕，因为我相信党中央，相信各级领导一定能带领全国人民战胜"非典"。

5月份，"非典"疫情更加严重了，媒体每天播报的疑似病例和确诊人员的数字都在增加,因此,上级部门决定在小汤山疗养院北侧建一个"非典"医院,收治"非典"病人。你们知道吗?这个医院仅七天就建成了,而它距离我们学校不足二百米。我每天上下班都要从"非典"医院门口路过,每天都能看见身穿防护服的警察在"非典"医院围墙外进行流动执勤,而我一点儿都没有害怕,尽管我距离那些执勤警察也就半米。

在"抗非"期间,我还配合邵主任完成了校内清理垃圾死角的工作、学校喷灌工程建设以及"安康教室"启动工程。

在上级部门的正确领导下,在李校长的带领下,经过全体汤中师生的共同努力,我们取得了抗击"非典"的胜利。虽然距离"非典"医院很近,但我校师生没有一人感染,而且中考竟然有三个学科进入区"十佳"行列。

作者简介:

高兴,男,1974年参加工作,中共党员,小汤山中学总务处教师,主管供水、供暖工作。曾被评为小汤山镇优秀共产党员和优秀教师,并多次被评为校级先进工作者。

桃李芳华

记校友、老师成长成才，服务学校，奉献社会。

教育梦，我的梦

◎作者 任忠明

"大雨哗哗下，北京来电话。让我去当兵，我还没长大。"这是我儿时在下雨天常念唱的歌谣。那时，北京是我心目中最神圣的地方！天安门、人民英雄纪念碑、故宫都是我放飞梦想的地方！《东方红》、《我爱北京天安门》是校园里师生最爱唱的歌。1983年，我第一次在北京火车站听到了《东方红》，第一次在天安门广场看到国旗冉冉升起！自豪、激动的心情无与伦比。大学报考，我选择了教师专业，并如愿考取了海拉尔师范专科学校。转眼到了1995年春天，校园里传来了北京昌平急需教师的消息，我心潮澎湃，我们的首都居然缺老师！想着我儿时的歌谣，想着我18周岁的誓言，我深深地感觉到：这是祖国在召唤！这是首都人民在召唤！我毅然决定报名去北京！

令内蒙古人引以为豪的"草原列"把我和其他人送到了北京市昌平县南口站，小汤山中学的领导亲自驱车把我们一行接到学校，并为我们接风洗尘，安排好食宿。我的从教生涯从这里开始了。

我在工作和学习中发现，这里的人们纯朴、乐观、好客；这里的老师勤劳、敬业、自强；这里的孩子单纯、聪明、坚强！经过多年的接触交往，我们建立了诚挚的友谊，他们帮助我解决生活上的许多困难。刚刚来到小汤山，我们很不适应这里的温湿天气，经常休息不好，教务处孙明主任给我们送来了热水器、蚊香等日常用品，还经常找我们聊天，问寒问暖；办公室的同事则很关心我们的个人婚姻问题，姚占如、石彩虹等老师经常周末请我到家里吃饭、谈心……领导和同事的关怀让我倍感温馨。

起笔回首十八年的成长历程，感慨颇深。任职期间我经历了"共产党员先进性教育"活动和"大讨论"活动两次思想的洗礼，能够积极学习和领略我们党的教育策略和方针，以实际行动践行新时期社会主义荣辱观，坚决树立和执行以人为本的教育理念，在工作和学习中不断提升自己的思想认识，坚定立场，与时俱进，认真、积极地投入到新课程改革之中，不断更新教育教学观念，努力做到政治教学的理论教育和思想教育的统一。

在教育教学中，这里的同仁给了我巨大的鼓舞和帮助。在他们的帮助下，1998年、1999年、2000年连续三届初三成绩及格率、优秀率均为100%，名列全区第一。取得了参加工作五年三个第一的佳绩，为我的工作的进一步发展奠定了基础。而后我在2002年也取得了初三成绩及格率、优秀率均为100%的佳绩，并于2002年7月在首都师范大学本科毕业。承蒙区教研员的信任，2002年9月起我担起了我区初三政治学科教研组织活动，参与了昌平区初中二年级《思想政治综合练习》的编写工作；2003年参与了昌平区初中三年级《思想政治综合练习》和《目标检测》以及昌平区初中三年级《思想政治综合复习》丛书（部分）的编写工作。正值我风华正茂、追求卓越之际，一场突如其来的"非典"打乱了我前进的计划！"非典"医院设在学校附近，全市停课，实施空中课堂教学，正常的教学秩序也被打乱了！6月初学校复课后，因时间紧，中考取消了政治学科！其他老师在积极备战中考，我在办公室做"非典"防控监测、信息报道以及班主任相关工作时，心里感慨万千，写下了一首打油诗：恰逢良景随人意，突发疫情抑春声。蚍蜉撼树谈何易，非典岂能阻教程。白衣不畏非典煞，园丁依旧笑春风。"煞丝"防治依科教，医教双盛是事终！"煞丝"灰飞成笑谈，留得豪情育春花。

2003年之后，中考虽然没有了政治学科的席位，但是，我并没有放弃学习和发展自己。我将全部的精力投入到了政史地教研组组长工作上，我认识到：学校最关键的基层教育组织就是教研组，区、校等各级领导非常重视教研组建设。我带领全体组员共同努力、开拓进取、强化教研意识。在工作中我采取了群策群力、发挥集体智慧和力量的做法——让大家分别搜集新教育理念理论材料提供给全体组员学习，用共同研讨开放式学习管理方式，各学科、各位教师采取自主学习并交流和分组进行研讨等方式，激励本组教师进行理论学习，以与时俱进的精神促进教育教学理念的迅速改变，促进了以科研带教研的良好氛围的形成,在学习、研讨和交流中使各个成员的教育教学理论水平、教育科研水平、教学能力有了明显的提高。

在学校领导的亲切关怀下,我们通过青年教师拜师活动、理论互学活动、学生心理发展状况的调研、教学方法大讨论等多种形式的教研组活动,形成了一条及时的、严谨的、移动的、灵活的、团结的教研阵线,迅速使年轻教师成长起来,成为政治教育教学中的中坚力量,我们的史地政教研组迅速成长为一个年轻化、知识化、科研化的优秀教研组,我们以高尚的师德、精湛的教学技艺、优异的教学成绩积极地活跃在教学第一线。通过我们大家的共同努力,整个教研组的教师都有了专业上的提高,形成了良好的教研氛围,就连区教研员都赞叹地说:"小汤山中学的史地政教研组最大的特色就是——打整体仗,团队精神突出!教学成绩突出!"2004年3月我们政治教研组被共青团北京市委员会授予"青年文明号"的称号,我校成为昌平区第三所获此殊荣的学校。近几年政治组的论文在市区获奖率和获奖等级不断提升,2006年、2007年政治教研组连续两年被昌平区教委评为"昌平区优秀教研组",2007年9月政治教研组被昌平区教育工会评为"2007年度师德建设先进集体",2009年政治教研组被昌平区教委评为"明星教研组"。

根据学校工作需要,2005年我毅然挑战高中教学,现在回忆起来感慨颇深。首次代高中的课,对高中教材和学生都很陌生,但我没有胆怯,而是积极走向了新的教育旅程。我利用暑期时间通读了高中三年的教材和相关的教学参考书,虽然任务量很大,但其重要意义不言而喻。除了加强向老教师学习和进修交流外,我积极学习并取得了高级中学教师资格证书,同时考取了英语C级证书。我在刚刚送走了第一届高三毕业生后,又经历了高一新课程改革,在新课改中更新教学观念,享受教学的快乐。记得有一次,我要到教委和进修学校开两个重要会议,在和学生交代调课后,我的课代表追了出来,说:"任老师,我有一句话想对您说,就是不管您是否提干,不管您怎么给我们上课,我们只有一个要求,您必须把我们带到高三!"看着他含着热泪的眼睛,我不知道说什么好,只能坚定地说:"听话,回去上自习吧!我不会放弃你们的。"听了这话他高兴地说:"老师,您放心,您的自习课不需要别的老师看着,我们都听话！"他跑回去了，我的眼睛也热热的，心里更是热热的。师生之间除了知识的传递，更重要的是情感的交流和彼此的信任。

我承担的是北京市昌平区教育科学"十五"规划课题中的子课题"提高中学政治课课堂教学效率的研究"，该课题于2005年9月16日圆满结题。教研组课题的确立和研究对全组教师的理论学习、论文撰写水平的提升有了巨大的促进作用。2008年9月我晋升为中学高级教师，2009年5月在昌平区中学政治学科"生活的准则"征文竞赛中荣获优秀指导教师奖。2007年至2010年度被评为区级骨干教师，2009年～2011年，每年的12月4日在学校举办的法制教育宣传月活动中，我都会为我校全体师生做一期法制专题讲座。2010年3月18日上了一堂题为"高三专题复习"的研究课，作为校级公开课得到同事们的高度认可。2010年至2012年连续两年被评为镇级骨干教师。2012年12月7日，通过近三个月的攻坚战，学校顺利通过了综合档案管理晋升市级的验收工作。我现任校长办公室主任，也在为我区的教育事业奉献着自己的力量。

参加工作至今，我心中只有一个信念：我是一名共产党员，我坚信自己能够干好组织交给我的各项任务！历史记录了成绩，但成绩只代表过去，新的挑战已经开始，"春蚕到死丝方尽，蜡炬成灰泪始干"。我将一如既往地奋斗在我区教育教学战线上，在工作中成长、成熟。植根讲坛，就选择了崇尚奉献；选择了教育，就会在不断的探索中用汗水、心血浇灌生长在酸甜苦辣基础上的幸福。

"中国有梦，青春无悔！"在我生命的第一个十八年，我感谢我的父母，我的师长，我的亲戚和朋友。是父母哺育了我，是师长培养了我，是朋友激励了我，让我成长为一名人类灵魂的工程师！第二个十八年，我感谢我的父母，是他们给了我追逐梦想的勇气；我感谢我的同仁，是他们启迪我顽强拼搏、永不放弃、追求卓越；我感谢我的学校，是学校哺育了我的又一个十八年，带我走出平凡、追求卓越。现在距离我退休，还正好有十八年！这个十八年，我将在汤中这个育人摇篮里激扬梦想，坚持学习，不断提高自身综合素质，以适应时代教育教学发展的需求，适应教育教学管理新理念的需求，适应为全体教职工利益服务的需求。做学校所需、社会所求，全面发展的、构建社会主义和谐社会所需要的新型人才。为祖国培养更多的人才，创造更加辉煌的成绩。我将用我最澎湃的激情点燃新的梦想，创造我人生新的价值，实现我的梦——教育梦，我坚信在中华民族伟大复兴的浪潮中有我搏击的浪花！

作者简介：

任忠明，男，1995年7月来到北京市昌平县小汤山中学任教，2002年7月在首都师范大学本科毕业。任职期间，担任班主任9年，担任史地政教研组组长5年。2004年率领汤中政治教研组荣获共青团北京市"青年文明号"称号。2007年被评为区级骨干教师，2008年9月晋升为中学高级教师。现任小汤山中学政教处主任。

难忘的经历

◎作者　田俊杰

那是1989年9月1日，我参加工作的第一堂英语课，由于当时英语是选考科目，所以英语课要重新组班。这样就由当时的一班、二班组成一个班，三班、四班组成一个班，共计112人。我们被安排在当时的生物实验室上英语课。生物实验室当时只有一块水泥黑板，一支粉笔只能写四五个英语单词，几个句子写下来浑身都是粉笔末，学生坐满了教室，有十个人还要挤着和其他学生一起坐。面对坐在面前黑压压的学生，对于一个刚刚参加工作的我来说还是感觉很不适应。记得报到时见到柳校长，柳校长就对我说："你教初三吧。"我说："我刚毕业，没有任何经验，怎么就教初三呢？"柳校长说："你教吧，已经没有老师了，其他都安排好了。"我说："那好吧。"就这样，我带着不安与困惑的心情离开了校长室。第二天上班见到年级组长李老师，她对我说："小田，这前三脚可要踢出去呀！"可是我怎么踢出这前三脚呀！我手里也就仅有一本教材、一本教参，其他任何资料都没有，而且有关学生的初一、初二的相关材料也找不到。于是自己只能一遍遍翻看着教材和教参，直到把一至六册教材，全部看熟，真正做到熟悉教材中的每一个细节，同时做好了自己的学期工作计划。我带着满满的自信走进了教室，在第一节课上，我给学生介绍了学习英语的方法、英语的重要性、初中英语的主要内容和基本的英语学习要求和课堂要求。由于准备充分，第一节课感觉很好，可就在我沉浸在成功上完第一节课的喜悦中时，一名梳着小辫、看起来还很稚嫩的女孩走到我面前，紧接着后边跟了一群孩子都凑到我跟前问我："老师您还走吗？"我一下就被这个女生的话给问蒙了，心想：学生为什么问我这个问题呢？可当时几十双小眼睛盯着我，那种渴望、那种期待的神情至今还时常浮现在我的脑海里，我当时就告诉他们："在你们升学考试之前，我肯定不走。"

其实当时我本来不想当一名教师，但是因为我们当时与教育局有协议，同时也没有找到合适的去处，家里还有两个妹妹在上学，经济很困难，无奈就只能先做这份工作了，所以，我只能这样回答学生。学生听到我这样的回答后，就一齐热烈鼓掌，搞得我丈二和尚摸不着头脑。带着种种的不解，带着种种的困惑，我回到办公室后马上问年级组长李老师。李老师告诉我："你不知道，这届学生初一、初二已经换过六位英语老师了，有的老师教不到两个月就走了，学生们已经换老师换怕了，而且所有教过他们的老师都已经不在学校了。"听了这话，我的心一沉，突然间就有一种说不出的感受涌上心头。学生的掌声一直在耳边回响，学生的眼神一直在眼前晃动，久久不能消失。我应该怎么做呢？我反复地问自己。第二天上课我就对学生们说："非常感谢你们对我的信任，感谢你们给我的鼓励，我一定全力以赴，尽我所能教好你们，希望大家跟我一起努力。"学生再次给了我热烈的掌声，就这样我开始了初三的英语教学工作。

面对教学经验的缺失，我除了按时参加学校的进修活动外，还想方设法找到一张海淀进校的听课活动证，每次海淀有活动，我就从小汤山骑车到海淀进校参加学习，然后再骑车回来赶着上下午的课。没有各种参考资料，就自己从仅有的一点生活费中挤出来自己购买，然后自己用铁笔蜡纸在钢板上写，刻一份蜡纸通常要四五个小时，中指常常被磨出血泡来，不出一个月，中指就被磨出了茧子。一年下来，给学生印的复习资料有五十厘米高。

　　由于学生的英语基础很差，很多学生还远没有达到初一的程度，所以教学进度根本无法向前推进。为此，我就先从发音和单词拼写开始，充分按照英语的语言学习规律进行教学，一步一个脚印，采取低起点、小步走、缓坡度、勤反馈的教学策略，不放弃一个学生，始终坚持利用业余时间为跟不上的学生义务补课，始终坚持不放过学生的一点疑惑，始终坚持严格要求自己，坚持高标准要求学生，始终坚持相信自己和学生一定能成功，始终坚持说到做到。就这样经过一年的艰辛努力，我们在1990年北京市升学考试中取得了及格率100%、优秀率100%、平均分90.5的好成绩，成为当时昌平县中考的第一名。

铸炼师魂谱心曲，登高立远育人才

◎作者　闫维清

　　岁月的年轮成长了汤中的一草一木，也铸造了汤中今日的辉煌。追忆岁月，我感慨班级建设这一永恒的历史话题，班级是每一个孩子成长、求知、进步和腾飞的土壤，而班主任就是这一基层单位的领导者、组织者、指导者、管理者和设计者。

　　一、人生无悔、立身教坛、筑师魂

　　世界上最广阔的是海洋，比海洋更广阔的是天空，比天空更广阔的是人的心灵，每个学生的内心都有一个五彩缤纷的世界。每当面对着几十双充满期待和信赖的眼睛时，我总是暗暗勉励自己要像一支点燃的蜡烛，用自己的知识、能力和智慧去点亮学生心中的明灯，去塑造学生的灵魂，引领他们的未来。学生的发展是全面和谐的、个性化的，也是长期复杂的，班主任的工作是一项需要高尚思想道德境界的劳动，必须把无限的热情和无限的爱献给学生，才能成为学生的朋友和贴心指导者，才能塑造学生美好的心灵。平时我特别注意不断学习，不断地丰富、完善自己，从教育教学理论、专业书籍到边缘学科，从自然科学到社会科学，从心理学到管理学……兼收并蓄，专博相济，不断丰富知识，不断用以人为本、以每个学生的发展为本的理念推动班主任工作的开展。只有把无比宽广的胸怀奉献给学生，把无比广博的知识融入课堂，用爱心、耐心、恒心把知识播撒到每位学生的心田，启迪他们的心志，才能塑造具备"四有"和"五爱"的希望新一代；只有不断地更新自己的观念和知识，不断地培养无私高尚的师德，不断地铸造以人为本的师魂，锤炼精湛的教育教学能力，增强超前的教学科研水平，我们培养出的学生才能是适应时代发展的新型接班人。

二、爱心奉献、雨露争辉、谱心曲

班主任是学校的"代表"、班级的"核心"，更是学生灵魂的"塑造者"和人生道路的"指引者"。我的班主任生涯是从初二中途接班开始的，由于原班主任以"严厉"治班，长期以来，学生形成了一种表里不一、学习积极性不高的状态，这种现象严重压抑了学生的内心世界，师生间缺乏感情交流和沟通，学生厌学，上课不守纪律，差生多……多种弊端不一而举。我首先从做他们的朋友、知心人、贴心人开始，利用自己多年做学生干部的经验和心理优势、年龄优势，与各种特点的学生促膝交谈，了解他们的内心世界，谈他们的苦恼、好恶、是非观。列宁说："没有人的情感，就从来没有也不可能有人对真理的追求。"通过一段时间的工作，我更认清了一个优秀班主任对学生的重要性。多少个夜晚，我躺在宿舍彻夜未眠，思考着……我在实践中摸索着，提出了"四心"换"一兴"，即思想上关心学生的进步，学习上悉心指导，生活上热心照顾，遇到困难能耐心帮助，以换得班级的"兴旺"。我记得，班里有个住校生魏晓川，脚部动了手术，为了少耽误学习，他坚持要上课。于是我每天白天扶他上学、买饭，晚上帮他服药、补习功课……在班级中我尽力营造良好的学习氛围，号召全班同学"畅所欲言谈心，朝夕相处进步"、"我为集体献良策，我为集体添光彩"，并加强了学习互助小组和班干部队伍的建设和规范，多次与李红兵、徐波、杨光等一部分"特殊生"坦诚交流，对他们精心教育、积极引导、帮助。班级工作的消极因素和不稳定因素少了，班级的积极因素和推动力多了。我在班内充分讨论和征求各方意见的基础上建立民主班级管理制度，并实行干部负责制。其次是激其情，奋其志，使学生"得学之乐，耐学之苦"。我深知，班主任只有抓住自己的"课堂"，才能有机地贯彻智育和德育，培养学生的学习兴趣。我是数学教师，教学中我充分挖掘数学本身的魅力，用丰富的内容、多样化的教学方法吸引学生，激发他们解决问题的强烈愿望，并使其感受到数学知识的力量，坚定他们的信心。例如，讲四边形的不稳定性时，我启发学生树立自己的信念和维持班级纪律时应发扬三角形的稳定性而不能继承四边形的不稳定性；在讲分式的意义时把分母比成母亲，渗透爱父母、实现自我价值的思想；在讲相似形时渗透"中国人民不可欺，中华民族不可侮"和"万里长城永不倒"的民族气节；在讲数学的思维方法时适时地渗透做人和做事的思维和方法。以我的课为突破口，引导学生全面发展，做好"脑力劳动的指导员"，导其思、倡其辩，使学生"自主研究、自求解决"；还精心设计班会和组织活动。我还采取各种形式培养学生的学习方法和学习习惯，经常给学生阅读各种报刊杂志上的优秀文章，组织学生学习《初中生学习指导》、《学习方法报》等。授其法、轻其担，使学生学而有方，视野开阔，让学生将方法运用于课堂，运用于实践，提高学习效率，并积极开拓第二课堂。在此基础上我进行大量家访，协调各科关系，有利地保障了学校、家长和学生的三"好"结合。马卡连柯指出，"教育了集体，团结了集体，加强了集体，以后集体就成为很大的教育力量了"。融于学生，从学生的角度去理解、支持和帮助学生，以"一分的严格之水，融进九分感情之蜜"便可酿出甘露，便可拨动学生的心弦。一分耕耘，一分收获，情与理的辩证，爱与育的交融，一切的一切都变了，我的以身作则，赢得了学生的敬爱和信任，班集体像磁铁石一般吸引着学生。班级的各项工作有了明显的变化，"红五月艺术节"总分第一名，运动会团体总分第一名，学科竞赛、时事竞赛、航模杯等都取得了骄人的成绩。班级的向心力和学习气氛都受到了家长和全校师生的称赞。当我的第一届学生以优异的成绩毕业时，我体会到了师生之间的爱是多么的可贵，我不禁感叹这种爱是教育的灵魂。

三、登高望远、开拓进取、育新人

"年年岁岁花相似，岁岁年年人不同"，加里宁认为，"教师"这一词如按广义解释，是指有威望的、明智的、对人们有巨大影响的人。作为一个班主任又何止这些呢？班主任就要有雕刻家的匠心，不断钻研、学习、进步，去雕刻一批又一批的学生，培育祖国最美的花朵。一个优秀的班集体必须具有明确的目标、正确的舆论、较强的组织纪律性、坚强的核心和良好的班风。乌申斯基说过："如果教育家要从多方面培养人，那么他首先应该在多方面了解学生。"每学期的工作，我从了解、研究学生的各方面情况开始，主要从中探索学生的心灵和个性特点，把握学生的思想脉搏。初一时，我提出"做二十一世纪新主人"的口号，重点引导学生理解时代对我们的要求和我们的发展方向，而中心应是"做人"，做什么样的人，怎样去学做人，怎样学做一个好学生和好人。工作中我经常帮助和引导学生养成良好的生活习惯和学习习惯，并制定了"集体荣誉添彩表"和"班级操行综合测评考核表"，由学生、班干部、教师全方位综合考评。初二时，我针对学生特点提出了"团结、互助、勤奋、向上"的口号，初二是学生青春期发育的重要阶段，也是大发展大变革时期，学生容易从思想上和行动上走下坡路，一定要把思想和行动都放在学习和发展自己上。我在班里开展了多种形式的活动引导学生的注意力，制定了旨在增强自我意识、自我管理的"自我管理、自我提高、自我监督评价方案"。初三时，我提出"理解、进取、腾飞、奔世纪"的口号，初三是关键的一年，首先，要理解这一年的重大意义，理解父母，理解老师，理解学习的知识、自己的特点和实际情况，增强竞争意识、进取意识，通过自己的努力去实现理想、人生价值，建立了"知识就是力量，勤奋创造未来——自我评估表"。日常工作中，我给自己定了"五化"，即管理工作"严格化"，思想工作"细致化"，班风建设"正规化"，教育教学"勤恳化"，落实工作"经常化"，以勤恳的工作来推进目标的实现。对班委实行了"竞选班长——轮流值班制"，不断锻炼班干部的组织能力和责任心。对班委和团委以指导方法、大胆锻炼、积极培养、充分信任为主，班干部的责任心和服务意识都有明显增强，我的"三只手"——班委会、课代表、小组长积极主动配合各科老师工作，在班级建设中发挥了重要作用。班级建设另一个主阵地——班会，几年来，我始终积极组织班会内容，力求开成形式多样、富有实效的活动课。我在班级开展"五最"活动，即工作完成最出色、勤学好问最主动、同学相处最友好、遵纪守法最自觉、纠正错误最坚决。每月组织一次常规评优课——评出本月"学习优秀奖、守纪模范奖、劳动品质奖、学习进步奖、特殊贡献奖、勤学好问奖"。这一系列活动极大地调动了学生的主动性和积极性。我还利用班会课组织了演讲会、辩论会、学习方法交流会、法制知多少学习会、安全教育课堂、知识竞赛……当然，集体活动、板报、课外活动、兴趣小组活动、劳动等都是我进行班级建设的很好机会。同时，学生心理健康教育也不可忽视，世界卫生组织把健康定义为"不但没有身体的缺陷和疾病，还要有完整的生理、心理状态和社会适应能力"。所以，活动中我有意识地培养学生适应环境的能力，教他们保持稳定的情绪，控制自己的行动，掌握自己的命运，了解自己的优缺点，正确对待自己，专心学习，关心别人。只有抓住每次机会，班级建设才有特色。多年来，我所带的班集体都形成了团结、勤奋、互助、进取的良好风气，学生人人个性鲜明，个个全面发展，可谓人才辈出，一直是班风正、纪律好、人心齐的优秀班集体。

　　学习始终是学生的主旋律，抓不住学习则意味着失去了重心。我首先以我的课堂为突破口，以点带面推进整体提高，课堂上尽量融进多学科的知识，生动形象地启发学生的智能。现在的学生，思维活跃、信息畅通、求知欲望强，但却在意志、毅力、抗挫力等方面比较欠缺，只有满足他们对各种知识的渴望，才能与他们进行心灵沟通，得到他们的信赖。课堂上我提出"五动"，即眼动——培养观察力、注意力；口动——培养辨别力、表达能力；手动——培养动手能力、实践能力；脑动——培养思考能力、思辨能力；心动——培养认知能力、感触力。组织了"鲶鱼行动"，选出班里最出色的十六位"小老师"成立学习互助交流小组，实行一带二，从课堂到课后全面及时负责，这样既锻炼了优秀生，又解决了后进生的后顾之忧，难怪优秀生说"当老师的感觉真好"，后进生说"我也变聪明了"，起到了"见贤思齐，见不贤而内自省"的作用。为了使学生养成勤学好问的良好习惯，我建议学生建立自己的"解疑好问本"，及时向老师和同学发问，并及时监督实施，发挥了小疑则小进，大疑则大进的作用。由于方法得力、落实到位，学生形成了良好的学习习惯，各科成绩得到了全面提高。一系列的班级活动培养了学生的学习方法，提高了学生的学习兴趣，激发了他们的动力，规范了行为，培养了各方面能力。班级工作中还有一个重要环节——做好个别生工作。个别生工作的好坏直接关系着班级建设的质量。初二时，有一名留级生叫夏峥，我了解到他是一个"名副其实"的"双差生"，就找他多次谈话，做了耐心的思想工作，并不断地勉励他。然而没有想到的是开学两周后，他问题不断，更严重的是第三周竟被外班的学生捅了一刀，我抱他上手术台，心疼、心急，又不可理解，按理不该发生啊？我伴着他度过危险期，心中的石头才放下。事后，我了解到，原来是他留级前多次向别人要钱，才酿成了今天的后果。随后，我多次去医院安慰他，勉励他，很好地处理了善后事务。一个月后，他康复归来，全班以隆重的仪式欢迎他的回来，我专门组织了一次以"珍爱生命，走好我们的路"为主题的班会，勉励全班学生珍惜身边的一切，爱自己的父母、爱自己的生命、珍惜学习的美好时光，有错就改，努力进步。我又多次找他做工作，指出他的不足和缺点，提醒他吸取这次的教训。经过多次耐心交谈和我真心的帮助，爱的雨露使他的思想和学习有了明显的改变和进步。然而思想的波澜也有反复，有一次考试他作弊了，随后我又找他谈话，严厉地剖析了他的思想，这次他哭了。我让他刻骨铭心地记住要做一个"四有"的人，即"有心、有肺、有思想、有志气"，然后我给他解释："有心"——做人要用"真心"去理解父母的艰辛、老师的期望、自己的前途和现状；"有肺"——"肺"是用来呼吸的，现实生活中空气有混浊的也有新鲜的，事情有好的方面也有不好的方面，我们应该吸收好的东西来充实和壮大自己；"有思想"——人和动物最本质的区别是人有思维，所以我们做什么事情，都要明辨是非、三思而后行，切不可感情用事；"有志气"——是指我们既然有愿望学好，而且要做顶天立地的人就应该有志气，这种志气必须是指导我们行动的坚强内驱力，必须具备持久性。随后，我又从思想、学习等方面不断地帮助他。后来，他的思想和行动彻底转变，成了班级中的优秀一员，劳动、活动中他总是最积极，运动会上他连续获得1500米、800米两项第一，为集体赢得了荣誉。班级中如穆非、米红雪、韩年等，他们有的是家庭离异，有的是无人管教，在小学就是全校闻名的"捣蛋鬼"，而现在都已经成为了我班的"获奖专业户"……问题学生产生的原因是多方面的，有社会的、家庭的、学校的、也有学生本身的，转化的方法也是多种多样的……我们要深入了解学生内心世界，详尽了解内外因，做他们的知心朋友，以爱启发、以帮铺路、以导指引、以严要求。抓住他们内心的敏感区——自尊心，抓住他们的表现特点，违犯——保证——忏悔——违犯，抓住他们的"闪光点"，对症下药，反复用爱的雨露浇灌，他们的春天一定会来到，祖国的春天一定会更美。

　　班主任的工作平凡而重大，朴实而灿烂。十年的班主任工作有辛酸也有收获，我所带的班级每年都被评为"优秀班集体"和"精神文明班集体"，在学校组织的各项活动中大多能名列前茅，每届毕业生都能以优良的成绩毕业，每届都有60%以上的学生升入市区重点校。回忆十年班主任工作，我有许多的感悟和不足，然而，班主任的目光应该永远看向未来，学生的进步没有止境，班主任的工作永远没有尽头，忠于师魂，尽职尽责永不停步。我始终坚信——用年轻的心、旺盛的热情和用不完的青春活力，智慧地去做，勇敢地去做，定将浇灌成功的硕果。

作者简介：

　　闫维清，男，1995年参加工作，中共党员，中学数学高级教师。现任小汤山中学教务处主任，主抓初中教学工作。曾被评为昌平区中青年骨干教师、昌平区学科带头人、昌平区师德标兵、昌平区十佳教师、昌平区经济技术科技创新先进个人、昌平区优秀教师、昌平区中小学电子化学籍管理工作先进个人、北京市经济技术科技创新先进个人、北京市紫禁杯优秀班主任，多次获得昌平区课堂大赛一等奖，多篇论文获国家、市、区一二三等奖。

我真的想说

◎作者　王建兴

　　Everything happens for the best, but he must remember that self—confidence is the first secret of success. 的确，如果一个人有了明确的目标，自觉、自信、努力，他就一定会成功，我，一直践行着母校给予我的教诲。

春来劲草生，幽幽草地碧如玉；夏去骄阳落，万绿丛中点点红；秋风扫落叶，十月黄叶铺满地；冬雪潜入夜，千树万树梨花开。日复一日，忘掉了太多太多的熟悉，回忆一下母校吧，尘封了许久的记忆突然触动了我的心弦，点点滴滴的感触淡淡地倾诉而出，却道不完丝丝缕缕的回忆。

　　1980年9月1日的大清早，我随着一群男孩走在狭窄的稻田梗上，穿过湿漉漉的稻田，一起说笑着……迈进小汤山中学的大门，我感觉自己一下子长大了，从小学生摇身一变成了初一新生。

　　我走在校园里，激动地欣赏着一切，高大宽敞的教室比小学的好，平坦的操场比小学的大，数不清的陌生的同学个子真高……一下子，心就像成熟的稻穗满满的，充满着快乐。

　　课堂上黑压压的人头，唧唧喳喳的教室，多得塞不下书包的书，各科作业非常多，每节课来来去去的教师，这一切一下子吸引了我。终于盼到了期中考试，考完了，三天两头催老师快判卷子。终于，班主任孙忠老师兴冲冲地拿着记分册走进教室。"我班第三名李××。"不是我，完了，心直跳。"第二名张××。"又不是我，白努力了，要崩溃了。"第一名王建兴。"我已经快撑不住了，太折磨人了。他继续说："但是他只是年级第二，良好的开端是成功的一半，我相信他下次就是第一。"班主任的希冀与赏识，像是冬日温暖的阳光照在我身上，暖暖的，幸福极了，我的手攥出了汗；同学的羡慕像是在辽阔的天宇边划了一条漂亮的弧线，支撑起满天彩霞，碰触到灵魂的自信与目标，带着一个个美好的理想飞向远方。从此，一个小孩子每天欢呼着，向着美丽飞奔；从此，每次他都是第一个捡到美丽贝壳的幸运儿。

　　"你要是上师范一定会是个好老师，就是工资低，你要是上高中一定能上好大学……你最好自己决定，不要后悔……"孙老师耐心地分析着初三填报志愿的正式表。最后，父母的一道"圣旨"，让我含着眼泪缓缓地走向了可能美丽的天际。

　　在师范求学生涯的岁岁年年中，伴随我成长的是老师的鼓励与希望和我的自信与自觉。几经风雨，几度寒暑，老师呵护我成长，使我获取知识的滋养，穿过人生的迷茫……我踏上了通往罗马的属于自己的路，向着未来飞翔。三年后，我成了小学老师……三年后，在工作调动选择的转折点上，我毅然选择回到母校任教，我相信母校的沃土会因为我而绽放出五颜六色的鲜花。

因为年轻，我朝气蓬勃敢于吃苦；因为年轻，我富有激情能创佳绩；因为年轻，我追求梦想，敢于创新；因为年轻，我大胆地激励自信、赏识成功；因为年轻，我所教的学生充满着追求成功的无限希望；因为年轻，领导同事真心相助，给予机会。

我演绎着自己的成功之路，我为学生复制、完善着成功之路。面对北京市"紫禁杯"优秀班主任、优秀党员、昌平区骨干、昌平区学科带头人、北京市骨干、北京市学科带头人、首都劳动奖章等荣誉，我常常问自己：你还年轻吗？你还清醒吗？你还有理想吗？你还能永葆青春吗？面对母校的腾飞，面对同事的需求，我坚定地回答："我还没有成功。"哲人说：上辈子的五百次回眸，才换来今生的擦肩而过。上辈子我和同事、学生们碰见了多少次，今生才有幸和他们相聚，我还要让每个同事都是第一个捡到美丽贝壳的幸运儿。

雪花在空中轻歌曼舞，谱写着一曲曲感恩的乐章，那是水滴对滋养它的大海母亲的回报；白云在蔚蓝的天空中恋恋不舍，绘画着一幅幅感人的画面，那是白云对它蓝天母亲的回报。因为回报感恩才会有多彩的世界，因为懂得奉献传承，才会有绚丽的万物，这就是生命的真谛。

作者简介：

王建兴，男，1986年参加工作，中共党员，中学英语高级教师。现任小汤山中学教务处副主任，主抓教科研工作。曾被评为昌平区骨干教师、昌平区教育信息化先进个人、北京市"紫禁杯"优秀班主任、北京市农村支教先进个人，获得了首都劳动奖章，现为北京市中学英语学科带头人。曾有多篇论著和教学设计获得北京市一等奖并在报刊发表。

在历练中成长，在成长中成熟

◎作者 丁云峰

　　成长，就好比人生中的一艘小船，行驶在波面上。有时风平浪静，有时也会遇到汹涌澎湃的海浪。成长之舟，并不是一帆风顺的，其中也经历着各种风波。有哭有笑，有悲有欢，有苦也有甜。在我们的成长过程中，挫折总是难免的，挫折能使一些人从此一蹶不振，甚至被浪涛所吞没；而另一些人则勇敢地面对挫折，让自己的生命之根扎得更深。

——题记

　　其实，将心底的感受写出来的想法已经积蓄很久了，因为有太多的东西要说，有太多的想法将要表达。

　　一转眼，从自己第一天到小汤山中学工作至今，已经有近8个年头了。2005年，青涩稚嫩的我怀揣着梦想来到这所学校，经历了试讲、面试等环节之后，校长通知我开学上班，并向我布置了工作任务——带高一两个班级的英语课。这个教学任务对于一个刚刚毕业、精力充沛的年轻人来说，未免过于轻松。于是，我又找到当时主管德育的王校长，要求给我安排一个班主任的工作。就这样，我担任了高一（2）班班主任，成为30来个高中生的"班头儿"。刚刚接手，一切对于我而言都是新的。于是凭借着在大学书本上学到的一点知识加上自己对班主任工作的理解，我开始了人生第一次班主任生涯。和学生打成一片，与学生像朋友一样相处，充分接触学生，了解学生。短时间内，我尝到了这种管理办法的好处：课上，学生与我积极主动配合；课下，学生和我沟通，班级一切井然有序。但是，一个月过去了，当学生的新鲜感过去，他们开始懈怠、松散，所有的问题都暴露了出来：上课开始趴桌子、说话，班级卫生没人做，各种活动要我亲自组织安排。这些问题的出现全都因为我忽略了班干部的培养以及一个班主任在班级建设中的真正作用。在后来的日子里，我阅读了很多班级管理方面的书籍，参加了区里组织的一系列班主任培训，并在年级组长的带领下，通过观察、询问，甚至是在孙组长的亲自指导下，一步一步地找到了做班主任的感觉。而不再像从前一样，简单直入地管理班级。到了高二重新分班，我所带的是文科班。开学初，我通过观察一周后，让自己心目中的班干部候选人替同学们服务，从而让这些学生在同学之中树立威信。一个月后，召开学生班会进行公开竞选投票，这些有能力有威望的同学自然而然地成为班里的顶梁柱，老师的左膀右臂。随后的两年里，我每周召开一次班干部会，会议内容大致是班级这一周工作的反馈和下一周工作的部署。召开班干部会，既锻炼了学生干部的工作能力，使学生干部能较好地完成班级日常工作的管理，形成了一个班风正、学风浓的班集体，也为我以后做年级组长工作积累了丰富而实用的工作经验。

谈到教学，我觉得自己在这方面现在还是很欠缺。我依稀记得第一次实习，第一次登上三尺讲台时候的忐忑不安，将讲课的课件做得五颜六色，只为了吸引高中生那好奇的眼球；仍能清晰地回忆起在没有任何教学经验的时候，旁征博引，有时候只为了一个概念或者一道习题而讲解整整一黑板、一堂课，而忽略了上课前设计的教学目标和教学重点；时间过去这么久，我还是能够想起，在众多老师听课的情况下，学生对一个问题没有反应而冷场的尴尬气氛，亦或是一堂课前面铺垫导入时间过长，以致后面的讲练时间完全不够而导致一堂课没有达到预期目的的窘境。"这些都曾是一个年轻教师在成长的道路上所必经的。"这是在和一些老教师聊起工作的时候，他们这样说的。但我仍旧希望自己能尽快地驾驭课堂，让我的课堂成为学生习得知识的舞台，展示风采的广场。所以，我如饥似渴地听本组教师的课，并认真听取大家评课的意见。同时，积极参加各种培训，并及时上交反思报告。除了这些，我在每次上课前，都要认真准备，并写好教案准备好学案。课堂上，我十分注意讲练的时间分配，一定不能让我的课堂成为填鸭式的课堂，而是学生听懂之后反馈和评价的课堂。课后，我认真地反思自己在这一堂课上的成功之处、不足之处，并争取在下一堂课及时纠正。慢慢地，我的课堂变成了既生动又严谨的课堂，每位学生都有所得，有所获。学生喜欢上我的课，我的一些课也先后被评为区级A级课，在青年教师大赛中先后获得各种奖项。除了一些荣誉之外，成绩也是喜人的。在2012年的高考中，我所任教的理科班英语成绩全区第三，平均分在六所普通学校排名第一。

在参加工作的近八年时间里，我先后送走了四届高三毕业生，担任了七年班主任工作。而且每一届学生的成绩都名列前茅，录取率均达到了95%，本科率20%以上，完成了区教委和学校布置的任务。天道酬勤，付出总是会得到回报的。在2012年年初，基于领导的信任，将高三年级组长的任务交付于我，经过几个月的打拼，我们年级的成绩喜人，除了录取率、本科率达到要求外，理科班的数学、英语、理综成绩均在昌平区六所普通校排名第一，并被授予北京市"工人先锋号"的荣誉称号。2013年，除了继续担任高三年级组长外，学校领导决定提拔我为内聘副主任，辅助教学张校长管理高中教学。

一路走来，我从一名普通的英语教师和一个班的班主任，到一个年级的年级组长，再到主管高中教学的副主任，这其中经历的是心酸汗水，但是我并没有被困难吓倒，并没有向失败低头。因为我看到了一个蒸蒸日上、不断创新的领导班子；感受到了学校这个大家庭的温暖，体会到了来自学生和家长的期盼。同时，在成长的道路上，我深切感到作为一名青年教师和学校中层领导干部应有的职责。所以，我需要不断成熟，在汤中这片沃土上不断耕耘、劳作，充实自己，收获未来。

作者简介：

丁云峰，男，2005年参加工作，中学英语一级教师，现任小汤山中学教务处副主任，主抓高中教学工作。所撰写的论文曾获得全国三等奖、北京市二等奖，2007年获校级青年教师课堂教学风采大赛二等奖，2008年获昌平区青年教师课堂教学评优三等奖，2009年荣获昌平区引课评比三等奖。曾被评为校级优秀班主任和镇级优秀教师。

如歌岁月 纪念北京市昌平区小汤山中学建校五十七周年

从一次次转岗中华丽转身

◎作者 杨 娜

当时间的脚步迈进2013年时,我的心中不禁想起,不经意间我已在小汤山中学默默耕耘15年了。

15年前,我满怀激情、意气风发地回到了我的母校——小汤山中学,憧憬着要在这片我熟悉的热土上挥洒青春和智慧。15年中,我以务实勤勉的态度经营着我热爱的职业;而15年后的今天,当我静下心来,回首从教经历,我最大的感悟是:从教15年来,我从未拒绝过学校领导安排给我的任何一项工作,并且能认真完成每一项工作,从一次次转岗中完成了自己的华丽转身,体验到了别人无法体会到的精彩。

还记得1998年大学毕业后,我被分配到我的母校小汤山中学工作。7月刚一报到,学校的领导就安排我这个地理专业的老师教英语。虽然作为一个大学毕业生对于驾驭初中的英语课是完全没有问题的,但是问题是我没有经过专业的培训,要作为英语教师去教好学生,确实很为难。但是学校的困难就在眼前,所以我硬着头皮接受了这个任务。为了完成好这份工作,整个暑假我都在认真地听磁带练习我的发音,研究教材教法。终于在开学前,我为转变成英语老师做好了充分的准备。但是当我来到学校,领导又通知我,学校现在缺数学老师,让我去教初一年级两个班的数学。就这样我在短短2个月的时间内完成了从地理老师到英语老师再到数学老师的转变。因为自己所学的专业不是数学,所以在备课时我就要花费比别人多一倍或者几倍的时间去钻研教材、教法,同时我也把自己当成学生,发挥勤学好问的精神,虚心向同年级的数学老师请教。功夫不负有心人,在我自己的努力和各位教师的帮助下,我这个非数学专业出身的老师所教的两个班的数学成绩,在考试中每次都名列前茅。

转眼间一个学年过去了,正在我为我这两个班的数学成绩骄傲的时候,学校又安排我改教地理了。当时心里真的舍不下教了一年的这两个班,但是学校的需要就是我的需要,所以我又重新开始变回了地理教师。

2000年11月,学校领导安排我接手初一(1)班的班主任工作。说实话,我心里真没底胜任班主任的工作,更何况是半路接手,但是我还是决定克服自己的这些困难,带好这个班。为了带好这个班,我付出了很多努力,也走了不少弯路,最终这个班没有让我失望,我也没有辜负学校领导对我的信任,在我和学生们的共同努力下,我比较圆满地完成了班主任的教育教学工作。

正当我和这些朝夕相处的学生建立了深厚的师生情谊时,学校对我的工作安排又做出了调整。当时的孙明校长找到我,让我去教高中地理,这对我来说又是一次新的挑战。

高中的教学不比初中,对教师专业知识的要求更高,而且高中地理是要参加会考和高考的,如果教不好是会影响学校的发展的。我对自己实在没有信心,但是想到当时学校刚恢复高中招生,学校的困难更多,再看看领导对我信任的目光,我还是毅然决然地接受了这次新的挑战。当时就我一个高中地理教师,连个能商量的老师都没有,想想那时候自己常常为了准备一节课熬到深夜。由于没有地理老师,所以后来我还同时教高二、高三两个年级的地理。当时是小汤山中学恢复高中以后的第一届高考,教得好不好已经不是我一个人的事情了,这关系到小汤山中学恢复高中以后能不能打响第一炮,能不能有更好的发展。所以虽然我是新教师,虽然我教毕业班,虽然我没有其他老师可以商量,我还是克服了所有困难,最终在那年的高考中取得了除昌平一中、二中之外的最好成绩。

2003年9月,学校安排我重回初中教学,当时我心里有些郁闷,教了两年了,刚梳理好了高中的知识,而且刚带完毕业班,成绩又很好,又让我回初中,我心中不免有些纠结。但是想到学校这样安排应该是从学校整体发展考虑的结果,我不能因为自己个人的意愿而影响全校的整体发展,所以我能理解学校做这样的安排,还是欣然地回到了初中,继续完成好我的本职工作。

在回到初中的这些年里,我一直严格要求自己,在教学上兢兢业业,努力提升我的教育教学能力。在2009年的北京市信息技术与学科整合教学实践评优活动中获得了北京市一等奖,并代表北京市参加了全国第七届NOC大赛,获得了全国第二名的好成绩。2010年在昌平区第二届中青年教师课堂教学大赛评比活动中荣获区级一等奖，2011年被评为昌平区骨干教师。在这些年中，我曾多次承担区级公开课和教材分析的任务。我觉得只要自己不懈努力，终有一天能有所成就。

  2008年，学校安排我担任地理组的教研组长。多年来我都是严格要求自己，做好自己的工作就行了，突然要我担任教研组长，我感觉到肩上的责任重大，我不光要搞好自己的教学任务，同时还要引领全校地理教师搞好地理学科的教育教学工作。在工作中我及时传达学校布置的工作，认真组织好每周五的教研活动，并认真总结每一次的活动情况。组织本组教师开展听、评课活动，积极为本组教师搭建平台，促进每位教师的成长。几年来我组织全组教师坚持教育教学理论的学习，积极组织教研活动，完善和改进教学方法和手段，组织校内外的听、评课活动，为提高我校的地理教学质量做出了一定的贡献。

  2012年十一长假放假的前一天，李校长和张校长找到我，让我十一放假后就去二中代课，说二中已经一个月没上地理课了。时间紧、任务急，我没有拒绝的理由，而且我此去代课代表的不仅仅是我个人，而且是整个小汤山中学。就这样我带着学校领导对我的信任，开始了我的二中代课之旅。

  面对陌生的环境，不熟悉的教师团队，未曾谋面的学生，我要在最短的时间里和二中的师生相处融洽并且还要完成落下一个月的教学任务，这种种的困难都要我一个人去面对克服。而且由于学校的工作需要，我在学校这边还同时担任着地理教研组长和年级组副组长的职务，这边的工作也不能耽误，所以每周我还要回本校两天完成相关的工作，要在两个学校之间来回跑。面对这些困难，我没有退缩，而是更好、更出色地攻克了这些困难。虽然落下一个月的课，我所任教的北校6个班（总共231人），在期末统考统阅中取得了非常优秀的成绩，及格率为96.97%，排全区第4名；优秀率为53.68%，排全区第4名；平均分为84.05分，排全区第3名。昌平二中的领导对我的工作给予了高度的肯定和评价。在那一刻我感觉我给小汤山中学争光了，我没有辜负学校领导对我的信任，这也是我对小汤山中学多年来对我培养的最好回报。虽然支教的时间不到一个学期，但是在这个过程中，我克服了很多个人的困难，又一次圆满地完成了领导交给我的任务。支教是一种经历，是一种磨炼，更是一笔我的人生财富。感谢学校对我的信任，让我在从教的时间里有这么多的经历，让我的执教生涯有别人无法体会到的精彩！

人生几何，岁月匆匆！每当我想起自己从教的这些经历时，我总感叹人生的道路充满变数。而正是这些变数，让我的人生更加精彩。在小汤山中学从教的这些岁月里，我简单并快乐着，平淡并享受着，付出并收获着！

作者简介：

杨娜，女，1998年参加工作，小汤山中学地理一级教师，昌平区地理学科骨干教师，现任小汤山中学地理教研组长。2009年获得教学实践评优全国二等奖和北京市一等奖；两次参加昌平区中青年教师课堂大赛分别获得一等奖和二等奖。撰写的论文、课例、教学设计多次获得市、区一、二等奖。

个人成长感悟

◎作者 曹芳源

作为一名年轻的教师，我害怕自己的课上不好，班级带不好，常常感觉自己心慌意乱，这其实是一种谦虚上进的心态。有了这种心态之后就要立足实践，扎扎实实地探索、研究和反思，这样才能加速自己的成长。过去的三年里，在学校各位领导以及师傅手把手的教导下，我在课堂教学以及班级管理上取得了一些成绩，回想这充实的三年，心中有很多的感悟，现在和大家一起分享。希望年轻的教师们能从中得到启发，加快自己的成长步伐；老教师们能指点迷津，使我更上一层楼。

一、教学方面

学校为了加快我们年轻教师的成长，开展了"师徒结对"活动，这对我们新教师来说实在是一个努力学习的机会。刚来的时候我很荣幸能成为张仁玲老师的徒弟，她在职业道德、教学方法、管理学生方面都毫无保留地给了我许多的指导和帮助，真正发挥了"传、帮、带"的作用，使我在各方面有了较大的提高。我记得很清楚，有一次在做昌平区公开课的时候，师傅反反复复帮我修改指正，恨不得指导我把每一句话都记下来，为了上好这一节课，师傅来来回回听课三四次。王建兴主任还牺牲他中午休息的时间对我的教学设计提出了很多宝贵意见，使我慢慢体味到了他们思想的灵动，准确地把握住每一节课的闪光之处，在这样反反复复的过程中，我受益匪浅。

二、班主任方面

刚来到小汤山中学，学校要求我们年轻人兼任班主任。看到孩子们一张张天真无邪的笑脸，我便暗下决心一定要带好这个班，要对这些孩子负责。由于管理经验不够丰富，刚开始我对班级管理多少有些困惑和迷茫。幸运的是，我周围有一位带班经验丰富的班主任也是我们年级的年级组长罗忠洲老师，我便注意学习他对班级的管理方法，并直接向他请教，他也毫无保留地对我进行指导和帮助，使我的班级管理工作很快步入正轨。现在，我所带的班级已形成了良好的班风、学风，整个班集体朝气蓬勃，蒸蒸日上。

四年来，我在思想上和处事上成熟稳重多了，感谢各位领导的关心指导，感谢我的师傅以及罗忠洲老师，不管在工作上，还是生活上，他们都给了我很大的帮助，使我能成长起来。我知道自己身上还有许多需要改进的地方，但我要说年轻就是我们的资本，我们有着不甘落后的进取心，我会充满激情地奋斗、开拓、进取，将青春挥洒在自己热爱的教育热土上，我无怨无悔！

作者简介：

曹芳源，女，2009年参加工作，中共党员，小汤山中学高中数学二级教师。曾被评为小汤山镇优秀共产党员、镇级优秀教师。参加"昌平区中小学青年班主任教育主题教育评优"活动并荣获二等奖。撰写的论文获昌平区三等奖。参加昌平区青年教师课堂教学大赛并获得二等奖，辅导学生参加昌平区数学比赛，学生成绩优异。

板报情缘

◎作者 陈长恕

板报，俗指黑板报。特别是年龄大的人，在五六十年代还当学生时，对这种说法较为熟悉，在他们心中，板报是黑板报的代名词。

五十年代初我在后牛坊村初小念书时就看到过黑板报，当时彩色粉笔画不多，偶而能见到时，我便驻足观看，有时入迷。到了四年级我喜欢上了画画，有时用铅笔临摹感兴趣的范画和插图，老师也说我的字画有发展。1955年麦假过后，我考上了小汤山完小、高小五年级，教美术的张有为老师给了我很大帮助，在他的指导下，我的字画有了很大进步。小汤山完小的板报、墙报的宣传工作开展得很有研究：算术、语文、历史、地理、自然、体美劳各学科内容俱全，还有故事、谜语园和光荣榜、表扬栏，经常换新的内容，我经常抽空去看。刚进六年级，我的一篇作文——《我的朋友》在校园写作园地展出，是我用钢笔誊写在便宜纸上粘在上面的，我的文章书法第一次上墙传阅。

1957年我在小汤山完小、高小毕业，考上小汤山中学上初中，1960年初中毕业后保送到83中（现昌平一中）上高中，我在读书、工作、劳动中度过了宝贵的六年的求学时光，六年的主要工作当数做班上的"校报委员"，就是负责出黑板报，当然要在班主任、任课教师、班干部、团干部的指导监督下进行。

学生时代结束了，我来到了农村这片广阔天地，劳动之余经常和板报接触。受团支部的委托，"文革"期间的板报宣传工作要我参与，我的字画得到了锻炼。后来去南口修响潭水库当民工也接触过板报，给辛店村大队部写毛主席语录和宣传资料，还有一次给辛店村写贺年信，虽然说用的是大红纸毛笔，但与黑板粉笔有相同之处。

如歌岁月　纪念北京市昌平区小汤山中学建校五十七周年

1971年10月我走进了学校，当了一名队派教师。在后牛坊小学教师房山墙的水泥黑板上，开辟了以"先锋战报"为题目的板报园地，一干就是三年。出板报的工具材料有彩色彩笔、白粉笔、木尺、圆规、图案书等。内容有党的教育方针、毛主席语录，如"好好学习、天天向上"和"向雷锋同志学习"，还有学习、工作、劳动、文体动态，好人好事、表扬栏等。

1975年3月我来到小汤山中学，转为一名协议工教师，在原有的基础上板报工作又有了新的进展。

先说一说集体园地。第一、二排教室临中间甬路的房山、还有实验室东房山水泥沙心的涂料黑板共5块，共青团、少先队的宣传组各用1块，余下的3块归学校集体使用。经常抄写的内容是社论、教育方针、教育教学成果花絮，表扬好人好事，公布"三好"生名单和各项比赛活动获奖情况等；后来的"五讲四美三热爱"还有校规校训等（用红漆字描摹）。后来到80年在校门口20米处建一语录碑，正面是"忠诚党的教育事业"，字的纵横尺寸为100cm*75cm，背面是"八十年代立志成才，为祖国建设从我做起"，字的纵横尺寸为60cm*45cm，宋体字红漆描摹。后来又在实验室东房山新黑板上描摹红漆镶白漆边80cm*60cm的宋体字，为"发展体育运动，增强人民体质"。

学校集体负责的3块板报园地和语录碑由学校领导班子成员拟定标语和内容，我和助手负责标题报头设计和内容的绘画书写，直到把每块板报园地圆满完成，板报大约两三个星期更换一次内容，部分内容要每星期换一次，如课间操和卫生扫除评比分数。

板报刊登的内容有：当前国内外形势，教育教学信息，课堂教学和课外活动花絮，开展学工学农学军开门办学的收获，第二课堂的体会交流，考试成绩和学科竞赛获奖名单以及德智体美劳及好人好事表扬资料信息，等等。

每年的初、高中毕业班的中考、高考，临时用的板报考务信息很重要，入考场平面图、考试规则、考试考生座号和其他标志（保密室、医务室、饮水处、存车处等），特别是鼓励学生积极参与开学考试的标语口号（如沉着冷静、周密思考、仔细认真、全力以赴等），大都是光用白粉笔写双线字，宋体或手体，再用色彩笔（如红、蓝、绿）填心，最后再加黄（或白）边。

还有每年的春季运动会，红五月艺术节活动，板报宣传工作很重要，往往要公布通知、比赛、方法、类型、程序、奖项、标语口号（大字），还需切题的人物、景物、器材的绘画及插图、花边，都用白色粉笔完成。

每年的教师节，宣传工作必须到位，让师生过一个意义深远的教师节。

还有每年的元旦，不仅要把校园集体板报园地经营得富丽堂皇，而且受班级师生之约，帮他们把教室前后黑板写好画满，像恭贺新年、庆祝新年、庆祝元旦等大型彩字，画圆、方、金鱼等动物灯笼，梅兰竹菊插画以及花边图案设计等；再加上纸花、花环、彩带的布置，教室内充满节日欢腾祥和、生动活泼的气氛，为庆贺新年增光添彩、相约祝福。

我于1987年元月转正后，代表学校曾参加过几次黑板报宣传比赛：计划生育、节约用水、植树造林、环境卫生等题材内容，获得过两次一等奖，一次优秀奖。

每年的3月5日学习雷锋纪念日，黑板报宣传雷打不动，而且局面不断上升。人人学雷锋做好事不留姓名家喻户晓，学雷锋的春风行动也多了起来，像慰问军烈属、敬老院老人、当地驻军官兵，还有去小汤山街道门店擦玻璃、扫地等。我至今仍清楚地记得，雷锋像画了很多次，伟人题词写了很多遍。

2000年5月1日后学校迁到小汤山村西校园教学楼新址，电灯、电话、空调、自来水、计算机等装置齐全，建有阶梯教室，可召开校务会、讲座、党课、团队活动、联欢会、歌咏比赛，还可放电影、看电视，可容纳500人之多。学校的宣传橱窗有10多个，但黑板报的宣传始终没有间断过，开学典礼、中考、红五月艺术节（比赛规程、展览等）、卫生工作宣传、学科竞赛信息、教师节、元旦等重要时刻，都展现出黑板报的功能与作用。

2004年9月底我光荣地退休了，离开了神圣的岗位，我恋恋不舍。好在村里也找我参与广告栏的设计工作。邻居穆姓二哥家开小铺，门口有一小块水泥黑板，原来做货品价格宣传用的，现在基本不用了，征求他同意，根据节目、节气的变更，我用白粉笔起稿、彩粉笔填心着色描摹些大字以渲染烘托气氛，如"庆祝五一，劳动光荣"、"六月的花儿香，向小朋友问好"、"纪念屈原，情系端午"等，一年四季每月不断地换版。这样坚持到2010年他家翻盖新房结束小铺经营为止。目前，村委会准备办板报园地，我想毛遂自荐，加入板报组织行列。

60年的板报情缘，总的来说平平静静、顺顺利利，自我评价是：能积极参与，但缺乏严格要求，过分依赖老本。今后，若再重操旧业，要竭尽全力，高标准严要求，把黑板报优良传统优秀长项充分发扬光大，把现代板报办得有水平，办得绘声绘色，让我从小热爱的事业蒸蒸日上、异彩纷呈。

感谢各级领导的关心与培养，感谢帮助我做板报的同学、同事，感谢家人、亲友的支持与理解。

板报！黑板报！朋友！恪守诺言，我永远是你忠诚的朋友！

刻印工作的如歌岁月

◎作者 陈长恕

我于1975年3月10日从后牛坊小学调到小汤山中学，司职刻印。当天下午第七节课后，学校召开了全体教职工大会，校长传达了教育教学工作后，郑重其事地介绍了我的任职工作，大家热烈鼓掌，令人感动，至今难以忘怀。

小汤山中学从1972年招收首届高一新生开始，即属于当时昌平县完全普通中学。一年又一年，从初一到高二五个年级共有20个班，1000名学生。当时教育教学、行政、总务等工作用的文字资料，特别是学生用的复习提纲、练习题、试题等都是以手工刻印来完成，所以，刻印工作在当时是学校重要工作之一。

刻印，就手工刻印而言，主要工具材料，有钢板（有直纹、斜纹、粗细之分），铁笔（有粗细、画线、美术装饰笔尖之分），蜡纸（灯塔牌、风筝牌、警钟牌、北京牌等），还有塑料几何图形及花边装饰板以及涂改修正液，等等；印有手推油印机（天津牌、北京牌、前进牌等），后又有了手摇油印机；油墨（蓝、黑、红色，如北京牌、北海牌），煤油（调油墨用），印用纸（便宜纸、古板纸、新闻纸、绘图纸、标语纸等），还有一些刀、剪、锤、钳、改锥等简易修理工具和去污粉肥皂，等等。

　　手工刻印，在刻字中，钢笔、铁笔、蜡纸质量和种类起着重要的作用。刻宋字体、横平竖直的美术字要用直纹（#）版面，刻手写体、设计表格、制图（数、理、化、外、史、地、生等学科）等要用斜纹版面；铁笔尖的粗细、造型也有讲究；常用的铁笔蜡纸刻件一般能印500张，多次实践证明，灯塔牌蜡纸具有多方面的优点，质量较为上乘。在手推油印的过程中，油墨要调均匀，若稠，需加上适量煤油调和好；把刻好的蜡纸反贴在油印机印框的丝网上，这道工序虽然不是很难，但上下左右尺寸位置一次贴好不是件容易事，要力争上下左右四至适当，越平越好，然后用滚好油墨的油印胶辊(滚子)在正面平卧的丝网上滚动（要先铺好底纸），要轻、平，力量均匀，直到把蜡纸擀平试印成功，再上印件用纸，纸一般用有光纸（便宜纸）、古板纸，吸油性能一般，油墨用量不要太大；新闻纸、标语纸吸油性能较强，用油墨量要大一些。在揭翻纸时要轻巧，尽量避免油墨的污染，一般印20~30张就要卸下来了，卸四五次再夹净纸，反复10次左右印好的就达到300张上下，一般年级的试题、练习题也就够用了。在推印的过程中时刻注意对蜡纸的保护，调好油墨、用力均匀、把纸夹紧、上下纸及时等注意事项到位，一般在500张之内的印件都能一版完成（即用一张刻好的蜡纸），如果各个细节都到位，一版800张也不是问题。

　　当时，学校的教育教学、行政、总务工作用的表格、资料图示、奖状等印件需要综合技术，如字体、制表、制图、插画、装饰图案、花边、题头题尾字画、图案的设计等，完成过程中一要掌握技术，二要有工具，如花纹花边塑板、技术铁笔的辅助，也包括红、黑、蓝、油墨的套印等。刻蜡纸版打格不是难事，但要能保证引出较多的张数和较好的质量不是一件容易的事，比如刻印课程表，横竖线层层叠加后，再填写各个科目、星期、节次等。能印好上百份也不是件容易的事。

在与学生见面的试题、练习题中，刻印件必须做到：没有错别字、不规范字，字要工整清楚易认，做题的空要合适够用，图示要规范正确。多年的刻印工作，使我养成了工作记录的习惯，平时，把年级、班级、科目、用纸等如实记录在《刻印工作日志》中，时间上也有适当的前后安排，使刻印工作尽量避免漏洞，减少差错。

后来，学校添置了中、英文打字机和手摇油印机，后来又购进了誊影机（用誊影纸激光扫描电刻制版）在刻印工作中是一次重要的改革，从制版到印刷都减轻了劳动强度。1985年，高中改为了三年制，从初一到高三工作量又有所增加。在以后10多年中，刻印室先后增加了许多骨干力量，刘凤芹、董彩章、赵芝凤、肖军、杨广明、丰庆媛、王如珍、张绍基等，他们都以主人翁的姿态投入到这项紧张的工作之中，取得了丰硕的成果。

到1998年，学校添置了复印机，由工作人员上好原件、油墨、复印纸（古板纸、新闻纸也可），直接复印，完全电力操作，试题、练习题的复印能很快完成，刻印工作配合计算机（从九十年代初，学校陆续添置计算机，开设计算机课程教学，电脑刻字打印走进了学校刻印工作中），刻印工作也就向现代化迈进。

在1975~1998年，我在23年的刻印职务的工作过程中，取得了可喜的成绩：

1.完成了学校各年级学生每学期的期中、期末试题刻印，完成了毕业班中考、高考的考务部分工作；

2.完成了学校各年级学生学科复习、习题提纲和练习题；

3.完成了教育教学、行政、总务工作的资料（如通天之路、教学计划、工作总结、课表、档案、初高中招生录取通知单等）；

4.完成了体育（运动会、体操、球类比赛等）、音乐（歌咏比赛、文艺汇演等）、美术（画展、书法比赛等）的规则宣传和奖状刻印；

5.完成镇政府（原叫公社）、各村、小汤山医院、进修学校、兄弟中小学校的特约刻印资料；

6.完成了《校园文学》的刻印、装订、发行、交流工作（后详）。

刻印工作像是用铁笔、蜡纸在钢板上打五线，做五线谱，谱写出一首跨时代的歌曲，永久传唱。和谐的音符谱写了团结求实、活泼向上的乐曲；优美的旋律折射出集体的力量和智慧，动听的歌词道出时代的心声，畅谈我们共同的理想：弘扬教育教学的优良传统，承载光辉的工作历程，展现如歌的辉煌岁月。

在完成教育教学行政总务工作需要的同时，值得提及的还有完成了小汤山中学的宣传、学习、交流工作，先后刻印、折页、装订成册的文学校刊有：《汤泉》、《大地》、《汤中之声》、《燕山红杏》，每种内部、外部发行交流达50本，扩大了文学艺术的交流范围，提高了学校的知名度，增添了师生热爱文学艺术的兴趣，对我们大家写作能力的提高也是很好的锻炼机会。时至今日，小汤山中学《校园文学》仍按时出版。

忆往昔，紧张工作之中，得到很多同志无私的帮助，不管是刻件刻不完找人，还是印不过来找人，他们都是有求必应、保证质量。特别是薛永宽、杨继祥、蔡宇光、周世龙、王建兴、王炜、肖军、闫维清、任忠明、张登元、诸荣胜、尹兰仁、李有连、王梅兰、朱雪芬等老师给予了这项工作很大帮助，使工作得以顺利完成。

我在小汤山中学23年司职刻印的工作中，在校领导、老师和职工的关心帮助下，取得了很大成绩，得到了师生的肯定，受到上级领导的表扬。多年工作就我个人而言收获是很大的，字体设计有了很大的进步，特别是工作中培养了细心、耐心、恒心等做人应该具备的人格，还有严格的责任心和实干精神。直到如今，我做事的求实意识仍然很强，也许是受职业的影响，养成了自己的性格，严格地说，刻印资料是不允许出错误的。

  光阴荏苒，在这20多年的刻印工作生涯中，多少个日日夜夜和铁笔、蜡纸、油墨、油印机打交道，灯下作业是常有的事，可谓是一桩艰辛的事业，却使我增添了很多知识，学习了很多技术，同时结识了很多朋友。在刻印工作的如歌岁月中，我的工作性质属于脑力劳动和体力劳动相结合，使我感觉到劳动最光荣、最幸福、最有成就感；回首往事，不为虚度年华而悔恨，不因碌碌无为而羞耻，在人的一生应当怎样度过的答案中，走出可喜的一步。当然，我还有很多地方做得不够，存在很多缺点，今后还要加强学习、努力实践，和同志们交流，积极响应以习近平主席为首的党中央的伟大号召，为人民服务，为我们的伟大祖国服务，在百家争鸣、百花齐放的艺术实践中身体力行。最后，再次对关心重视刻印工作并做出杰出贡献的同仁一并表示感谢，祝我们今后事业成功。

管理艺术

阐述领导者的先进管理理念、管理模式,促进学校发展。

如歌岁月 纪念北京市昌平区小汤山中学建校五十七周年

以学校文化建设为引领
促进学校又好又快发展

◎作者 李士春

学校文化是一所学校在长期教育实践中不断创造、演化、积淀、提炼出来的。它是所有成员为实现共同的愿景及奋斗目标，进而达到形成核心价值观的思想内化过程，一般包括物质文化、制度文化、行为文化和精神文化四个部分。

一、以物质文化建设为基础，让景物处处都有教育性

物质文化是学校文化空间的物质形态形式，它包括学校的环境文化和设施文化。是学校文化形成的前提条件，没有物质文化，其他文化是无从谈起的。

苏霍姆林斯基说："让每面墙壁都会说话。"根据学校建筑风格与设备设施特点，我们因地制宜进行设计与包装，让景物富有教育性。设计原则是安全第一，教育为本，确保质量，天人合一；设计理念是人创造环境，环境也创造人。在设计方案的过程中，我们多次召开研讨会，广泛听取全校师生的意见与建议，在众多的方案中，优中选优，实施的方案是大家的所思所想，是全校师生共同创作的结果。

进入汤中校园，映入眼帘的是楼顶金光闪闪的"成长、成人、成才、成功"八字培养目标，甬路正中是"和谐"主题雕塑，《大学》名言与大型浮雕分布在主楼两侧，各种运动设施排列有序。龙型教学楼富有金龙盘玉柱之意，生态园竹林茂密，同心园、寻龙园"八字教风"分别矗立；二楼文化长廊冬暖夏凉，宽敞明亮，与乒乓球台、师生作品展构成了一道靓丽的风景线；三楼"四化目标"、"四校策略"、《论语》集锦组成了环境文化的核心区，绿阴长廊瓜果飘香，富有江南水乡之感的停车场让人流连忘返；食堂、宿舍干净整洁，温泉浴池供师生享用；健身房、多功能厅、心理咨询室是师生放松减压的好去处；校车接送教师风雨无阻。

我校是昌平区第一个校园环境建设实验校，曾多次承办市区级现场会，规模最大的一次多达400余人。在会上我代表学校做了典型发言，市区教委许多领导到会，并作大会点评，对我校设计的方案和实施方案给予了高度评价。来过我校的人都说："小汤山中学真漂亮，环境美，饭好吃，而且人热情。"现在学校正朝着教委提出的"一校一品，让每个学校都精彩"的发展战略一路前行。

二、以制度文化建设为保障，让管理更加民主人性化

俗话说："没有规矩，不成方圆。"经过全校上下反复研讨，结合学校和师生实际，我们制定了"十二五"发展规划及实施细则，确定了"以人为本、依法治校、办出水平、创出特色"为指导思想，"一切为了师生发展"为办学理念，"以德立校、以质强校、以体促校、以和兴校"为办学策略，"育人环境特色化、学校管理科学化、师资队伍专业化、办学水平优质化"为办学目标，"成长、成人、成才、成功"为学生成长目标，"成长、成就、成名、成家"为教师成长目标，"厚德、志远、博学、创新"为校训，"自强不息、追求卓越"为校风，"知爱、善教"为教风，"感恩、乐学"为学风，"人文和谐校园、师生成长乐园、科研成才家园"为办学特色。

在管理中，为了体现公平、公正、公开，充分调动每名成员的积极性，我们推行了"两条线"管理模式，即高线和底线。高线是创造一切条件鼓励教师多干快跑，早出成绩，多出成绩，出好成绩，为师生的成长成功铺路搭桥，竭尽全力打造优秀群体。底线是不管是谁，只要违反了学校规章，就必须受到约束与追究。对此，我们将制度汇编进行了修改，把那些过时的、僵化的条款进行修改完善，让规章更具有说服力。凡是涉及师生利益的事情，如评职评先、绩效工资发放、师德、收费、安全等，都要事先征求大家的意见与建议，通过教代会认真审议全票通过后再执行。这样的规章制度倡导的是人本思想，既有严肃性，又有人文关怀，教师学生感到合情合理，心情舒畅。

三、以行为文化建设为平台，在教育活动中历练成长

所谓行为文化是指通过对活动的设计，把活动的内容、组织的形式、达到的效果统筹起来，让参加者有所感悟和提升。学校的办学思想与办学目标是要

通过各部门开展的教育教学活动完成的。要想通过开展活动达到教育目的，富有文化内涵，就必须在活动之前进行精心设计，活动之中进行有效控制，活动之后及时总结提升。如：党支部开展的以创建"五个好"先进党支部和争当"五带头"优秀共产党员为主题的教育活动，学校举行的每周一庄严的师生升旗仪式，工会组织的庆"三八"先进事迹报告会，德育处组织的"有理想学做人，有素养学做事"系列教育活动，教务处推行的"成功课堂"改革试验活动，团委组织的大型社团和志愿服务队活动，总务处开展的"三六三一"系列活动，都有一套精细的设计方案，严格的工作流程，创新的组织形式，生动的教育效果，力求使活动有较深的教育性和感染力，让师生在活动中受到教育、历练成长。

四、以精神文化建设为载体，形成学校核心价值观

精神文化是由物质文化、制度文化、行为文化不断积累、内化而形成的，是学校文化的最高表现形式。它虽然看不到，摸不着，但它正是管理者想要达到的最高境界。它是教师和学生所持有的共同信念、行为方式、价值取向与精神追求。由此可见，校长的作用是要把形成学校文化的诸多要素结合起来，形成一套具体的治校方略，再通过组织行为推行下去，而且在推行的过程中，师生完全处于主动的积极状态，是一种追求自我价值的过程。

（一）校长是学校文化形成之魂

陶行知曾说过："校长是一所学校的灵魂，评论一个学校，首先要评论它的校长。" 我也时常把校长比喻为学校的领跑人，校长跑得越快，师生的成长与学校的发展就越快。我所说的"快"，是说校长的思路快，其实就是我们常说的创新。创新需要胆略与激情，需要反思和学习。我十分重视学习，无论是进修学习，还是脱产学习，不管是大会发言，还是出国考察，我都会珍惜每一次机会，做到认真参加，从不请假，出色地完成学习任务，多次被评选为优秀学员，作业还时常发表在刊物上。学习使我开阔眼界，工作起来得心应手；学习使我性格开朗，喜欢运动，下象棋、打桥牌是我的业余爱好，在参加昌平区第一届桥牌双人赛中，我与朱兴利老师联手获得第一名的好成绩。学习让我积极进取，善于捕捉事物发展的内在规律，看问题、做事情更加理性和辩证。

"修身、齐家、治国、平天下",这是中国传统文化为青年一代确定的责任目标。孔子的"当仁不让",孟子的"舍我其谁",张载的"为天地立心,为生民立命,为往圣继绝学,为万事开太平",顾炎武的"天下兴亡,匹夫有责",范仲淹的"先天下之忧而忧,后天下之乐而乐",李大钊的"铁肩担道义"等,不仅是中国历代知识分子的信仰,更是他们崇高责任感的人生写照。他们的浩然正气和至理名言,是我永远学习的榜样,努力追求的方向。

我任书记、校长以来,曾遇到过许多的困惑与挑战。无论是三线改道,还是抗击"非典";无论是人事改革,还是引入温泉水;无论是资金短缺,还是50周年校庆;无论是生源不足,还是中考、高考;无论是抗震加固,还是迎接验收;无论是职称评定,还是实施绩效,我都没有惧怕和退缩,都能以一种平和的心态从容面对。如:抗震加固是国家在特殊时期完成的一项民心工程,只能成功,不能失败,只能做好,不能做坏。必须按照上级要求进行施工,确保9月1日正式开学前完工。起初,我想得比较简单,一切听上级安排,学校全力配合即可。在施工中,我逐渐发现事情不像所想象的那样简单。当时的设计是走廊不做,门窗依旧,地砖不铺,吊顶不管。这样的结果,岂不与我们改变校容校貌的初衷大相径庭吗!对此,我十分着急,找到齐景新主任商量,决定找设计方去谈一谈。沟通开始有些僵局,设计方不同意追加项目,经过半天的协商,设计方终于同意了我们的建议,完善了设计方案。本想喘口气,但始料不及的事情又发生了,"孩子上学如同进工地"!《京华时报》头版头条的报道,一时引来了社会各界的热议,来自多方的压力铺天盖地。我思来想去,最后还是决定顶着压力,冒着风险,提出了"特殊时期、特殊管理"的要求,在保障安全第一的前提下,边继续施工,边上课。历时五个月的工程终于结束了。在师生喜迁新楼的那天,学校举行了一个隆重的并且特殊的入楼仪式。面对加固装修后的崭新大楼,师生们欢呼雀跃,用鲜花和掌声感谢施工方的辛勤劳动。老师夸赞说"这活干得又好又细";学生在作文中写道:"五个月的时间,好像跨越了半个世纪。"市教委郑鄂副主任说:"小汤山中学在抗震加固工程中,利用有限资金,发挥了人的主观能动性,取得了全市一流的效果。不仅提升了文化品位,还形成了难能可贵的团队精神。"

（二）干部是学校文化形成的引领者

校长的办学思想、学校的办学目标都是通过干部带领师生实干而体现的。我把校长和干部的关系比喻成水与渠的关系。校长如果是水，干部就是渠，没有渠，水是不可能流到田间的。我深知干部的作用和责任重大，时常用一些谚语来提示干部，如"干部责任大，出事真可怕"、"干部不领，水牛掉井"、"干部干部，就是先干一步"等。托尔斯泰说过：责任是一种意识、一种精神、一种态度、一种超越能力的素质。一个人若是没有热情与激情，他将一事无成，而热情与激情的基点是责任。事实证明，没有高素质的干部队伍，就不可能有高水平的决策能力。大到一个国家，小到一个班组，干好一件事，责任是第一位的。

教工委隋彦玲书记十分重视干部的选拔和培养，并为学校各级干部成长及发展指明了方向。教委李成旺主任对学校干部给予了厚望，并提出了发展方向和具体要求。通过管理及培训，把每一名干部都培养成想干事、能干事、干成事、干好事的管理者。我校将干部队伍建设视为头等大事，从选拔到培养，从评议到谈话，从成长到成熟，从成熟到成功都有一套严格的做法及流程。我校对干部的总体要求是：政治成熟，观念领先，工作扎实，方法讲究，效果显著。要转变"一种观念"，发扬"两种精神"，提高"四种能力"，做到"七要七不要"。

作为一所完全中学，校长不可能事必躬亲。我把手中的权利有序有效地分配给各层下属手中。既不让权利过分集中，又不让权利处于游离和空白状态。我注重抓大放小，充分信任下属，做到用人不疑；关心爱护下属，注重在使用中培养，让他们在锻炼中成长；授权合理，分工明确，让下属感到有职有权；经常与下属沟通。凡是下属已经定下来的事，只要没有大的原则性错误，一般不去指点和变更；当下属遇到困难时，及时表明态度，为其撑腰打气，做其坚强后盾；当下属因工作失误造成负面影响时，给予谅解和安慰，从不指责和埋怨。我先后提拔培养了近20名干部，他们政治过硬，业务能力强，讲究工作方法，追求效果最优化，管理是硬手，教书是能手，无论是本校的还是调走的，他们都是师生心目中的领导者。

（三）教师是学校文化形成的主力军

随着成功课堂的不断深入，我们将办学方略做了修改，新修改的教风是"知爱、善教"。在研讨中，教师们普遍认为，作为一名有思想、有成就的教师，必须把自己的聪明与才智融入团队之中，而且形成特有的教学风格。

"知爱"——教师的天职。

天职是指人应该承担的责任。当好教师，教好学生，是天经地义的事情，教师的职业伟大而崇高，只有不断进取，努力拼搏，才无愧于"教师"这个光荣称号。教师的任务是传道、授业、解惑，没有高素质的教师，不可能教出高水平的学生。教师的素质有许多，但知爱是最本质、最重要的素质。知爱，即赏识、喜爱，爱自己、爱家人、爱事业、爱学生。只有爱得广、爱得深，才能体现爱的真挚，爱的伟大，爱的无私；才能让被爱者感到快乐和幸福，被这种爱所打动，从而产生一种自觉的回报心理。为此，我们从学生的实际情况出发，提出了"四心教育"系列活动，即有爱心不抛弃，有信心不放弃，有真心不嫌弃，有耐心不赌气。为了让教师开阔视野，更新观念，我们还多次组织全校教师赴洋思中学、杜郎口中学等进行参观学习，选派英语教师出国培训，进行骨干教师专题考察研讨，组织教师听党课、先进事迹报告会、学术研讨会、技能展示大赛等活动，还与北大附中、交大附中、昌平二中结为手拉手校，现在教师学习蔚然成风，工作心气十足，业绩十分突出，学校核心价值观的框架已基本形成。

"善教"——教师的本职。

《孟子》中说："善政者得民财，善教者得民心。"《论语》中说："不教而战，是谓弃之。"《礼记》中提出"教学相长"的观点，说的就是这个意思，即善教的重要性。教，就是讲课；善教，就是把课讲好，让学生听会、学会。作为一名教师把学生教会，说起来容易，做起来难，它既是教师综合能力的具体体现，又是教师逐渐走向成功的重要标志。近年来，学校从教师的五种需要出发，关心关注教师成长成功，推行了"三六三一"成功课堂模式。这一改革充分调动了广大教师的积极性，在态度、情感、价值观三个维度上进行了大胆的改革与尝试，效果十分显著，不仅课堂规范有序，而且教学成绩明显提高，在佳绩的基础上又创出了奇迹。正如初中数学教师徐景杰说，"自从我校实施成功课堂教学改革以来，课堂结构发生了变化，小组合作式学习，充分调动了不同层次学生的积极性，学习成绩有了明显提高"；又如高中英语丁云峰老师说，"我校去年高考成绩创造奇迹，为我区普高校第一，这完全取决于成功课堂改革的创举，小组合作学习不仅增强了学生的自信心，还最大限度地激发了学生的学习兴趣，学习成绩显著提升"。在即将出版的《如歌岁月》一书中，许多教师都以成功课堂为题，撰写了很有价值的体会性文章。

（四）学生是学校文化形成的见证者

感恩，是学生转变态度建立自信的前提。

感恩就是回报，感恩就是感谢，感恩就是世界上最美好、最朴实、最能让人感受到温暖的一种行动。感恩是开展德育工作的重要内容，学校的一切工作都是为了转变学生的思想。教育的过程就是"一群不完美的人，带领着另一群不完美的人，去追求完美的过程"。教师是不完美的人，学生更是不完美的人，这两群不完美的人要通过教育，达到完美的效果。可见，教育的力量是不可估量的，我们追求的是有效教育，有效教育的本质是转变，转变的关键是态度，态度决定行为。所谓态度是指个人对他人、对事物的较持久的肯定或否定的内在反映倾向。态度又分为三个成分：认知、情感、行为。人的任何态度都不是与生俱来的，所以是完全可以改变的，这就为教师在转变学生态度时建立了必胜的信心，这里有两个理论三个方法值得学习与借鉴。

理论一：海德的平衡理论告诉我们，教师可以通过建立良好的师生关系来改变学生的态度。

理论二：费斯丁格的认知不协调理论给我们的启示是：要想引起学生态度的变化，就必须给他们提出一些新的观点或引导他们先做出一些新行为，使其产生认知不协调的认识。

方法一：开展以感恩为主题的体验活动，在互动中转变态度。实验表明，个人参加的实践活动越多，态度转变越有效，如：成功课堂的小组合作式学习、升旗仪式、联欢会、运动会、展示会、比赛、竞赛活动等。

方法二：利用学校规章制度可以改变学生的态度。

群体成员的一致行为对个体来说会产生巨大的压力，它迫使个体采取与多数人一致的行为方式，而且，群体成员之间在情绪和情感上也会互相感染，行为上互相模仿。因此，我们在管理上坚持制度至上不放松，不管是哪个同学违反了校园规章制度，我们都要进行批评教育与责任追究。

方法三：说服是转变学生态度最基本最有效的方法。说服可以是公开的、直率地表明观点的教育，也可以用间接、暗示的方法来达到转变态度的目的。

学生一但转变态度，就会悔恨自己的过去，从而建立起好好学习的自信心，正像有些家长所说：我们的孩子入学还不到三个月，却发生了难以想象的变化，变得爱说、爱笑，也爱做家务了。这充分说明我们的做法符合学生的需要，我们的教育是适合学生的教育。

乐学，是学生爱学会学的必要条件。

乐学有三种不同的境界：一是知道，二是喜欢，三是乐在其中。知道，只是被动学习知识，不能把握自如；喜欢，触及感情，发生兴趣，喜欢学就学，不喜欢学就不学，不能坚持长久；乐在其中，才是"乐之者"的境界，学习起来非常刻苦，十分投入，几乎达到了"陶醉"的程度，而且毫无劳累之感。

乐学，必须让学生对学习方法产生兴趣。兴趣是指人们力求认识某种事物和从事某项活动的意识倾向。我们在教学中发现，凡是学习不好的学生，学习时大多都很痛苦，没有快乐之感，原因就是他们对学习失去了兴趣。一个对学习毫无兴趣的学生，不会在学习上付出努力，可见兴趣对学生的学习起着相当大的影响作用。为了培养学生的兴趣，我们不仅加大投入，建立健全的设备设施，还在开展活动中充分发挥学生的主观能动性，让他们在活动中找到快乐，尝到成功的喜悦，学生愿意参加活动，喜欢参加活动，说明学生在活动中逐渐产生了兴趣，有了兴趣，活动才有教育意义，学校的管理才会创造出佳绩，甚至奇迹。成功课堂给学校带来了生机，2012年我校高考三科五项指标获普通高中校第一；2013年中考及格率为100%；高考最高分为613分，理科综合及格率、平均分为普通高中第一。李松同学连续三年获昌平区中小学生乒乓球比赛冠军，学校获团体亚军；风筝比赛连续两年获市区第一；体能测试打破历史记录，为昌平区捧回三个奖杯；政治教研组被评为昌平区明星教研组并荣获"北京市青年文明号"称号；于凡同学获北京市数控铣床大赛一等奖；陶林同学舍己救人先进事迹被北京电视台报道，学校被评为首都先进少年军校、北京市文明礼仪示范校、北京市绿色学校、首都绿化美化花园式单位、北京市语言文字工作示范校、科技事业档案工作目标管理市级先进校、北京市信息化工作先进校、北京市百所数字校园实验校。学校训练的女子拔河队荣获全国冠军，小汤山镇政府授予学校特殊贡献奖。

由此可见，学校文化的形成过程，就是文化不断积淀与传承的过程，是把理想变为现实的过程，是学校生存和发展的关键所在，校长有了文化，才有创意；教师有了文化，才有魅力；学生有了文化，才有活力；学校有了文化，才有士气。文化要有底蕴，教育需要创新，多年的学校文化建设，让我在管理中感悟到："只要心中有梦想，成功迟早会来到！"

面对累累硕果，我想起了为之付出心血的几代汤中人，你们在历任校长的带领下，凭着一种执着与胆略，用自己的智慧和双手，克服了一个又一个难以想象的困难，创造了令人折服的佳绩与辉煌，在建校五十七周年之际，借此书向曾经在这片热土上工作和战斗过的老校长、老教师、老校友、老同学们致以深深的敬意，你们的支持是我们干好工作的不竭动力，我们会以你们为榜样，"自强不息，追求卓越"，为汤中美好的明天去努力、去拼搏！

创建和谐职工之家
促进学校快速发展

◎作者 王 炜

2010年3月26日，北京市昌平区小汤山中学工会召开了第二次会员代表大会，选举产生了第二届工会委员会，新一届工会委员会由我担任工会主席，齐景新同志为工会副主席，朱燕春、杨英、诸荣胜三位同志为工会委员。

作为新一届的工会主席，我深感责任的重大。以郑崇明主席为中心的上一届工会委员会，取得了突出的成绩，特别是近几年我校工会连续获得区教育系统先进集体，2009年底又获得"北京市优秀教职工之家"的光荣称号。能否接好这个班，继承和发扬我校工会工作的光荣传统，再创佳绩，是摆在我面前的一个新的课题。前工会主席郑崇明同志无私地给我介绍工会工作的基本知识、工作经验以及学校党支部书记、校长李士春同志给我的支持和鼓励，增强了我干好工会工作的信心，于是我把自己的全部精力投入到工会工作中。

我首先组织了两次工会委员会成员的学习会，分别学习了《中华人民共和国工会法》、《中华人民共和国工会章程》、《北京市中小学教职工代表大会工作意见》、《昌平区中小学教职工代表大会工作规程》、《关于中小学工会干部管理的若干意见》、《工会主席岗位职责》等文件，提高了工会干部对工会工作的目的、意义的认识，对工会工作的要求和方法有了初步的了解。组织了工会委员会成员召开了关于如何开展工会工作的研讨会，经过深入研究，大家一致认为：我校工会要在区教育工会和学校党支部的领导下，坚持"和谐、创新、发展"的思路，紧紧围绕学校中心工作，服务学校改革发展大局，充分发挥工会的"教育、参与、建设、维护"四项职能。通过实施"基础建设、文体健身、素质提高、温暖人心、民主建设"五项重点工程，不断加强工会组织自身建设，大力推进民主政治建设，努力提高教职工整体素质，深入探索新时期工会工作新思路、新方法，积极营造和谐、健康、向上的校园氛围，努力把学校建设成为"民主之家"、"温馨之家"、"幸福之家"、"和谐之家"、"奋进之家"，使全体教职工凝心聚力，共谋学校各方面事业的发展。

一、党、政、工、团齐抓共管，做好工会工作

把工会建成职工满意的"民主之家"、"温馨之家"、"幸福之家"、"和谐之家"、"奋进之家"是我们的工作目标，只有唤起教职工对学生的热情、对学校的热爱、对工作的投入、对办人民满意的教育的追求，才能实现学校提出的"育人环境特色化、学校管理科学化、师资队伍专业化、办学水平优质化"的办学目标。党、政、工、团齐抓共管做好工会工作是我校一贯的工作方针，学校党政非常重视支持工会工作，党支部把工会工作纳入议事日程，每

学期召开两次专题研究会，研讨工会工作计划，听取工会工作汇报；每周一的行政班子例会，要汇报上周工会工作情况，布置本周工会工作；学校行政按时足额拨给工会经费，从人、财、物上支持工会工作，真正形成党、政、工、团齐抓共管的工作氛围。

二、加强工会自身建设，建学习型、服务型、创新型工会组织

新一届工会委员会成立后，我首先抓了健全组织的工作：

2010年3月27日，职工代表大会选举产生了新一届经审委员会、女工委员会成员，新一届经审委员会由齐景新同志任主任，任忠明和周东方两位同志任委员；女工委员会由朱燕春任主任，杨英和杨建华两位同志任委员。

推选小汤山中学第三届教代会代表。2010年4月2日工会委员会向学校党支部提交了《关于推选小汤山中学第三届教代会代表的报告》，得到批准后，工会委员会于2010年4月8日召开了推选小汤山中学第三届教代会代表的筹备会。在筹备会上通过了小汤山中学第三届教代会代表的条件、构成、名额分配、选举办法。2010年4月9日各年级组长、处室主任组织本部门人员，按分配的名额及条件组织选举，下午放学前选举完成。经选举确定了李士春、任忠明等31人为我校第三届教代会代表。教职工代表的构成合理，具有广泛代表性，符合上级有关文件精神。2012年10月25日教代会审议并通过，补选丁云峰、于歌、张艳、杨娜四位同志，并增选徐景洁、张春雷两位同志共六位同志为教代会代表。

对工会班子成员的工作职责进行明确分工，建立岗位责任制。三年来，学校工会班子成员能按分工和相关规定认真履行各自的职责。班子成员团结进取，尤其是年轻同志思路开阔，善于思考，敢于实践，已逐步走向成熟，能独立承担工会的大型活动。经审委员会每年对工会经费使用情况进行审查，确保工会财务账目清楚、资金使用合理，为工会工作的健康发展做出了突出贡献。

修改、建立和完善了工会的各项规章制度。三年来我校工会逐步修改、建立和完善的制度有：工会干部学习制度、工会干部接待会员来访制度、工会干部联系困难职工制度、工会干部工作准则、工会干部慰问制度等。各项制度的完善，有力地保证了工会工作质量，为工会工作的健康开展提供了保证。

整体工作年初有计划，年终有总结，活动有安排，件件抓落实。

三、相信群众，依靠群众，大力推进学校民主政治建设

真正相信教职工，依靠教职工推进学校民主政治建设，才能为教职工全面发展营造一个"心齐气顺、和谐共事、心情舒畅、共谋发展"的良好环境，才能实现学校快速发展的目标。我校始终坚持教代会制度，制定了《小汤山中学教职工代表大会章程》，坚持每学年召开教代会，对学校的重大问题、重要决策进行讨论、审议。如学校的学年工作计划、工作总结、发展规划、工作目标定位、人事制度改革方案、大额资金支出、岗位设置方案、评职评先条件、奖励办法、考勤制度等。新一届教代会成立三年来，正赶上学校改革发展重要阶段，制定"十二五"规划、教师绩效工资改革、学校实施成功课堂等重大决策，都是关系学校发展和教职工关心的热点问题，方案决策制定得好，既体现广大教师的利益，又符合上级文件精神，就能促进学校的发展；反之，就会阻碍学校的发展。作为工会主席，我深感责任的重大，我积极协调学校党支部、学校领导班子，召开研讨会对制定方案的工作程序进行反复研究，经过研究大家一致认为：要充分体现教职工的意愿，发动教职工参与民主管理、民主监督、民主决策的作用。在每次方案、制度制定前先广泛征求教职工意见，领导班子在集中教职工意见的基础上形成初步方案，形成方案后再交给教职工讨论并修改方案，在广大教职工没有意见的基础上，再召开教代会进行审议通过，教代会审议通过后进行公示，最后再执行。三年来凡是需经教代会进行审议通过的方案，我们都是这样进行的。例如：2013年1月11日教代会审议通过的《绩效工资调整方案五》，就是在多次征求教职工意见，修改了四次之后，拿到教代会进行审议并以满票通过的。三年来，教代会共召开了17次会议，审议了《绩效工资方案》、《年终奖分配方案》、干部任用等十多个方案，都以满票通过。正是因为我校充分尊重学校教职工主人翁地位，让他们参与到民主决策、民主监督当中，切实做到了民主、公开、公正、公平，得到了教职工的一致认同。在绩效工资发放办法的制定、实施过程中没有出现一例上访事件。教代会在对学校的重大问题、重要决策方面发挥了重要作用，促进了学校和谐稳定地发展。

为提高学校民主管理、民主监督、民主决策水平，我校成立了校务公开领导小组，制定并落实《小汤山中学校务公开民主管理细则》。校务公开的内容包括招生办法、学校收费政策、校内的评职评先、学校工作计划、发展规划、大额开支、干部选拔考察等教师、学生、家长和社会普遍关注的重点、热点问题。公开的方式有教职工代表大会、党员会、学生家长会、校务公开栏等多种形式，做到了学校各方面事务均能及时、准确地通过不同渠道在不同范围内公示，保障了广大师生的知情权和监督权，增强了教职工的民主管理意识和参政议政意识，融洽了干群关系，加强了彼此信任，有力地推进了学校民主化进程和各项事业的发展。由于工作出色，我校在2012年6月13日全区校务公开民主管理的检查验收中，取得良好成绩，受到区检查组的好评。

学校长期坚持一年一度中层以上领导干部的民主评议工作。评议采取教职工评议和领导干部自评的方式，评议工作由工会负责组织实施，评议结果上报学校党政，并逐一反馈给被评议干部。坚持民主评议干部制度，使得学校领导班子有的放矢地改进工作，提高了领导干部的服务质量和干部队伍的整体素质。教职工对学校领导班子整体的满意度达到98%。

四、关心教职工生活，积极为教职工排忧解难，做好送温暖工程

人是有感情的，感情是需要交流的。有感情才有真情，有真情才能共融，共融的团队才能创造人间奇迹。多年来，我校坚持开展温暖人心工程，对全校教职工力争做到"生活上关心、精神上引导、心理上疏导、感情上慰藉，发展上帮助"。具体措施如下：

（一）制度保障。学校制定了教职工（含退休教职工）本人及直系亲属生病住院探视慰问和用车制度。学校建有困难教职工档案，个别教职工因家中的偶发事件或大病造成暂时困难，学校及时提供物质援助和精神支持。坚持教职工生日发短信祝贺的制度，使教职工感到工会的关心。

（二）环境改善。为解决教师上下班难题，学校更换了一辆50座大客车。2010年抗震加固喜迁新楼后，为全校教职工更新了办公桌椅和电脑显示器，配备了新的衣柜、书柜，办公条件变得优越舒适。改善了住宿条件，增加了宿舍网线、热水器、电视机、洗衣机，改装了洗漱设备。加大冬季供暖的投资力度，提高教室和办公室的温度，让老师们在寒冬中一进学校就感受到身心的温暖。

（三）行动落实。坚持送温暖活动。有的教职工因家中的偶发事件或大病造成暂时困难，学校及时提供物质援助和精神支持。三年来慰问生病住院、有困难职工、直系亲属去世的教职工共计63位。因患病需长期住院的王红红老师，1986年与丈夫离婚后，一直住在医院，丈夫和孩子已和她没有任何来往，娘家也已没有人了，她的一切都由学校工会来照顾，工资由学校工会给存着，学校工会定期把零花钱和换季的衣服送到医院，2010年11月份学校工会帮助她办理了医保卡、身份证和户口本，解决了她的后顾之忧。我校教师大都来自全国各地，为了进一步了解教师的家庭环境，以便进一步了解教师的需求，解决他们的实际困难，由工会牵头组织学校领导班子利用暑假，对东北、宁夏、山西的老师进行了家访，每到一户，我们都能感受到老师及其家人激动的心情。曹芳源老师的母亲说了一句话，让我们很感动："东北与北京的地域距离虽然远隔千里，但是你们的到来让我们感受到了心的距离近在咫尺，把女儿交给你们，我们放心。"还有王晓娜老师的父亲，他在临别的时候给我们唱了一首歌《吉祥》，用这种特殊的方式来表达对校领导的祝福和对学校的感谢。家访活动也让我们很感动，感动中也有感悟。正是因为领导心中有教师，想教师之所想，急教师之所急，才让教师心中有学校，让老师们充满干劲，以校为家，扎根小汤山中学这片热土，踏踏实实地干事业，用实际行动诠释着对学校的热爱。

学校工会连续三年为女职工入了"在职女职工特殊疾病互助保障计划"，为全校职工入了"平安教职工校方责任险保险"，落实了《在职职工医疗互助保障计划》。

扎实有效的工作、细致入微的关心照顾，解除了教职工后顾之忧，教职工在汤中这个大家庭里快乐生活、安心工作、事业有成。

五、加强教师队伍建设，提升教职工素质，推进学校各项事业发展

学校的中心工作是教育教学，能否办好人民满意的教育，不辜负党和人民的希望，关键是要有一支师德高尚、专业精深的教师队伍。

在师德建设上，学校每学期初坚持召开师德建设大会，通过组织教师听先进典型讲座、观看优秀教师光盘、学习有关文件、与教师签订师德承诺书等形式，搞好源头教育；提出"一切为了师生发展"的理念，制定并实施"任课教师六不许制度、师德事故一票否决制度和师德标兵评比制度、优秀班组评选制度"，从细节入手、从小处抓起，规范教师教育教学行为；同时，发挥先锋模范作用，引导教职工赶学先进，自觉地提高自身师德素质。绩效工资实施后，学校在不能发放物质奖励的前提下，学校工会想方设法激发教职工工作的积极性。2012年"三八"妇女节来临之际，我校开展了"三八红旗手"的评选活动，经过教代会讨论，制定出评选标准、分配名额，各年级组、处室推选符合标准的人员，在教代会上投票选举，评选出14名"三八红旗手"，并从中选出5名事迹突出的女教职工代表在"庆三八事迹报告会"上做典型发言。王晓娜老师讲到父亲患病自己却因为学生处于高三紧张阶段，不能床前尽孝时几度哽咽，台下的许多老师也默默地流下了泪水；后勤姚宝云老师作为一名保洁员，给我们献上了一段她自己写的散文《平凡中的幸福》的配乐朗诵，还给与会教职工献上一首歌曲《好大一棵树》，赢得阵阵掌声。整场报告会高潮迭起，掌声不断，使与会教职工收获了巨大的精神财富，凝聚了人心，鼓舞了士气，进一步促进了学校奋发向上、民主和谐氛围的形成。

在教职工专业素质提高工作上，工会积极配合业务部门大力实施教育创新工程、教职工素质提高工程。几年来，我校一直开展现代化信息技术、新课程理论等校本教研培训，并通过组织教职工"走出去学习考察"、"以师带徒"、"课堂教学基本功大赛"、"以科研带教研"等活动，积极提升教职工专业化水平。几年来，学校培养出市级骨干教师1名、学科带头人2名、区级骨干教师18名、镇级骨干教师32名。

六、关心教职工健康，开展文体活动，提高教职工幸福指数

为了教职工的身体健康、精神愉快，开展好健身娱乐活动，学校投资20多万元购买健身器材并装修了100平米的教师健身房和多功能厅。今年又购买了10张乒乓球台、两个台球案子和一个按摩椅，供教职工健身娱乐之用。

为了加强教师健身锻炼，我们工会还制定出教职工健身计划，每天下午第七节课后全体教师操场跑步，并以考勤的形式算教师工作时间，要求全体教师都要参加，可以在学校安排的6个体育活动小组中报名，锻炼结束后学校才发班车下班。我校男教师组织的篮球队每周三下午进行活动。教师还可以在中午时间和每天下午第七节课后，到健身房和多功能厅自行参加文体活动。每年的学校春季运动会，教师的集体接力比赛已成为我校的传统体育项目。此外，工会还组织教师参加五月艺术节歌咏活动、师生元旦联欢会、请专家为教职工做医学知识讲座等。通过开展丰富多彩的文体活动，调节教职工身心，陶冶教职工情操，展示教职工精神风貌，使学校成为师生共同成长的乐园，在一定程度上提高了教职工的幸福指数。

七、做好离退休教师工作，使他们老有所乐，老有所为

为了做好离退休教师的工作，昌平区教委成立了专门从事管理离退休教师工作的老教师协会，我校也根据昌平区教委的精神，成立了老教协分会，会长由李校长担任，下设一名在职副会长和一名退休教师副会长，我担任在职副会长，主管学校老教协分会的工作。根据昌平区老教协的工作精神，我校认真贯彻党的老干部工作方针、政策，在区教育系统老教协的领导下，围绕建设"京北创新中心，国际科教新城"的总体目标，坚持全面落实老教师工作责任制，坚持保证老教师的政治待遇和生活待遇，以实施老教师工作的"学习工程"、"健康工程"、"有为工程"、"关爱工程"为重点，统筹安排，全心全意为老教职工做好服务。

（一）安排好老教师的学习，支持老教师发挥余热，老有所为

我校老教协十分关注老教师的思想情况，积极组织老教师的学习和思想教育。我们利用体检和老教师运动会等机会，把《俏夕阳》、《老教育工作者之友》等书籍，发给老同志学习。通过学习，加强了老教师对国家的方针、政策的理解，促进了老教师与学校的沟通，化解了很多不必要的矛盾，为创建和谐稳定的校园、和谐稳定的社会做出了贡献。

我校老教协分会积极支持老同志发挥余热，推荐、支持他们融入社区，以他们较高的政治素质，极强的组织能力，饱满的热情，认真的工作态度，参加社区的领导工作。我校老教协分会会员薛永宽同志从2003年开始连续两届担任

小汤山行政区居委会副主任，配合居委会主任做了大量的社区工作，工作开展得有声有色。行政区居委会依托社区活动中心，同时吸收社会其他老同志参加，组织了社区文化艺术团，他们自编自写、自谱曲、自演唱，歌唱昌平、小汤山的新变化，宣传党的政策，在昌平及北京电视台多次有录像播出。社区文化艺术团的成立，丰富了老同志的文化生活，提高了"老有所乐"的品味。行政区居委会还组织离退休老教师利用寒暑假在社区活动中心为学生举办义务学习辅导班，做好学生的服务工作。

（二）关爱老教师健康，关心老教师生活

认真组织好老教师一年一度的体检工作和老教育工作者运动会，体检结果出来之后，我们及时把体检报告单发送到每一位老教师手中。学校还给老教师订了健康报和健康杂志，定期分发给老教师传阅。鼓励老教师积极参加全民健身活动和丰富多彩的文体活动，促进老教师的身心健康。

关爱老教师健康，关心每一位老教师生活，是我们义不容辞的责任。三年来，我们对18位有病住院的老教师进行了慰问和探望，送去温暖。有6位老教师去世了，在他们住院期间，学校都派人前去医院看望，他们去世后，学校派车帮助处理丧事，并每家送去慰问金500元。其中齐志敏老师在住院时，学校还拿出7万元作为其住院押金。2012年离休老教师王洪祥去世了，学校得知消息之后，马上通知区老教协和区老干部局，并和区老教协和区老干部局领导一起到王洪祥老师家慰问，学校专门派车帮助处理丧事，并送去慰问金500元。刘敏老师去世时，李校长还带领全体干部帮助其家人把刘敏老师送到墓地，刘敏老师的家人非常感动。我校退休教师刘景富老师，因有病常年卧床，生活不能自理，需家人常年照顾，我们经常派人到他家去探望，帮助解决困难，并为他申请了特殊困难补助。

每年的重阳节，学校老教协都要组织所有离退休的老教师在一起欢度节日，有时组织参观游览活动，有时召开座谈会，向离退休的老教师汇报学校的情况，征求老教师的意见。老教师们都很开心，对老教协及学校表示衷心的感谢。

三年来我们共为王洪彬等4位退休老教师祝贺80岁生日，我们带去了鲜花、水果和长寿面等礼物，向老人80岁生日祝福，并转达了区教育工会和区老教协等领导同志对老人的问候。老教师都很满意，并对学校及各级领导的关怀表示深深的感谢。

八、取得的成绩

经过工会干部和全校教职工的共同努力，我校工会连续三年被评为昌平区教育系统工会工作先进集体，连续三年被评为昌平区老教协工作先进集体，我也4次被评为工会工作、老教协工作先进个人，我校教师张登元、李明被评为昌平教育系统师德标兵，教师臧鹏在昌平区教育系统东片歌咏比赛中获第一名，我校陈杰等4名教师组成的中国象棋队在昌平区教育系统象棋比赛中获团体第二名。2012年我校在全区校务公开民主管理的检查验收中，取得良好成绩，受到区检查组的好评。

几年来，我校工会的出色工作，使我校形成了公平公正、诚信友爱、团结互助、民主和谐的校园氛围，密切了干群关系，增强了群众对学校党政的信任，激发了广大教职工的工作热情，使得我校教育教学各方面取得了累累的硕果。我校在每年中、高考中，成绩突出，初中多学科曾被评为区十佳学科，学校被评为十佳学校或优秀学校；高考连续几年录取率都在90%以上，使大部分学生都能如愿以偿圆大学梦。特别是2012年高考成绩比较突出，我们学校的理科数学、外语和理科综合，及格率、平均分均为昌平区普通校第一名；我校在2012年北京市语言文字规范化验收中取得良好成绩，受到检查组的好评，获"北京市语言文字规范化优秀学校"称号。

九、对工会创新工作的思考

工会要想有持久的生命力，就必须不断适应新时代、新形势的发展要求，就必须不断更新观念、与时俱进、敢于创新。因此，广大工会干部要深入学习科学发展观，深刻理解科学发展观的精神实质和丰富内涵，牢牢把握"以人为本"这一核心要求，围绕"发展"这一根本任务，不断创新工作理念和方法，加强调查研究，提高发现问题、分析问题、解决问题的能力，真正把"党政所急，职工所需，工会所能"的事搞清楚、办成功，真心实意地关心帮助、教育引导教职工，全心全意地依靠教职工，真正把工会建设成为"组织健全、维权到位、工作活跃、作用明显、职工信赖"的职工之家,为学校全面协调可持续发展服务。

回首过去,成绩显著;放眼未来,前途远大。我们相信,在上级工会和学校党支部的正确领导下,只要我们深入贯彻落实科学发展观,坚持"和谐、创新、发展"的工作思路,团结带领教职工抢抓机遇、奋勇拼搏,汤中的明天一定会更美好。

作者简介:

王炜,男,1981年参加工作,中共党员,小汤山中学德育高级教师,昌平区德育学科骨干教师,小汤山镇第四次党代会代表,现任小汤山中学党支部副书记、工会主席、副校长。1992年和1995年两次被评为昌平县初中语文学科十佳教师,1997年被评为昌平县优秀教师,2004年获北京市绿色学校园丁奖,2008年获昌平区区委、区政府颁发的"北京奥运会残奥会优秀志愿者"称号,多次被评为昌平区教育系统工会、德育先进工作者,撰写的教科研论文多篇获得市、区等级奖。

发挥先锋模范作用
再创汤中辉煌

◎作者 王 炜

小汤山中学党支部基本情况:现有党员49人,其中在职党员30人,分为3个党小组,退休党员19人,为1个党小组。学校党支部班子由五人组成:书记李士春、副书记王炜、组织委员张登元、宣传委员李海燕、纪检委员诸荣胜。党员中有市级骨干教师1名,区级学科带头人2名,区级骨干教师11名,镇级骨干教师14名。它是一支思想水平高、工作能力强、专业素质精的团结战斗的集体。

多年来，学校党支部一直坚持以邓小平理论和"三个代表"重要思想为指导，以"树形象、创佳绩，为打造昌平教育品牌，创建一流城市教育做贡献"为目标，以创建"五个好"先进党支部和争当"五带头"优秀共产党员为主要内容，紧密结合学校工作实际，充分发挥党支部的战斗堡垒作用和共产党员的先锋模范作用，以良好的精神面貌、扎实的工作作风，引领学校办学方向，为打造京北创新中心、国际科教新城，把我校建设成昌平区农村一流中学，办人民满意的教育做出了积极贡献。

一、建立健全党员的管理制度

坚持党员目标管理、民主评议党员制度，切实用党章规范党员行为，强化党内监督。

二、加强勤政廉政建设，提升领导班子的集体战斗力

学校管理的好坏，领导班子是关键，近年来我校各项工作呈现良好势头，是我校注重加强中层以上领导干部队伍建设的结果：

（一）做好学校干部的选拔任用工作。三年来我校党支部共选拔任用14名干部，任用干部的条件是思想觉悟高、业务能力强，有大局意识，具有奉献精神。严格任用程序，广泛征求教师意见，经过一段时间的考察，才走上领导岗位。保证学校领导班子是一个战斗集体，能够带领教职工努力奋斗、勇创佳绩。

（二）坚持执行学习制度，确保学习时间。几年来，我们有组织、有计划、有目的地学习了党的十七届四中、五中全会精神、邓小平理论、"三个代表"重要思想、党的十八大重要精神等，积极开展学习实践科学发展观活动，不断地解放思想、更新观念，积极学习黄松峪和杜郎口中学的办学经验，学习探讨黄松峪中学的"养成教育"的教育模式，学习杜郎口中学先进的班级管理理念，时刻把握教育教学改革的新动向。

（三）通过"五个好"支部评选活动，在领导干部层进行"服务意识、合作意识、创新意识"的教育，并要求将上述几种意识细化到具体工作实践中去。每年都由教职工集体评价领导干部。

（四）加强领导班子党风廉政建设。认真学习上级文件精神，坚持做好政务、财务公开和各处室工作情况公示，坚持民主集中制原则，充分发扬民主精神，充分依靠教职工办好学校，充分发挥教代会参政议政作用。在2010年的学校抗震加固工作中，我校领导班子在校长的带领下，认真配合上级主管部门和施工单位做好工作，保证了施工质量，有效地促进了我校教育教学工作的正常开展。几年来学校教代会分别对绩效工资调整方案、年终奖分配方案进行了审议并通过，维护了教职工的合法权益，促进了学校的稳定和发展。

三、加强师德建设，提升教师精神境界

在提高教职工队伍素质上，我校党支部将师德建设作为突破口，从党员职业道德和行为规范入手，做到不流于形式，不走过场。

（一）加强党风廉政建设，发扬民主，形成合力。将学校教育教学工作与"师德建设年"活动、"创先争优"活动相结合，扎实开展各项活动。

（二）严肃工作纪律，进一步严格查课、考勤、考核等制度，强化学校教育教学检查的力度。

（三）抓师德教育。我校党支部本着"以德立身、以身立教，寓德于学、寓教于乐"的原则，以学习、贯彻、落实师德规范为载体，以健全完善落实师德建设制度为途径，继续坚持不懈地抓好师德建设。由于党员在师德方面的带头作用，我校没有出现一例严重违反师德的事件。

四、加强教育教学改革，丰富内涵发展，提升教育品牌

提高教育教学质量是学校的工作重心。只有不断提高教育质量，学校才有发展的后劲。为此，学校强化质量意识，积极倡导教改实验，深入探究有效教学，突显教师的职业道德建设，弘扬"以丰富的知识培育学生，以高尚的品格塑造学生，以无私的奉献感化学生"的师德精神，积极贯彻落实科学发展观活动，丰富学校内涵发展，提升我校的教育品牌。

（一）不断强化学习培训，积极鼓励教师自我学习、自我提高。学校派出多批骨干、优秀青年教师参加各类培训，开展教师"示范课"和"汇报课"活动，增强了教师的执教能力。

（二）严格教学常规管理是学校日常工作的重要一环，贯彻落实《小汤山中学常规管理规定》，加大检查力度，以严治教。深入了解掌握教师备课、上课、辅导、作业批改、考试、听课、教研等全面情况，及时纠正教师存在的不足之处，确保正常教学秩序，促进良好教风形成。

（三）开展争当"五个模范"的优秀共产党员的活动，把实施成功课堂和党员开展的创先争优活动结合在一起。2011年开始在我校全体党员中开展"充分发挥共产党员的先锋模范作用，争当实施成功课堂的带头人"的活动，每个共产党员要做到"三带头"：带头学习提高，认真学习成功课堂的新理念，不断更新观念提高认识；带头贯彻落实，认真执行学校制定的成功课堂实施方案，成为实施成功课堂的带头人；带头争创佳绩，满怀强烈的事业心和责任感，埋头苦干、开拓创新、无私奉献，在实施成功课堂上作出显著成绩。佐晓峰、程希、孙婕、马婷等14名党员在成功课堂的三优评比中取得优异成绩，受到学校表彰。2011年齐景新、2012年曹芳源两位同志被评为小汤山镇优秀共产党员。

五、加强安全工作，努力营造安全优美的校园环境

我校党支部始终把安全工作放在学校工作的一个重要位置，切实做好学校安全管理工作。

（一）为搞好安全工作，我校健全了安全管理机制，进一步完善了安全管理制度，成立了以校长为组长的强有力的安全领导小组，岗位明确，管理机制严密，安全工作呈良性运行。

（二）强化安全意识，确保全年无事故发生。我校认真贯彻"安全第一，预防为主"的方针，牢固树立"安全第一，责任重于泰山"的意识，进一步完善了安全工作的应急预案，落实安全工作和责任追究制度。

（三）认真开展安全教育，教给学生必要的安全常识和安全自救等知识，进行防震安全演练，不断增强师生的安全防范意识。加强校园周边环境的治理，努力营造安全、优美的校园环境，杜绝不安全事故的发生。加强值班制度的落实，强化宿舍常规管理，妥善及时地处理突发事件。

六、加强组织建设，严格党员教育与管理，做好党员的发展工作和入党积

极分子的培训、学习、培养工作

按照"坚持标准、保证质量、改善结构、慎重发展"的方针和"成熟一个、发展一个"的原则，加强对入党积极分子和发展对象的教育培养，在发展党员过程中，坚持做到公示制度和推行发展党员支部大会票决制度，使党组织永葆勃勃生机。两年多来发展新党员4名，培养李明、陈立银、李新捷、王禄玲、许颖、朱燕春等入党积极分子6名，2012年王婷、丁云峰、王新春、张春雷、徐景洁等五位同志递交了入党申请书。

七、指导学校工会深入开展建设"教工之家"活动，把维护教职工合法权益作为工会的基本职责，使工会真正成为党联系群众的桥梁和纽带

围绕学校中心工作，组织教职工投身课程改革和民主管理，为教育教学和学校发展建功立业。督促工会不断加强自身建设，加强工会阵地建设，组织教职工开展丰富多彩的学习、文体、参观、娱乐等活动，增强了教职工队伍的凝聚力。

八、加强对团、队工作的指导

充分发挥团委、少先队的作用，积极配合开展好学校德育工作。把团支部紧紧团结在党支部周围，从政治上、思想上、生活上全面关心青年教师，使他们尽快成长。

九、取得的成绩

（一）我校党支部在2011和2012年两年被小汤山镇党委评为优秀党支部。2012年，在小汤山镇党委对基层党支部分类定级和晋位升级评比中，我校党支部得分为95分，定级结果为好。

（二）我校党支部党员孙婕在2011年被评为小汤山镇群众信得过好党员；2011和2012年齐景新、曹芳源被评为小汤山镇优秀共产党员。王炜、孙婕被选为小汤山镇第四次党代会代表。

（三）由于学校党支部充分发挥了战斗堡垒作用和党员的先锋模范作用，带领全校职工"树形象，创佳绩"，增强了群众对学校党政的信任，激发了广大师生饱满的工作热情，使我校的教育教学取得了突出成绩。我校在近几年中、高考中，连创佳绩，初中多学科曾被评为区十佳学科，学校被评为十佳学校或优秀学校；高考连续几年录取率都在90%以上，使大部分学生都能如愿以偿圆大学梦；在2012届高考中，我们学校的理科数学、外语和理科综合，及格率、平均分均为昌平区普通校第一；我校在2012年北京市语言文字规范化验收中取得良好成绩，受到检查组的好评，获"北京市语言文字规范化优秀学校"称号。

在今后的工作中，我校党支部将继续围绕"五个好"、"五带头"的要求，加强学校领导班子的学习，不断提高学校领导班子的管理水平和管理艺术，向学校管理要质量。加强党员的政治学习、业务学习和培训工作，不断提高教师的政治觉悟、师德水平、业务能力、工作责任心和积极性，建设敬业、协作、务实、高效的教师队伍。充分发挥党支部的战斗堡垒作用和共产党员的先锋模范作用，进一步提高我校教育教学质量，办人民满意的教育，为打造京北创新中心，国际科教新城，把我校建设成昌平区农村一流中学做出积极贡献。

汤中将再次腾飞

◎作者 张登元

教学楼内洁净如镜；文化长廊古朴典雅，催人奋进；绿色长廊春意盎然，生机勃勃；文体长廊书法绘画，墨香四溢……处处彰显校园文化特色，处处飘溢着浓浓的书香气息。汤中的学生快乐、安康、幸福，汤中的教师温馨、舒心、开心！

如今的汤中，师生面貌发生了崭新的变化，和谐的课堂氛围与融洽的师生关系使每位师生都分享着成功的快乐与喜悦。我每当看到这一幕幕的情景，思绪就回到了2011年以前……

汤中是昌平东片唯一的一所完全中学，但是我们始终感觉教学成绩提升进度很慢，总结其原因就是在当时的教学中，低效重负的现象普遍存在，许多无效的教学环节充斥在我们的课堂中，在课堂有效性尚无法保证的现实背景下很难实现有效教学。如：学生课堂学习表现不积极，学习氛围不浓，有课上趴着的，还有个别学生将手机带入课堂，课后请教问题的学生极少，等等。这些不良现象悄悄地在汤中这块育人环境中蔓延，学校的社会信誉度日渐退减。针对这些严重问题，李校长召集全体领导班子共同商讨，广泛调研，同时认真分析了教育改革的现状和汤中发展的今天。于是我校积极开展课堂教学反思活动，组织教师对照先进的教学理念与经验，对当前课堂教学现状进行观察、分析，通过自评、互评找出存在的问题和差距。让教师找到制约课堂有效性的问题以及课堂教学中普遍存在的无效行为表现，分析产生问题的根源，明确思路，为我们进行课堂教学改革奠定了基础。纵观汤中的教学成绩，李校长指出"课堂改革势在必行"。常言说：成功教育源于学校成功，而学校成功源于课堂的成功，所以我们必须先从课堂教学改革入手，不改革绝对落后于当前的教育形势。于是，当时我们针对学校实际，提出了成功课堂教学改革。2011年3月15日，学校召集全体师生召开了"成功课堂"教学改革启动大会，会上，李校长做了重要讲话，张庆民校长宣读了成功课堂教学改革实施方案，老师代表、学生代表分别做了发言，全体学生进行了成功课堂宣誓。到现在，全体学生的铮铮誓言还萦绕在我的脑海：成功课堂，我是主人。遵规守纪，课堂积极。学会、会学，乐在其中。履行承诺，从我做起。让信念与行动齐步，让快乐与成功共享。实现人生自我，创造生命辉煌！我要成功，我会成功，我能成功！呐喊一声：成功课堂，成功人生！当时整个会场热情洋溢，呐喊声震耳欲聋。会后全体学生进行了签字仪式；我们还利用横幅、板报等形式进行大力宣传，最后全校师生达成共识：汤中腾飞必须从课堂入手。

　　我们进行了成功课堂教学改革第一阶段。首先我们完善了关于课堂教学改革的制度，出版了成功课堂教学手册（教师和学生），制定了课堂教学6环节、10要求、课堂教学6不准（不准趴桌子、不准带手机、不准看课外书、不准不交作业、不准闲聊、不准迟到）以及课前2分钟的候课制度；同时我们加强了课堂监控力度，每天教务处人员进行课堂检查，发现问题通过校园广播进行点评。这样一来，老师们以成功课堂教学改革为抓手，大胆进行改革，不断进行自评、互评、总结、反思、提升，涌现出了一批教学改革新秀，如：高中的佐小峰、曹芳源、张燕三位数学老师，王禄玲、陈海燕两位历史教师上的区级研究课，均获得好评；初中教师许颖、李明、徐景杰、张小盖、程希等多位教师的讲课在区研究课中被评为A级课，教学成绩也有了一定的进步。看到成绩，教师与学生更加坚定了走成功课堂教学改革之路的决心和信心。

　　时间飞逝，时间的车轮驶入2012年的7月，回顾一年来的教学改革历程，困惑与纠结并存，快乐与幸福同在。然而，老师们通过一年多的教学实践深感教学改革一直停留在表面，没有一定的理论支撑，只停留在校园内的相互学习，老师总感觉思路打不开。面对老师们日益增长的教学改革的需求，于是我们又进行了成功课堂教学改革第二阶段，在总结第一阶段的成功与不足的基础上，又做了以下具体工作：1.李校长提出了成功课堂改革"三六三一"的教学模式，即"三提倡、六环节、三变化、一提高"。"三提倡"是：平等和谐的师生关系、生动活泼的课堂氛围、自主高效的创新意识。"六环节"是：教案与板书、提问与互动、方法与手段、作业与辅导、检测与反馈、评价与激励。"三变化"是：教师的教法发生变化——"要我教"变为"我要教"；学生的学法发生变化——"要我学"变为"我要学"；学生的座位发生变化——小组合作式排序，发挥集体优势，关注个体差异。"一提高"是：大面积大幅度提高课堂效率与学习成绩，让家长放心、让学生舒心、让人民满意。2.组织教研组长、年级组长、骨干教师进行研讨并提出课堂教学改革进入攻坚阶段的做法。3.组织全体教师赴杜郎口等先进校学习改革理念，同时派部分教师赴山东学校考察、学习。4.将原来的45分钟一节课改为40分钟一节课，要求教师讲课时间不得超过25分钟。5.提高学案的编写质量以及课堂提问的有效性。6.学校出台了五个评价方案，即行政领导班子评价方案、教师课堂评价方案、班主任评价方案、年级组长评价方案和教研组长评价方案。通过教学实践，在课堂教学改革第二阶段又涌现出了一些教改新秀，如李红艳、陈杰、刘丙寅等青年教师，在他们的课堂上，学生学习的积极性很高，能很好地将小组合作学习与自主学习有机结合，使课堂氛围轻松愉快，问题的生成和解决问题的达成度都很高。总之，在成功课堂教学改革理念的引领下，我们的师生在成功教育中不断走向成功，具体总结如下：

一、通过成功课堂教学改革，教师的教育教学观念、学生的学习态度以及价值观都发生了变化。他们运用成功教育的思想教育学生，同时也发展自己。抱怨学生的教师越来越少，不断剖析自身的教师越来越多。

二、教师和学生平时的交流不断增多，和谐的师生关系强化了教师的个人魅力，从而使学生"亲其师，信其道"。

三、学生的行为习惯有了一定的提升，学生的自我管理能力逐渐增强。

四、学生的学习自主性不断增强，学习意识有了提高，学生自主发现问题、自主思考问题、自主解决问题的现象越来越多。

五、教学成绩不断提高：在2012年高考中，我校高考总录取率为95.46%，其中理科的数学、英语及格率和平均分为普通高中校第一，理科综合及格率第一，理科总平均分为第一；2013年，初三中考及格率100%，区排名第一，高考录取率97.2%，本科率52%，其中理科综合及格率、平均分均为普通高中校第一，理科数学为普通高中校第二，而秦凡凯同学考出了613分的好成绩，位居昌平区第70名。

回顾过去工作，成绩喜人；展望未来发展，信心百倍。面对艰难的教学改革之路，我们要立足现实，坚定信心，创新思路，深入研究，总结提升，精细管理，为实现教育教学质量的大幅度提高而努力奋斗。我们有理由相信：汤中将会再次腾飞！

作者简介：

张登元，男，1995年参加工作，中共党员，小汤山中学政治高级教师，昌平区骨干教师，现任学校副校长，主抓教学管理工作。人生格言：目标在于追求，价值在于奉献。

成功课堂——学校教学的永恒追求

◎作者 闫维清

什么是好的教育？什么是成功的课堂？怎样发展适合每一个学生的教育，让每一个孩子都能成为有用之才，进而努力办好人民满意的教育？教育教学就是由一个个细节组成的，教学细节看似平常，而平常中蕴涵智慧；看似简单，而简单中孕育思想。教学细节往往反映着教师的教学水准，折射着教师的教学思想。"成功课堂"是通过改革教学观念、教学方法和把握教学环节，不断帮助学生成功，提高学生的自信心和学习积极性，形成学生的成功心理和积极的学习内部动力机制，充分发掘和发展学生潜能，最后促使学生自己主动争取成功。每一名学生都具有很大的发展潜能，在课堂上为学生创造成功的机会和条件，引导学生尝试成功，促使学生主动内化教学要求，面对全体学生，因材施教，让学生在课堂上体验成功的喜悦，不断增强自信心，努力获得更大的成功，是深化课堂教学改革的需要，是全面提高全体学生基本素质的重要途径。

一、营造学校文化，激发教师专业成长

学校文化是学校的核心竞争力，学校文化反映了一个学校内部隐含的主流价值观、态度和做事的方式。这种价值观、态度和做事的方式可以使一所学校保持相对长期的繁荣，也可以使一所学校停滞不前。学校文化中精神文化是核心，是思想力的体现。优秀的精神文化能唤发师生的责任感、荣誉感、工作学习热情和创新精神。要使学校形成持之以恒不断发展的良性循环局面，关注教师的工作状态十分重要。管理是激活，激活的目的在于使人不懈追求。鉴于小汤山中学的现状和成功课堂的实施，学校把成长、成人、成才、成功作为学生的培养目标，把成长、成就、成名、成家作为教师的培养目标，把努力发展适合学生的教育，实现"校园环境特色化、师资队伍专业化、学校管理科学化、办学水平优质化"，建成"一流的环境、一流的设备、一流的管理、一流的成

绩"的花园式农村特色完全中学作为自己的办学目标，创品牌、创效益，力图走出一条属于自己的路。

在成功课堂的引领和激励下，师生们从学校的发展目标中感受动力，明确责任，开始审视自己的现状和教学行为，确定自己的专业发展目标。目标成为师生共同的追求，也是学校凝聚力形成的根基。在目标的激励下，教师心中的职业追求开始萌发，教师个人的专业发展开始起步。

二、立足科学管理，规范师生教学行为

成功的课堂必须依托于科学的管理。管理是科学，科学的特点在于规范。多年来的管理中我们根据教师队伍现状，紧紧抓住以校为本的教师培训，开展校本培训，为教师的专业成长提速，抓理论学习，提升教师的思想内涵，为教师发展奠定重要的思想基础。组织全体教师共同学习各项法律法规，增强全体教师的法律意识和依法治教的自觉性，丰富教师的思想内涵，提升教师的思想文化素质，端正教师的教育思想和从教的态度。学校重视教师的学科理论素养的提高，通过新课程的培训有计划地组织教师学习教育理论，提升科学素养、人文素养、艺术素养，学习新课程标准，帮助教师建立良好的理论基础，培养教师思考问题的深刻性和逻辑性，让教师学会思考、学会总结、学会提高，从而走出经验主义老路，做专家型教师，向名师之路迈进。构建形式多样、开放的培训形式，为教师成长创设广阔的舞台。

学校根据师资状况始终相信每一名教师都具备成为骨干的心愿和潜质，我们始终要求教师做"三严、三实、三高"的教师。三严：教学纪律严明，教学行为严谨，教学程序严格。三实：备课扎实，上课充实，辅导落实。三高：师德高——乐教敬业、严己宽人，成为师德的表率；学识高——专业精深、科研兴教，成为育人的模范；技能高——善教乐管、求实创新，成为教学的能手。目前，我校有市、区级骨干教师20名，镇骨干教师32名。始终坚持实施"名师"工程，通过压担子、结对子、树样子，全力打造我校名师队伍和优秀教师群体。为了消除比较容易滋生的船到码头车到站的故步自封情绪，保证优秀教师团队的建立，学校鼓励骨干教师不断进步与发展，建立骨干教师档案，要求骨干教师制定个人发展规划。学校要求每一位骨干教师制定一份3至5年个人成

长计划。在区、市级骨干教师中开展"五个一"活动，即：每个学年至少上一节校级以上示范课，写一篇教育教学论文，至少带一名徒弟，承担一次教育教学讲座任务（或大型研究课主评），参与一个课题研究。同时承担师徒结对任务。有计划地安排区、市级骨干教师到结对学校上示范课，发挥示范辐射作用，使学校优质资源得到有效利用。同时通过实施"培青"工程，通过校本培训、师徒结对，明确对青年教师提出要求，促进青年教师迅速成长，实现青年教师"一年过关，两年胜任工作，四年出成绩，六年成骨干"的培养目标。可以说，教师就是在浓郁的教研氛围中迅速成长起来的。

管理中紧握两个抓手，一是抓常规+抓细节+抓过程=奇迹，二是抓好质量，把质量视为学校的生命。教学过程重点锁定四个阶段，抓严三个细节，抓实过程管理。我们锁定四个阶段，即围绕期中期末的两次考试，中间再穿插两次教育教学情况调研。每次考察，抓严三个细节：一是考前的宣传发动要到位，形成良好的学风；二是考试组织要到位，形成良好的考风；三是考后分析要到位，形成良好的教风，以达到反思、改进和提高的效果。"三个着力点"：一是注入评价激励机制；二是推行月考核制，抓好常规和过程管理；三是依法治校，严格课程计划，树立科学质量观。为了保证各项工作正常顺利进行，学校建立了各项制度，积极创设制度文化，保证教师队伍稳定持久地发展。如：教研制度、听课评课制度、调课代课制度、课堂反馈制度、常规检查反馈制度、质量检测制度等。学校还依靠教代会制定了绩效工资发放方案。这些制度的建立，规范了教师行为，规范了学校管理，使学校的发展持续、稳定、快速、高效。课题研究制度营造了浓郁的教科研氛围，促进教科研活动蓬勃发展。引导教师自觉学习教育理论，激发教师理论与实践相结合的主动性、自觉性，培养教师研究问题、思考问题的能力。浓郁的教科研氛围孕育了学校文化，生成了教师成长的土壤。一批年轻教师脱颖而出，迅速成长，在教育教学上形成了自己的特色和风格，一批教师已活跃在各个教坛舞台，撰写的论文开始获奖并发表在一些刊物上，小汤山中学的名师团队正在形成。

积极有效利用各种优质资源，请进来，利用优质资源打开局面。几年来，人大附中、北交大附中、昌平二中等优秀教师相继被请进校园。北师大何克抗、赵德成等专家学者进入校园，与教师面对面地交流，使教师接受了新的最前沿的教育信息和理念，老师们切实感受到优秀教师的学识水平、人文素养和讲课风格。积极依靠与各科教研员保持紧密的联系，请教研员来校指导课堂教学，传播课程改革新信息和教材、教法技能。发挥市、区名校教师的示范作用，请他们来校上示范课，让老师们直接感受名师风采。走出去，接受新的教育理念。把教师派到全国各地去学习，开拓视野。学校先后派两位教师出国学习，多人观摩全国优质课评比。40%的教师参加绿色耕耘等市、区级培训，组织教师参加各级各类教学大赛。学校有计划地选派教师参加市、区课堂教学大赛，让其在大风大浪里锻炼成长。组织教师利用假期集体教育考察，让老师们了解祖国的人文地貌，拓宽教育视野，同时也陶冶情操，提升教师的气质。学校始终鼓励和支持教师积极参加各级各类教学比赛，利用小汤山中学教研协作组平台组织参加北京市基本功大赛获奖教师进行课堂教学展示，组织青年英语教师基本功展示与演讲比赛。每次活动都展示了风采，锻炼了才能，提高了能力。近年来，课堂大赛中获得市区级课堂大赛一等奖20多人次，二等奖50多人次。学校还多次组织课堂大赛展示交流活动。

三、凸显课堂内涵，促进教学质量提升

随着课程改革的推进和《国家中长期教育改革和发展规划纲要（2010～2020年）》（征求意见稿）发布，教育改革进入新的转型期。新的形势下，我校认真分析生源状况实际、教师队伍状况实际，决定以实施"成功课堂"课题为教学改革的突破口，更新教师教育观念，进一步强化并落实全体教师、学校领导的新课改观念，立足于解决学校课堂中存在的实际问题，利用导学案培养学生学习习惯，养成学习方法，快速提升教育质量，提高教师能力，培养打造一批骨干教师，再次实现学校快速发展，树立学校教育品牌，办人民满意的教育。"成功课堂"的实施目标是追求全体学生在原有基础上的发展，培养学生成为学习的成功者，但是也不排除学生存在偶然的失败，要避免制造失败和避免让学生反复失败。因此"成功课堂"分阶段开展。

第一阶段：教师帮助学生成功。这一阶段的特点是我们提出"课堂师生六不准"，从规范课堂教学行为开始，学校制定和实施了成功课堂教师手册和成

功课堂学生手册，以教师帮助、触发学生为主，目标是诱导学生积极参与学习活动。要求教师对学生的发展抱有积极的期望和要求，为学生创造成功的机会，引导学生参与课堂教学活动，教师对学生实施鼓励性评价，使学生获得成功的体验。

第二阶段：师生自主发展的成功。对于教师而言，课堂是教学的主阵地，也是师生共同合作自主发展的沃土。特别是在新课程改革背景下，我校开展的成功课堂改革从教育理念、教育行为、教育效果方面都开拓了新的天地，确立了"三六三一"课堂改革推进策略，为教师课堂教学拓宽了思路，明确了方向，提供了抓手，教师就是研究者，课堂就是教师的实验室，教学中发现并积累的问题就是教师攻关的方向，借助科研的方法解决提高质量的"瓶颈"就是教师开展研究的基本策略。实施成功课堂，我们的老师，一要确立学生主体观。学生是学习的主人、主角，教学的一切活动都要围绕学生这一中心来组织；教师不再是课堂教学的主宰者、评判者，而是学生学习的引导者、促进者。从某种意义上说，教师也是学习者，是学习活动的参与者。因此，教师要以无微不至的教学态度，热爱、尊重、关心学生，以情育情，使师生建立起和谐的关系，学生"亲其师，信其道"，具有强烈的探求知识的欲望，高涨的学习热情，乐于学习，主动学习。二要提高课堂教学效益。教师要认真钻研教材，活用教材，了解学生的兴趣和已有知识经验，确定"三维"教学目标，使之处于学生的最近发展区；要灵活选择、优化教学组织形式和方法，创设学生参与探究的时空，让学生动起来，主动参与，主动探究；要能发现、重组课堂自然生成的资源，善于观察教学手段与教学目的的关系来调节教学行为，增强教学目的实现的效果。三要提升训练和评价的有效度。教师要研究把握考试评价改革方向，学会编制个性作业和试题，着眼于学生全面、多元、有差异发展，采取多样化训练方式和分层训练设计，优化交流、反馈和评价手段，让学生获得成功的快乐和前进的动力。从学生层面上看，成功课堂应该让他们乐起来、动起来、活起来，让学生的生命价值在教学中实现！既保证有一定水准的较高的教学质量，又能减轻学生过重的负担，让学生乐学会学，教师能教善教，实现师生共同发展。教师的成功在课堂，学校在鼓励教师研究课堂教学的同时为教师创设各个专业发展的舞台。学校坚持每年举办青年教师课堂风采大赛、三优课堂教学大赛。形式有上课、说课、研课、反思交流等形式。有组织、有目的的教学大练兵活动促使每一位教师都有了自由成长的舞台。以教研组为单位选派教师在校内上研究课,全校教师打破学科界线一同听课的形式,很受老师们的欢迎。学科交叉,相互评课,也使老师们有了从未有过的体验。组织师徒同课异构教学研究。师徒结对、同伴互助,实现经验分享,达到共同提高的目的。

总之,精神引领和高尚人格魅力的感召,是办好一所学校的灵魂所在。师生的成长和"四成"目标的达成,实际上是对形成优质教育资源的追求。我们深刻感悟到,打造学校精神,构建和谐校园,在整个学校工作中起到了一个基础性、先导性、全局性的作用,科学管理打造教师队伍,文化管理提升办学内涵,也必将进一步提升学校的办学品位。追求成功课堂,是学校教学的永恒主题,是一种追求理想的实践过程,它的实现需要一个过程,需要我们老师去实践、思辨、提升,使它成为现实,让我们一起去追寻!

打造优秀单元教师群体
——记小汤山中学政治教研组

◎作者 任忠明

时光荏苒,岁月几多,在前仆后继、继往开来的教育教学工作中,教研组是学校最关键的基层教育组织,是教育教学的第一阵线,是教学工作中最积极最活跃的元素,要想有高效的教学效率就必须做好教研组工作。

近年来,在区、校等各级领导的大力引领、支持和帮助下,在全体组员的共同努力下,小汤山中学政治教研组已经成长为一个年轻化、知识化、科研化的优秀教研组,连续取得两届区优秀教研组称号,成为昌平区明星教研组,他们以高尚的师德、精湛的教学技艺、优异的教学成绩积极地活跃在教学第一线。

一、立场坚定的指导思想和结合我校实际的教研组宗旨

我校政治教研组能够全面贯彻党的教育方针,依法执教,科学管理,深化教育改革,全面推进和落实素质教育,不断推动和提高我校的教育教学质量,努力为造就德、智、体等全面发展的建设者和接班人而做出积极的努力。

我校政治教研组有一个宗旨:加大教学改革的力度,加大对年轻教师的培养力度,加大信息技术与各学科的整合力度,加强对教育对象深入研究的力度,从学生的成长的实际需求出发,贯彻我校李校长提出的"以人为本"的教育思想,充分发挥政治课的学科优势和特点,对学生进行知识、思想品德修养和行为能力训练等的教育,达到教书与育人的和谐统一。

(一)教研组师资建设:实现认识与实践的统一

我校政治教研组由7位教师组成,其平均年龄不足32岁。虽然是一支年轻的队伍,但他们继承了前辈教师爱岗敬业、恪尽职守、团结协作、勇于创新的精神和传统,个个都是本校教育教学工作中的中坚力量。7人中就有骨干教师3位,其中金秀荣是高级教师,也是区级骨干教师,校级骨干教师2位;在教育管理工作中,7人中有4人是班主任,有3位教师是学校干部或预备干部,1位是教研组组长,1位是教务副校长,1位是校团支部书记,1位是校长办公室主任。另外,教研组7人中就有4人为中共党员,他们以优异的成绩为其他教师做出了表率。

我校的政治教研组是一个极具特色的集体,他们成功的经验归纳起来就是:加强教师队伍建设和发挥集体智慧,促进本组教师队伍整体的优化,是他们取得优异成绩的保障;与时俱进,强化教改意识,落实教改行动是他们取得优异成绩的法宝;积极及时的教科研意识是取得优异成绩的思想基础。

随着近年来学校教科研活动的深入开展,青年教师在教学实践中不断提高自己的教学能力,政治组青年骨干力量正在走向成熟。在师资建设方面,政治教研组坚持常规性、实效性原则,有的放矢地进行。具体做到:

1.重视教师的全员培训。政治组教师全员参加新课标、新课程的培训,全部合格上岗;并积极参加市、区教师继续教育。教师积极参加市、区的各项教研活动并在其中发挥了骨干作用。通过学习培训,政治组教师教学教研观念不断

更新，专业素质不断提升，也不断激励教师更加积极地投入课改活动。近三年政治组坚持不断到外校学习、开会、教研、听课、交流。杨英、杨政从新任教师逐步走向成熟，而且杨英、杨政两位老师的课得到了区教研员的高度评价。

2.强调骨干教师示范。政治组的青年教师为近年大学本科院校毕业生，基础理论扎实，观念新，有培养前途，但教龄不长，经验相对不足。政治组充分发挥老教师、骨干教师和青年教师各自的优势，由老教师、骨干教师主要进行经验总结、理论探索和示范教学，青年教师则注重多媒体教学等新的教学手段的探索，重视资源整合、共享，让新老教师在相互学习中取长补短，更新教育理念，领会、吸纳不同的教材处理方法，拓展教学教研新路径。近年来，我们根据学校的"师徒工程"，开展新教师拜师、与老教师结对活动，老教师张登元、任忠明、张小盖带出了杨英、杨政、刘颖、刘丙寅、高瑞莹四位青年教师，使他们迅速成长。

3.实施青年教师三年发展规划。政治组高度重视青年教师与骨干教师的培养，实施青年教师发展规划，让青年教师本人做好教学反思、成长规划，并让教学教研能独当一面的优秀教师带"徒弟"，一帮一，结"对子"。根据学校要求，每位"师徒工程"的青年教师每学期做到"四个一"：①上一节学校或组内（含备课组）的公开课；②写一篇有深度的、比较全面的教学反思；③设计一篇优秀教案；④写一篇教育教学读书笔记。

（二）教学实施打整体仗：实现整体部分的统一

1.教学理念

随着新课程改革的迅猛发展和高考模式的改变，老师遵循"把握时代脉搏，关注社会生活，在开放、实践中促进学生成长"的学科教学理念，联系生活讲政治，把生活问题政治化，政治问题生活化。激发学生的学习兴趣，使学生学会运用政治、经济、文化、哲学的思维方式去观察、分析现实社会，去解决日常生活中的问题。强调学生学科素养的养成，加强学生开放性与创造性思维的培养，努力达到知识与能力、过程与方法、情感态度与价值观相统一的新课程目标。

2.教学计划

学校有政治学科与学校日常德育互补与协调的计划和措施，学校政治课教学与团委、学生处等德育部门相协调开展思想政治工作。我校常年聘请法制副校长进行形式多样的法制教育，结合家长委员会等德育教育网络，形成学校、社会、家庭三结合的德育教育网络，达到了教育方式立体化，充分发挥了政治教学是学校德育主渠道的作用。

每学年开学初，政治组老师会根据本学年的教学任务和工作，做好一学期的教学工作计划，计划内容包括各年级教学进度安排，教研活动。各年级备课组在教学过程中，充分发挥团队精神，通过集体讨论，统筹安排教学计划。

3.教学常规

每学期初，政治组都能根据实际，及时制订出目标明确、符合实际、各项活动安排具体的工作计划，并依计划实施，期中有检查，期末写总结，并把计划作为检验阶段性工作的主要文本依据。

我校思想政治课教学内容严谨、科学、适度。贯彻理论联系实际原则，构建以生活为基础的新课程理念。政治课教学注意"师生互动，生生互动"实施合作学习，注意联系学生生活和社会实际，突出重点，突破难点。各教师根据本班学生的实际，确定适合本班学生实际水平的教学模式和内容。要求教师备课必须做到"六有"：脑中有标，胸中有本，目中有人，心中有数，手中有法，讲中有练。上课必须做到"四为主"、"五突出"，即以教师为主导，以学生为主体，以能力训练为主线，以会学为主旨；突出重点、难点，突出精讲多练，突出课堂教学质量，突出因材施教，突出思维训练，培养能力。规范了"四环节"听、评课管理方法。"四环节"听、评课即：首先，组织听课前，任课教师先说课，向大家讲清楚其教学设计、教学思路、希望达到的效果以及多媒体的运用等；其次，组织全体教师进行听课，印证教学设计的实现程度，这样的听课就有了明显的目的性，评价也突出了教师的个性；第三，进行组内讨论，进行优点和不足的评论；第四，在原来讲课的基础上进行整改提高，进行再讲授。最后向学校推出本组的优秀课。经过认真地组织和评教，年轻教师迅速地成长起来，不仅能够胜任本职工作，而且创造了优秀骄人的成绩。同时我们组推出了金秀荣、张登元、杨英、张小盖、刘丙寅等人的"品牌"课。

政治组教师实施有效的教学策略，实施探究学习、合作学习等教学模式。学生有自主学习、探究学习的时空，在学习过程中，能主动提出问题，并有独到的见解；生生之间、师生之间交互活动充分，合作学习有实效。广大教师更新教学观念，自觉地运用新课程教学理念和科学理论来指导教学，提高教学自主性、科学性、灵活性，认真备教材、备学生、备教法，精心设计探究性问题，还原知识的建构过程，从实践到理论再到实践，不断激发学生的学习热情和兴趣，使学生变"要我学"为"我要学"，使学生真正成为乐学的主人。多位教师的探究学习、合作学习的区公开课受到专家及同行的好评，全组老师坚持新课程课堂"教学七步教学法"，激发学生的主体意识、参与意识和实践意识，注意培养学生的信息素养，形成了自己的教学特色。

政治组教师能熟练使用现代教育技术，为学生创造良好的学习环境，做到运用现代化手段与传统的板书相结合，不断优化教学手段。多媒体计算机辅助教学授课达到100%，每位教师都能熟练使用电子计算机，能自行开发部分多媒体课件。张小盖在第一次初三上学期考试中就取得了及格率和优秀率双百的佳绩，杨英老师在第一学年高二会考成绩就在全区名列前茅，荣获学校一等效益奖金，从初出茅庐到运用多媒体进行教学，从艰难探索到成绩优秀仅仅用了一年的时间。另外，根据教学的需要，政治组能够积极地组织组员进行计算机多媒体软件的学习和运用，顺利完成了金秀荣和张小盖老师由传统型向现代型的转化；激发了任忠明老师的教育教学改革斗志；充分展示了张登元老师的聪慧睿智；挖掘出了杨英、杨政老师的才智。连区教研员都佩服地说："小汤山中学的政治教研组最大的特色就是——打整体仗，团队精神突出！教学成绩突出！"

政治组教师还通过举办示范课、研讨课和观摩课、年轻教师优质课等活动，促进课堂教学质量的提高，一批年轻教师业务上进步很快，脱颖而出，成长为教学骨干。他们启发学生主动学习，注意学生的个体差异及能力差异，没有满堂灌现象，而是不断转变教学方式，通过开展研究性学习等多种综合实践课、课堂教学活动课和分组学习讨论等多种方式，积极探索引导学生自主探究、合作交流的教学模式，引导学生自主探究、独立思考、合作交流和实践操作，充分发挥学生的自主性、能动性和创造性，加强与学生的交流，形成师生互动、生生互动的和谐关系，课堂气氛活跃，课堂教学效果良好；特别重视加强学习方式的指导，培养学生的学习兴趣、学习习惯、学习技巧。

　　政治组教师还能够合理布置课外作业，每一课或每单元有适量的巩固性的练习作为课外作业。总课外作业不超过120分钟，符合教育部文件规定。每个模块教学完成后，进行一次模块测试，并进行学分认定。试题由组长组织命题，内容是70%的基础题，20%的中档题，10%的能力训练题，无超越学科课程标准内容的习题。

　　（三）教学多元评价：实现单一与多元的统一

　　高中思想政治课新教材在每个单元之后，都设置了一节综合探究课，这是思想政治课一个新的亮点，它给学生的自主学习、合作探究提供了一个拓展、延伸的平台，融自主性、实践性、探究性、过程性于一体，是培养学生综合能力的一个重要载体，是学生掌握、理解、运用知识和发现问题、分析问题、解决问题的科学精神和创新意识的外在表现，是学生整体素质的集中体现。随着高中新课程的不断推进，教师在教学方法上有了很大改进，学生在学习方式上朝着"自主、合作、探究"的方向转变。但是，学生评价依旧是教师唱"独角戏"，依旧只停留在对学生的知识技能方面的评价，评价主体、内容、功能等都是单一的，这在很大程度上制约着新课程目标的实现。如果在学生评价上没有突破，将无法彰显综合探究课的价值意义。政治组在思想政治综合探究课的教学实践中，从评价主体、评价内容、评价功能、作业评价和教师评价三个方面做出有益的探索。

　　1. 评价主体：单一主体向多元主体转换

　　传统思想政治课的学生评价，教师是评价者，学生是被评价者。评价主体单一，老师唱"独角戏"，学生的学习、能力、思想等方面到底是什么状况，都是老师说了算。老师看到的只是学生在学习过程中的部分"所为"和"结果"，而对其"所思"、"所悟"及"过程"往往是看不见的，老师唱"独角戏"的评价往往不够客观或全面，这既影响了教师自身的教学，也影响了学生的发展。为此，必须改变教师唱"独角戏"的单一主体评价，让学生、同伴参与到评价中，构建多元的评价共同体，即：学生自评，合作探究小组成员之间互评，小组与小组之间互评，教师评价。如：在《经济生活》第二单元"做好就业和自主创业的准备"的综合探究课中，我给同学们布置了合作探究的两大任务：第一，全班分成三个小组（自行组合，人数均衡），展开"等饭碗，要饭碗，造饭碗"的生存选择纵横探究，各小组选择一个"饭碗"进行探究，有两周准备时间，小组的每个同学都必须有明确的任务，每个小组派一位代表在班级展示本组探究的成果。第二，要求同学们就探究活动的过程，对自己和本小组内的其他同学进行评价，在成果展示时，还要对其他小组进行评价。

学生自我评价、小组内互评和小组间互评，有利于学生了解自己的进步，评判自己的成绩，培养自己的自我反省、自我监控能力；有利于学生从不同的角度发现同伴的优势；有利于培养同学们的团队精神和合作意识；有利于提高学生的批判性思维。教师在学生评价的基础上，发现学生个体的潜质与特长，更加全面、客观地对学生做出评价，促进学生全面而有个性地发展。

2. 评价内容：单一内容向多元内容转换

美国心理学家加德纳认为，人的智能并不是以语言和数理逻辑智能为核心，每个人都不同程度地拥有多种智能，如：言语——语言智能；逻辑——数学智能；视觉——空间智能；身体——运动智能；音乐——节奏智能；人际交往智能；自我反省智能；自然观察智能；等等。这几种智能居于同等重要的地位，不能说这种智能比另一种智能更优秀。多元智能理论为我们评价内容的多元化提供了有力的理论支撑。但是，传统的思想政治课的学生评价，在内容上往往是单一的，过分关注学业成绩，而忽视了对学生终身发展更为重要的多方面素质与潜能的评价。这种评价"风向标"，使学生、老师、家长以及社会都把关注点放在学生的考试"成绩"上，以"成绩"论"英雄"，导致学生"两耳不闻窗外事，一心只读圣贤书"，这不仅不利于学生全面发展，还可能扼杀有特长的"天才"。评价内容多元化，并非要求面面俱到地进行评价，不同主体评价的侧重点有所不同。学生自评和小组内互评包括：本单元的知识复习情况，建构知识体系情况，参与小组探究活动中完成任务情况，协调合作能力，搜集和处理信息的能力，获取新知识的能力，批判性思考的能力，在本单元的探究活动中的最大收获，存在的问题和困惑，学习兴趣、学习态度，意志力表现情况，等等；小组互评包括：其他小组成果展示中最成功的地方并说明成功的理由，发现或提出问题、分析问题和解决问题的能力，提出完善或修改的建议并说明理由，等等；教师评价应该在充分了解学生自评、互评的基础上，对学生的评价进行补充、总结、提升。实践中，同学们已经学会从多方面的内容进行评价。如在"等饭碗，要饭碗，造饭碗"的综合探究活动中，三个小组的成果展示精彩，学生评价更是令人兴奋。

评价内容多元化，使学生在综合探究活动中，不再把眼睛盯在自己和同伴掌握了多少"知识"，而是更加关注自己和同伴展现出来的综合素质和能力，这种评价，引领着同学们更加注重培养和提高自身的综合素质和能力，促进学生全面发展。

3. 评价功能：单一功能向多元功能转换

所有的教育评价活动，首先必须要思考的问题是为什么要评价，通过评价要达到什么目的，这是评价的功能问题。评价功能的定位，影响评价的内容，影响教学目标的实现。长期以来，受高考指挥棒的影响，人们认为评价就是测验或考试，就是考查学生对书本知识的掌握情况，并根据学生分数对学生进行评定和排队，这过分强调评价的"甄别"与"选拔"的功能，导致在评价内容上存在单一性，不仅弱化了评价的功能，也不利于新课程目标的实现。

为此，在评价功能上，要转变单一的评价功能，充分发挥评价的诊断、激励和发展等多元功能。诊断功能要求评价主体对评价对象进行"把脉"，分析其在综合探究中的优势与不足、成功与失败之处，以及需要完善的地方，并提出有针对性的建议，让学生知道怎样可以做得更好一些；激励和发展功能要求评价主体以欣赏的眼光看待评价的对象，用鼓励的语言进行评价，尤其是教师评价，"把脉"要准确，切中要害，善于发现学生的"闪光点"，提出"最近发展区"的合理建议，真诚地鼓励学生。如吴老师在"等饭碗，要饭碗，造饭碗"的生存选择大讨论的展示课上，在同学们充分讨论的基础上，结合同学们的自我评价、同伴互评，有意识地对各小组的展示进行了点评。

诊断评价，可以使学生更加清楚地认识自己，知道"何去何从"，而激励、发展评价,同学们的肯定,老师的赞扬,让学生看到自己的希望所在,可以激发同学们学习的兴趣,调动学习的积极性,将成为学生成长的强大动力。

评价主体、评价内容和评价功能的多元化,必然会出现不同主体的不同评价,评价可能客观全面,也可能有失偏颇,这对教师提出了更高的要求,一方面,教师要包容学生的多种多样的评价;另一方面,教师要以正确的价值观引领学生的评价,只有这样,才能促进学生全面而有个性地发展。

4. 思想政治课作业评价的方式多种多样

采取灵活多样的作业评价方式,全面收集评价信息,能够提高评价结果的可信度。与多样化的作业评价方式相对应,必然要有多样化的作业设计形式,因此我们在作业分类的基础上介绍作业评价方式的多样化。

从作业内容的角度划分,思想政治课作业主要有三类:书面作业,以客观内容为主,其形式主要有填空题、选择题、简答题、论述题、随笔、论文、评论等,此类作业的评价方式主要是打分、划分等级、书面评语同时辅之口头评语,对于论文等长期性作业需要学生花费大量的精力,我们可以采取竞赛的方式,对于优秀者给予奖励和公开表扬等鼓励性的评价能够调动学生的作业积极性、提高作业质量;实践作业,即指有教师指导的各种实验、实地调查等,主要是培养学生观察能力、实践能力的作业,对于此类作业要把学生的实践成果同他们在实践过程中的表现结合起来进行综合评价,可以采取记分制、等级制等;表演作业,此类作业的评价要以现场的口头评价为主,使学生明确优缺点,在原有的基础上不断获得进步,同时可以辅之分数或等级评价。

5. 建立以人为本、拓展潜能的教师评价机制

为了建立科学、合理的教师评价体系,政治组在管理上首先要尊重和信任教师,其次创设以人为本、拓展潜能的教师评价机制。所谓以人为本,也就是要信赖与珍视全体教师及其潜能,政治组运用多元智能理念全面改善教师教学和教研面貌,为教师提供各种表现或实现潜能的机会与场所。多元的教学研讨和评价环境,让教师有机会、有时空去展现和发展自己的潜能,允许创造,允许失败,不仅仅以成绩论英雄,也许是目前教师展开教育研究和实施个性化教学的现实基础。为此,在教师评价机制上,要更新评价教师教学成就的指标,

营造多元评价环境，鼓励教师寻找自己的教学长项和优势，使之成为教学中的亮点，要求教师提供多元化的评价材料作为评价依据，变评价"孤独的教师"为评价教师团体的合作与成效；运用现代教育评价的理论成果，改进评价思维与方法；优化管理，减轻教师与教学研究无关的日常评价负担。

（四）营造气氛：实现依法执教与职业道德的统一

人的行动是受思想支配的。思想政治工作是一切工作的生命线。加强思想教育，提高职业道德认识，激发教师敬业奉献精神是决定其潜力能否得到最大限度的发挥和能否取得成功的重要动力。常言说"干一行，爱一行，专一行"，这是职业道德的基本要求。一名政治教师的职业认识，就是对中学教育事业伟大意义的深刻认识，认识是热爱的基础，认识越深刻，越能热爱本职，越能产生强烈的荣誉感和责任心。

1. 重视培养教师职业道德行为习惯，实现依法执教

重视培养教师职业道德行为习惯是实现依法执教的主要途径。道德行为是道德品质的外在状态，表现为道德言论、道德行为和道德习惯。

忠于职守：转化为教育行为，就是要求教师在教育教学活动中，教师要把学生当作自己亲密的朋友，允许学生犯错误，尊重学生的话语权，控制自己的情绪，做到以理服人，以情动人，始终微笑地面对每一个孩子，丰富知识，开阔视野，模范遵守宪法及各项法律、法规，使自己的教育教学活动完全符合社会主义的法制要求。

为人师表：我国古代教育家说过，"其身正，不令而行，其身不正，虽令不从"。这就说明身教重于言教。教师的作风、习惯、言行都会对学生起潜移默化的作用。从某种意义上说，教师的道德水平，决定学生的道德水准。因此，教师一定要注意言传身教，在个人品德上做到关心集体、忠诚老实、勇敢坚定、善良正直、勤劳俭朴、遵纪守法等；在文明礼貌方面，谈吐文雅、举止端庄、穿着整洁、朴素大方、仪表端庄、彬彬有礼、讲究卫生；治学方面严格遵守工作规程，勤奋刻苦、严谨治学、精益求精，成为学生的表率。

勇于开拓：我们要不断开阔新视野，发展新观念，进入新境界，培养学生德、智、体、美全面和谐地发展。

有人说过这样一段话：师爱，没有树高，没有花香，却有海的胸襟、山的脊梁。一个鼓励的眼神，一句赞赏的话语，一个温暖的微笑，也许就可以改变一个孩子。

2.教学氛围宽松和谐，体现教育性、科学性和趣味性的统一

教师态度亲切自然，有感染力，善于与学生沟通情感；教学环境良好，师生关系平等、和谐。全体教师结合政治学科的特点，加强学习方法指导，包括学习计划、学习时间安排、各种题型的解题方法等，通过研讨会、谈心会、点子会，解决教师困惑，解决学生动力不足、厌学等问题。另外，通过定期的学科讲座、学科专栏、教室学习园地等方式加强学习方法指导。教师大胆探索新课改背景下的教学方式，引导学生自主探究、独立思考、合作交流和实践操作，充分发挥学生的自主性、能动性和创造性，形成民主、平等、和谐互动的师生关系。

（五）发挥学科特色优势，实现教书、育人的统一

1. 参加开展优质化工程"同课异构"教学研讨会

让我们树立生活化的课程观，把生活资源转化为课程资源，动用学生的生活资源，做到相信学生、依靠学生、尊重学生，着眼于学生的未来。因为书本知识与书本外的知识相比，只是沧海一粟，已知知识与未知知识相比，只是沧海一粟，让我们从权威世界走向平凡世界，从理念世界走向生活世界。这就是"同课异构"，充分体现了"教学有法，教无定法"的教育哲理，展示了教学过程的创新与智慧。高老师同课异构了《世界是普遍联系的》一课，举行"同课异构"教学研讨活动，不仅促进了教师之间相互学习、相互借鉴、优势互补，增强了教研活动的针对性，切实提高了集体备课的效益及教学研讨活动的实效性，而且为新的课堂教学模式改革明确了方向，使教师们的专业素养得以提高。

2.循循善诱，理论联系实际，因势利导，培养学生的各种能力

要提高思想品德课的教学效果，达到教学目的，首先，要循循善诱，理论联系实际，调动学生的主观能动性。因为我们的教育对象是中学生，中学生有一定的分析能力和理解能力，因此教学中就必须注重理论和实际相结合，密切

联系当前的社会主义建设、改革和开放的重大实际问题，以及学生关心的社会实际问题，加强针对性，摆事实讲道理，以理服人，同时要正确引导学生用学过的理论知识去观察、分析，理解社会现实，从而分清是非美丑，扬善除恶，培养学生的理想人格。其次要因势利导，培养学生的各种能力，教学中要采用多种多样的教学方法，因材施教，挖掘学生的学习潜力，培养学生良好的学习动机与学习能力。

开放性的教学方法则是遵循"教要有法，但无定法"的原则，采用多种形式于一堂课的不定式教学方法，增强学生学习政治课的主动性，引导学生自觉地用学过的理论知识去观察、去分析，既在掌握知识提升能力的同时，加强有针对性的思想教育，提高了学生的思想觉悟，又增强了学生学习政治的自觉性和能动性，做到了教书育人。

3.教师在传授知识的同时，也要注重教给学生学习方法和记忆方法

因为思想品德课理论性和文学性较强，为此教师在教给学生知识的同时，更重要的是教给学生掌握学习方法和记忆方法。学习方法如归纳法、例题法、设问答题法、"四题复习法"等。记忆法如列表比较法、读书标记法、脑图记忆法等。教给学生学习方法，能让学生入门快，既能使学生牢固地掌握自己学过的知识，能得到知识的要领，使学过的知识条理化、系统化，又能培养学生的自学能力，从而提高政治课的教学效果，实现教学相长。

4.开展多种多样的课外活动，以提高学生学习思品课的积极性

思想品德课是联系比较广泛的学科，因此开展多种多样的课外活动，辅助补充教学内容是很有必要的。如根据教材内容，通过开展专题板报、征文比赛、演讲会、故事会，并带领学生参观瞻仰革命烈士纪念碑、深入敬老院，开展社会公益活动等多种形式来增强学生学习政治课的积极性，一方面使思想政治课生动活泼，理论联系实际，所教有所识；另一方面也开拓了学生的视野，增强了课堂教学的趣味性，从而达到了思品学科教学的目的。

5.树立以学生为本，以学生的发展为主的教学思维模式——完成教书的功能

在当今知识经济时代，思想政治教学不能只停留在书本和课堂上，教师要不断更新自己的观念，丰富自己的知识，使教育观念、教育内容、教育形式、

教育手段与知识经济时代相联系，用更丰富、更广博的知识去哺育学生。学生学习方式的改善是以教师教学行为的变化为前提的，也是素质教育能否落实的关键因素。素质教育就是要尊重学生的个性，实现学生的全面发展的教育，因此在思想政治课教学中必须培养学生自主学习、自我研究、自我负责的能力，拓宽学生视野，培养学生的创新意识，教会学生学习。传统的政治课教学方法基本上是"满堂灌"。教师滔滔不绝地讲四十五分钟，不留给学生充分的主动学习时间。其实，这种陈旧的教学方法远不像表面上表现出来的那样简单，它实质上具有重教师主导作用、轻学生主体作用，重知识灌输、轻养成教育，重群体教育、轻个体教育，重课堂教育、轻社会实践，重学校教育、轻社会教育等诸多特征。因此要改革教学方法，就必须彻底打破这种封闭、单项、机械的教学模式。

二、辉煌成就与时俱进，展望未来信心百倍

在我区教研员的指导下，多年来政治教学及格率、优秀率均为100%。近年来，全组撰写的论文，荣获全国思想政治优秀论文一等奖3篇，北京市思想政治优秀论文一等奖3篇，昌平区优秀论文一等奖15篇、二等奖20篇、三等奖27篇。

示范课、观摩课、汇报课《情趣漫谈》、《资本家剥削工人的秘密》、《社会主义事业在曲折中前进》等优秀课得到市级教研及昌平区教研室的高度评价；论文《浅谈如何做一名好教师》、《思想政治课教学中"学生教学法"初探》、《思想政治课教学中"学法"的探索与实践》、《把握学生心理需要激发学生学习兴趣——政治课堂教学改革尝试与体会》、《中学思想政治课课堂改革的探索与实践——尝试课堂教学新环节》、《激活思维，提高效率——对高中思想政治课"问题教学"的探讨》、《中学思想政治问题教学法，对启发学生思维的研究》、《加强校园文化建设，促进学校跨越式发展》等分获市、区级奖。金秀荣老师的事迹曾被刊登在《昌平周刊》上，金秀荣老师还接受了昌平电视台的专访。2002年，政治组两位老师参与了《昌平区中学生思想政治目标测试》丛书的编写工作。3名教师多次获得校级、区级师德标兵称号，2004年政治组被共青团北京市命名为"青年文明号"，2006～2012年均被评为区级优秀教研组、明星教研组，2007年、2009年和2010年被区工会评为师德先进集体。

当然成绩的取得是与领导的关怀和同事们的紧密配合和帮助分不开的。现代化的教育发展日新月异，我们未来的道路还很漫长，还会更艰巨。希望我们小汤山中学的政治教研组的全体组员在风华正茂之际，努力地实现人生更宏大的理想和奋斗目标，为祖国的教育事业奉献自己的光和热，为铸就人类灵魂的工程师而拼搏不息，在今后的工作中团结进取，再创佳绩！

实施成功德育模式 促进学生和谐发展

◎作者 诸荣胜

德育是学校教育的灵魂，是学生和谐发展和学校工作正常开展的保障，是学校实施素质教育的重要一环，德育工作贯穿于学校教育教学的全过程和学生日常生活的各个方面，渗透在智育、体育、美育和劳动教育中，对促进学生全面发展起着主导和决定作用。多年来，我校始终把德育工作摆在重要位置，积极探索我校的德育模式。在李士春校长的引领下，在全体领导班子的共同努力下，根据我校实际情况，在坚持实施"三全、六化、三必须、一统一"的德育模式基础上，学校确立了"以德立校"的办学方略，对德育模式和德育目标进行了新的探索和研究，提出并实施了新的德育模式——"成功德育"，将德育目标定格为"有理想，学做人；有素养，学做事"，以"四心教育"（有爱心不抛弃，有信心不放弃，有真心不嫌弃，有耐心不生气）为"成功德育"的具体要求，以高素质的德育队伍为实施"成功德育"的根本保证。在王富刚、王炜、金秀荣、李海燕、诸荣胜等历任德育工作领导的努力下，不断开拓德育思路，整合德育资源，深化德育管理，挖掘德育优势，提高德育效果，尤其在深化"成功德育"以来，学校充分发挥学生主体作用，通过各种德育活动，进一步提高了学生的综合素质，促进了学生和谐发展。

一、完善德育机制，形成工作合力

我们认为，德育工作是学校工作的重中之重，我校根据学校的实际要求，广泛征求意见，在德育管理制度上力求"科学化"和"精细化"，与时俱进地建立健全德育管理体制和完善考核方法，将德育思想渗透到管理制度中，各项制度有落实、有检查、有兑现，实现管理育人的目标。学校制定和完善了《德育领导小组工作职责》、《班主任工作考核细则》、《班级德育量化考核实施细则》、《学生一日常规》、《住宿生管理制度》等有关德育管理制度，进一步促进了我校德育工作的制度化、经常化，使学校的德育工作有了强有力的制度保障；同时形成德育管理网络机制，进行分线管理，分级落实，齐抓共管，德育工作人员做到分工不分家，既团结协作，又能独立地开展工作。在建立、健全规章制度的同时，学校狠抓制度的落实与执行，每天对学生的日常行为进行检查评比，做到每天每项工作有检查、有记录，每周小结公布，每月汇总公布，并把考核结果纳入班级德育量化考评，并且和德育工作人员效益挂钩，大大地提高了德育人员工作的积极性、主动性和创造性，也很大程度地调动了学生自我管理的积极性，收到了较好的管理效果。

二、注重德育队伍建设，打造"三全"德育局面

德育队伍是学校德育工作的骨干力量，尤其是班主任队伍更是骨干中的骨干，因此，我们选择年富力强、责任心强、富有激情、多才多艺、富有人格魅力的青年教师担任班主任，各年级配备副年级组长，各班配有副班主任，加强年级组和班级管理。采用"走出去"、"请进来"的方式加强德育队伍的培训，利用每两周一次的班主任例会，对班主任和德育工作人员进行职业规范和工作方法的培训，不断提高德育队伍的工作能力。同时，我们也没有忽视学生自我德育的功能，学校非常重视对校学生会成员和班干部的培养，通过学生会组织开展系列活动，充分发挥学生团队作用，培养学生积极参与学校管理的意识；通过学生党课，对班干部和团员进行培养，扩大班干部和团员的影响力，充分发挥学生干部参与德育管理的积极性和主动性；通过各项标兵和先进的评选及展示活动，充分发挥优秀学生的榜样作用和引领作用，培养和发挥了学生

人人自我管理的能力。

在重视德育队伍建设的同时，我们没有忽视其他德育渠道和途径的重要作用，不断开辟德育途径，探索德育方法，促使学生品学兼修。

俗话说"十年树木，百年树人"，教育不仅要教书，更要育人。每一学科都有对学生进行品德教育的资源，只要加以合理利用，就会对学生良好品德的形成会起潜移默化的作用。我校根据学科特点，通过改进教学方法，强化学科渗透，把德育工作渗透在教育教学之中，通过课堂教学来加强学生的思想品德教育，充分发挥课堂德育主渠道作用。学校要求科任教师充分挖掘学科德育功能，把德育思想渗透到自己的课堂教学中，教师既要教好书，更要育好人，实现教书育人的目标；开展丰富多彩的教育活动，充分挖掘活动的德育内涵。我校始终坚持开展"校园文明岗"、"文明礼仪标兵"、"校园卫生值周"、"红五月艺术节"、"升旗仪式"、"弘扬雷锋精神"、"厉行勤俭节约，反对铺张浪费"、"班级德育量化"等评比活动，实现活动育人；校园文化是一本无声教科书，会潜移默化地影响每个学生。为了给学生营造一个健康和谐的校园文化氛围，我校多年来一直十分重视校园文化建设，在校园文化方面投入了大量资金，"和谐"雕塑警示干部和教师、教师和教师、学生和学生之间要和睦相处、和谐发展，同时也给人以奋发向上的精神动力。学校建立了文化长廊，展示师生作品，悬挂名人画像、名人语录、警示语等；在教室内的墙壁上悬挂了《中学生日常行为规范》等规章制度，张贴学生自己拟定的班训和班规；在教室前楼道瓷砖墙面上有学生亲手写的班级文化作品；在每个教室里都设立了图书角、报刊栏等读书角，开设了学生读书课，通过丰富的课外知识拓展学生的视野，陶冶学生的情操；德育处还将师生中涌现的先进事迹和先进人物在文化长廊里进行展示宣传。优美和谐的校园环境和深厚的文化内涵，时时处处激励着师生们奋发向上、勇攀高峰，无不折射出汤中师生自强不息、追求卓越的精神面貌，实现了文化育人的教育目标。我校十分重视家庭、社会与学校"三位一体"相结合的教育方式，学校成立家长委员会，并充分发挥家长委员会的积极作用，为学校的教育出谋划策。学校充分发挥家长的作用，定期召开家长会，进行家校沟通交流，经常性地请家庭教育专家对家长进行培训和发放家庭教育资料，丰富家长家庭教育知识，增强家长进行家庭教育的能力。学校有计划地和社区、社会团体联合开展丰富多彩的学生社会实践活动，提高学生的综合素质。学校成立了十六个社团，每天都有不同的社团活动；学校还设立了学生劳动实践基地，分给每班学生种植蔬菜瓜果，由各班学生自己种植和管理，到金秋季节，学校处处瓜果满枝头，呈现出一派丰收的景象。劳动实践基地的种植活动，一方面培养了学生的劳动习惯和劳动技能，另一方面使学生体验了农业劳动的艰辛，使学生懂得了珍惜劳动成果和懂得感恩。

三、狠抓安全法制健康教育，促进学生和谐健康成长

创新的思想，丰富的知识，良好的品德，强健的体魄，健康的心理，是现代教育的终极目标。而学校安全、法制工作是关系到学校师生生命、家庭幸福、社会稳定的一项重要工作。我校本着以人为本、安全第一的管理原则，做了大量的安全、法制教育工作，尽一切所能减少校园安全事故的发生。法制教育是学校德育工作的重要内容，也是素质教育的重要组成部分。为进一步提高学生的法律意识，我校把学生的纪律教育、法制教育和心理健康教育纳入了德育教育范围之内。结合实际，我校坚持以教育为本、以预防为主的工作理念，建立健全学校安全、法制、健康教育机构，成立了以德育副校长、德育主任和各班主任为组员的安全、法制、健康领导小组，定期对学生进行教育。学校定期请法制副校长和安全工作人员为我校学生作安全、法制、健康报告会，进一步强化了学生的安全、法制、健康意识，收到了很好的效果。此外，我校还利用板报、班会和校园广播及时对学生进行教育，从严从细从实地把学校的安全、法制和健康教育落在了实处。我校尤其重视心理健康教育，于2000年就成立了"心灵港湾"心理咨询室，先后由金秀荣、富镜仰、陈玲三位同志担任我校心理咨询师，学校每年都要在心理健康教育方面进行人力和财力的投入，先后派出三名老师参加各种心理健康教育培训，其中陈玲老师取得了三级心理咨询师的资格证书，参加了昌平区心理健康教育教材的编写。心理咨询室自创建以来，每天对师生和家长开放，为师生和家长解决心理问题，已接受1000多次师生和家长的咨询。学校每学期有针对性地开展心理健康讲座，同时创办了心理健康月报，每月向全校师生发放，对师生和家长进行心理辅导和疏导，收到了显著的效果。为做好心理健康教育宣传工作，学校充分利用校园广播站、黑板报、宣传栏等宣传工具，另外，还开展了"心理情景剧"比赛活动和"健康实际操作能力竞赛"活动。

四、积极开展校外教育，提升学生综合素质

为开拓学生眼界，提高学生的综合素质，达到全面发展的育人目标，我校在重视校内教育的同时，十分重视校外教育。学校将校外教育纳入学校德育计划之中，作为实施和推进素质教育的重要内容。积极参加各级各类科普活动和艺术活动，建立了两个学生社会实践基地——中国航空博物馆和小汤山农业科技示范园，学校成立合唱团，学校每年在校外教育方面投入资金不低于2万元，确保校外教育活动的开展。2011年，学校派出三名学生和一名德育干部参加了在韩国举办的国际学生文化交流活动。

五、多年精心培育，结成硕果满枝头

通过学校、家庭、社会等的多方努力和通力合作，多角度全方位的培养和教育，学生普遍"知情理，懂礼貌，知感恩，懂回报"。我校形成了校风正、学风浓、学生文明程度明显提高的良好局面，形成了"自强不息，追求卓越"的良好校风。教育教学成绩稳步提升，在各项活动中，学校取得了较好的成绩。

从2000年以来，学校先后六次被评为市、区精神文明先进单位或文明礼仪示范校；2004年被昌平区环保局、昌平区教委评为绿色学校和昌平区校园环境示范校；2005年、2008年被评为昌平区中小学德育工作先进集体；在每年科普活动和市、区艺术节活动中，先后九次被评为昌平区科普工作示范校或科普工作先进集体；我校少年军校2005年被北京市教委评为首都先进少年军校，2008年被评为北京市少年军校示范校，2012年被昌平区委、区政府评为先进少年军校。2006和2008年被评为昌平区学校高中军训先进单位；2006年被评为昌平区社会治安综合治理平安示范学校，2006年和2011年被评为"四五"和"五五"普法法制宣传先进单位；连续十二年被评为昌平区教育系统"交通安全"教育先进单位，有32人次被评为昌平区教育系统"交通安全"教育优秀班主任或积极分子，先后有8名学生在各类"交通安全"比赛中获奖；2006年荣获昌平区第

九届学生艺术节最佳组织奖，2012年荣获北京市第十五届学生艺术节合唱比赛团体三等奖；2011年在北京市和昌平区中小学生科技节"放飞心情 筝舞蓝天"风筝比赛中均荣获中学组团体一等奖；2012年获昌平区青少年知识产权知识竞赛三等奖。每周一的升旗仪式规范有序，师生服装统一、队伍整齐、口号洪亮，师生的精神面貌令人震撼，通过师生的努力，升旗仪式已成为我校德育工作的一大亮点。

当然，成绩的取得离不开我校历任德育领导的付出，离不开李校长对德育的高度重视和良苦用心，更离不开上级领导的厚爱和支持。在今后的工作中，我们将继续努力，携手共创汤中德育的新辉煌。

作者简介：

诸荣胜，男，1994年参加工作，中共党员，中学数学高级教师，现任小汤山中学德育主任。2004年被评为昌平区优秀教师，2007年被评为昌平区数学骨干教师，2011年被认定为昌平区数学骨干教师。他撰写的教育教学论文多次获国家和市、区一、二、三等奖。从2009年起他连续四年被评为昌平区教育系统交通安全优秀管理干部，两次被评为科普先进工作者，2012年被评为"五五"普法先进工作者。

杏坛弦歌

赞颂名师风范、校园环境,讲述师生情怀、同窗情谊。

爱的旋律

◎作者 段焕章

1991年9月—1992年7月，我负责初二年级三个班的政治课并且担任初二（3）班的班主任，期间有这样两件事给我的印象最深，至今还萦绕在我脑海中。

一、假日辅导情

星期日的一天上午，我顶着凛冽的寒风，冒着零下几度的气温，骑着自行车来到大汤山，给生病在家的徐秀杰补课。炕上放一张小木桌，我们各坐一边，从八点钟一直讲到十一点多。我正准备回家，万万没想到徐秀杰的母亲将一大盘热气腾腾的白面饺子端了上来。当时我感到很尴尬，但又执拗不过，只好在他们家吃完这顿午饭。回到家里，我还觉得不好意思。

事情过去一年多，我去航空博物馆参观，又遇到徐秀杰的母亲，她正在那儿买冰棍儿。还没等我说话，冰棍儿已高高地举到我面前。我心里暗暗地想，这次可绝对不行，于是我急忙跑开了。

徐秀杰毕业后，他母亲托我给孩子找份工作。当时我正住在昌平西街，为了完成家长的重托，我逐门挨户地问了好几家饭馆，最后终于找到一个东北人开的规模较大的饭馆，从此，徐秀杰做了帮厨工作。

如今，我们两家还来往不断，像亲友一样走动着。

给自己的学生补课，原本是一件很平凡的小事，属于教师应尽的责任和义务，不料却引起这样大的爱的升华，增添了社会的和谐。

二、举手之劳情

学生王某是初二（1）班一个朝气蓬勃、爱说爱笑的外向型的孩子。一天，我偶然看见他一个人无精打采、愁眉苦脸地靠在学校墙根处。我上前询问情况得知，他和班主任关系紧张，有退学的念头。我先是感到震惊，小小年纪就想退学！然后就心平气和地做起他的思想工作，告诉他要和班主任老师多沟通才能解决问题。以后的几天，看到他像小鸟出笼似的恢复了往日的活泼、开朗，我那颗悬着的心才算放了下来。

斗转星移，几年后的一天偶遇王某正在小汤山政府车站开出租车趴活儿。他得知我们一家人要去八达岭游览长城，立即打开车门，执意要送我们去。最后我拗不过他，让他把我们一家人送到了昌平西关。

我感慨，爱心真是人与人之间沟通的一把金钥匙。正如《爱的奉献》那首歌唱的那样，只要人人都献出一点爱，世界将变成美好的人间。

信手拈花
——我和我的孩子们的点滴记忆

◎作者 蒋红梅

初二（3）班，前身初一（4）班，我带了一年半的班级，孩子出出进进，现在还有29个，boy 17个，girl 12个。

说实话，当初真不想当班主任，孩子小，上班路程又远，班主任的活儿多、杂、乱，真是发自内心的不愿当。现在想想，从当初的互相试探，到不断地磨合，再到后来的彼此包容理解，直到现在的默契，这一年半的付出实在辛苦，但也很充实。为了再过二十年还能让自己和孩子们想到些事情，我把这日常生活中的点滴记了下来，让回忆有迹可循。

节日的祝福 2012-3-8

今天是女士的节日。早晨第一节课，激情四射的徐老师就教孩子们要给当天所有上课的女老师以节日问候。课间操前，我班这学期变化最大的孙健平就笑嘻嘻地对我说："老师，节日快乐！"我致谢后孩子乐呵呵地走了。一天下来，我班的女先生们应该是都被祝福了。跑操回来后，我正在给家长们发飞信，班长大凯来了，看似一本正经地说："老师，我们都忘了语文作业了，您再去说一遍吧！"哎，很奇怪啊！往常没有这么自觉过啊？没有作业乐都来不及呢。我还在犹豫，大凯拉着我的胳膊说："老师，您快去吧！"进门之前，大凯在门口一声吼："起立！"等我迈进教室后，只见孩子们齐刷刷地站着："老师，节日快乐！"震耳欲聋的声音可比读书时大多了。孩子们站得笔直又整齐，神色庄重，丝毫没有平时的嬉笑之态。霎时间，我被他们感动了，谢谢孩子们，谢谢组织者。这一刻，我觉得忙碌、繁杂的班主任工作，还是值得的。孩子们，"赠人玫瑰，手有余香"，爱别人就是爱自己！

颁奖典礼 2012-3-9

今天，徐老师要颁发当月的数学对战赛优胜奖，邀我当颁奖嘉宾。早有耳闻，开学一月来，徐老师鼓励孩子积极竞争，孩子们的成绩都有进步，今天是收获的时刻。十多个孩子上台领奖，有的还不好意思呢，照相都不正对镜头。致获奖感言，大家首推孙健平：这个上一年还傻呵呵混日子的孩子本学期确实进步非常大，好像一夜之间就长大了、懂事了很多，能上台领奖恐怕也是他自己没有料想到的，说得蛮像回事儿，好像还害羞了。刘炎佳，这个白白净净的姑娘，一到正式场合就不敢正眼看人，今天依然如是，好不容易站好了，只说了两句感谢数学老师的话，就匆匆下去了。

孩子们，比赛有输赢，进步无止境，让"对手"督促自己勇往直前吧！蒋老师期待着你们每一个人的成长与进步。

听课周 2012-3-16

本周是我们年级听课的时间，老师们不约而同地定在了一周的后半截儿，周三到今天，各科全排。我们班中了头彩，被听了5堂课。听课之前，我就告诉孩子们必须把最好的状态呈现给听课老师，不要把脸丢在外头。周三政治，张老师回来说："这有听课的，乍一老实我还不适应了，回答问题都得点名儿叫。"这可有点儿出乎我的意料。今天是英语和我的语文连堂，早起我又嘱咐了一遍，不管对错，要敢于回答问题。早读，大凯就在黑板上画简笔画，许昊拿着湿抹布擦黑板，完了拿书本呼哧呼哧地扇干了，黑板终于露出了"庐山真面目"。马老师说他们挺给力，孙健平还积极上讲台发言了。我的课上孩子们也挺踊跃的，答问题能答到点儿上；把学案收上来看看，见每个人都动笔写了。课下，小胖儿商昊说："蒋老师，我们今天配合得怎么样？"这孩子，就是想听两句表扬的话儿呗。不过，这些孩子确实都有学习的潜力，如果都能把精力放在学习上，蒋老师就省心了！

长跑 2012-3-18

本学期，学校应上级要求，安排学生一天两次长跑，上下午各一次，共3000米。说实话，这对于我这个不太爱运动的人来说是一个考验，不过为了对孩子们有说服力，我也坚持着跑。我班的孩子大多体质还不错，能坚持下来，甚至部分孩子跑下来一点事儿都没有。但是对于刘龙基这样的胖孩子来说，就有一些困难了，不掉队的话，两圈下来就已经大汗淋漓，所以每次都会落在后面，而且还会有几个孩子受他影响。所以今天上操之前，我对他们说："如果谁再掉队，就罚他再跑5圈！"我始终跟在胖子边上揪着他，3圈后，胖子笑眯眯地说："老师，我4圈不掉队，您给我作业减半啊？"我同样笑着说："那你只是今天没掉队，以前天天掉队，我应该怎么罚你呢？"胖子无语。

欣慰 2012-4-9

月考，刘龙基写了一篇非常好的作文，亲身经历，有真情实感，堪称记叙文的典范。我在班里宣读，希望能对大家有所启发并让他们主动学习，也希望刘龙基能从当下切实践行自己的话，让老师和同学看到他每一天的进步。

今天周一，我班的孩子升旗。站在队伍的后面，看到孩子们青松一样地直立着，心想，如果他们永远都这样一身正气该有多好！

上周，郑艳杰的妈妈说孩子腰部肌肉拉伤，暂时不能做剧烈运动。我们商量把她运动会的项目换掉。今天一早，孩子就找我说运动会能跑。我劝她："精神可嘉，但身体不能强求，下次吧。"孩子还坚决不同意，多好的孩子！如果意志力能再强一些，约束好自己的课堂行为，就更好了。

春天来了，校园里的各种花都开了，缤纷绚丽，暗香浮动。孩子们，睁大你们的双眼，用心感受这春意盎然的美吧！你们要相信：只有今天的努力，才能换取你们将来如春花般的似锦前程。

运动会 2012-4-28

孩子们期盼已久的运动会结束了，我们班成绩斐然。家兴的百米速度和小崔的1000米都在我预想之中，出乎我意料的是许昊和高振阳也能跑得飞快，瘦瘦的如意和马佳竟然也取得了很好的成绩。每一个参赛的孩子都竭尽全力为班级争光，你们在蒋老师眼里都是最棒的。

　　孩子们，体育竞赛结束了，学习主阵地的"战斗"即将开始，老师希望你们拿出运动场上"勇争第一"的精神，考出最好的成绩来证明自己的实力——"初二（3）班，所向无敌"！

红五月　2012-5-19

　　今年的"红五月"艺术节，学校领导一改以往陈旧的做法，不再让孩子们都唱国歌和红歌，而是不限形式和曲目，这自然就给了孩子们很大的选择空间。从领回任务的那一刻起，我就有了铁定的人选，孩子们也都很积极，准备了半个多月，家兴还要邀请舞伴一起来表演。几经波折，"红五月"艺术节终于在昨天下午开幕了。只是事不凑巧，我家孩子也同一时间开家长会，我不能不去，可是我也舍不得不看我班孩子的表演。下午3点40，家长会结束了，我顾不得和老师交流儿子的情况，飞车返校，正好下一个节目就是家兴的街舞表演，胖子说："老师您回来的真是时候。"虽然孩子的舞伴没来，但没有影响他的精彩表演，这孩子真的有运动的天赋。温晋川的歌声我从来没有担心过，一如既往的好听，而且这孩子的台风也很好，连很会唱歌的丁老师和臧老师都连声夸赞，要收他为徒了。这些特长会成为孩子们将来吸引别人关注的优势，我希望他们能在不影响学习的前提下做得更好。

离别　2012-5-20

　　郑艳杰走了，昨天下午最后一次和同学们在一起，几次凑到我的跟前来，说着一些舍不得和要去好好学的话。"铁打的学校流水的学生"，按说当老师这些年来，应该早就习惯了和学生的分离。可是看着孩子的脸，心里还是有些酸酸的。聪明伶俐的孩子，就这么离开了这个学校。孩子，就像你自己说的一样，在新的学校里，一定要珍惜时间，好好学习，去争取自己的好前程。

后记　2012-9-10

　　因为我个人的原因，我回到了初一年级，不再陪伴孩子们冲刺中考了。开学这几天来，每次在楼道里、校园里遇见他们的时候，亲切的问候声会不绝于耳。今天是教师节，下午在车棚门口碰见孩子们，他们大声地对我说："蒋老师，节日快乐！"这一刻，我心里充满了感动与幸福。

作者简介：

蒋红梅，女，1996年参加工作，小汤山中学语文一级教师。曾被评为镇优秀教师、骨干教师、昌平区交通安全优秀班主任。所写论文多次获奖，在《书香燕京——北京市中小学阅读指导》读书征文活动中被评为优秀辅导教师，获第15届全国青少年"五好小公民"主题教育活动征文一等奖。

秋日的校园

◎作者 朱燕春

吃过午饭，我回到办公桌前想继续工作。也许是太疲惫了，数据总是出错。看着窗外阳光很好，我决定出去走走。

出了办公楼，就看到楼门左侧枝繁叶茂的竹林，长得苍翠挺拔，猛地一看以为到了南方，根本想不到这是秋天的北方。下了台阶，行政区两侧的月季花争奇斗艳，灿烂得像孩子的笑脸。

不远处的操场上，有三三两两师生在散步，大家都在享受着宁静午后温暖的阳光。一阵秋风吹过，我眼前飘过旧时尘土飞扬的旧操场的画面，而现在，绿色的人造草坪和暗红的塑胶跑道像一幅立体画一样美，那些休闲散步的人不是正在画中漫步吗？

通向校门的甬路两侧，黄色的向日葵盛开着，后面一排绿叶红花的美人蕉也像是在和向日葵攀比一样盛开。金灿灿的向日葵，红彤彤的美人蕉，这两种鲜艳的颜色在阳光下显得更加绚丽，显得那么的喜庆、热烈，我情不自禁地掏出手机变换不同的角度拍着美丽的画面。

我继续前行，教学楼南面的甬路两侧出现大片的绿色。走到近前，我发现曾经的卫生死角不见了，取而代之的是郁郁葱葱的白薯秧，"xx班实践园地"的牌子提醒着这是孩子们的杰作，他们在等待秋天的收获。我心中暗自感叹学校的创意，既让孩子们体会到劳动的辛苦，又让他们珍惜自己的劳动成果，还能让他们得到收获的快乐。这是多好的教育方式！

走着走着，到了楼后面，长长的绿荫长廊上面挂满了大大小小的葫芦、长长短短的丝瓜。秋天的果实已经开始收获了，每年都会有老师把葫芦精雕细刻成工艺品。我们的食堂也会把校园内的丝瓜、倭瓜做成美味的菜肴免费供给师生品尝。

沿着长廊我返回楼内，回到办公室。刚才的烦躁已经一扫而光，心里豁然开朗了，思路变得清晰了。我静下心，继续我的工作……

作者简介：

朱燕春，女，1997年参加工作，中学一级教师。曾从事班主任、学校会计等工作，现任小汤山中学人事干部。多次被评为昌平区教委优秀人事干部、昌平区教委先进财会个人、小汤山镇优秀教师、小汤山镇优秀班主任。

信任是一种力量

◎作者 朱燕春

"**老**师，我要结婚了，请您给我当证婚人……"
"老师，我当爸爸了，请您来喝满月的喜酒……"
……

虽然已经离开了教学一线，更远离了班主任的岗位，但是，曾经的付出给了我很多美好的记忆和收获。当初的学生结婚、生子会来给我报喜，逢年过节会来看望我，即使是一条问候的短信也会让我万分喜悦。

每个老师都会有很多关于学生的记忆，我也一样。

当班主任的时候，班里有个女孩，各方面一直表现不错，可是有一次期中考试，不知道怎么回事，政治考试居然没有及格，只得了59分。政治老师向我反映了这个情况，我决定找这个女生谈谈。可是还没等我找她，在一个晚自习的时候，她主动找到了我。在教室外面，她低着头怯怯地说："老师，您能不能和政治老师说说，给我提一分，让我及格。"我没有说话。她突然抬起头，用祈求的目光看着我，急切地说："老师您相信我，我下次一定能够考好的，每科都会考好的。"我看着她的眼睛，微笑着回答了她一个字"好。"她感激地给我鞠了一躬，说了一声"谢谢老师。"然后赶快跑回教室，像是怕我反悔一样。

这之后，我和政治老师做了沟通，把这个女生的成绩提高了两分，最后给她61分。班会上，我没有点名，但是说了这件事。我说："我多给了一分，因为我相信这个同学会比她承诺的做得更好。"

这件事过了不久，学校开运动会，同学们都很积极地报名，唯独女子三千米没人报名。我在班里做了最后一次动员后也不抱什么希望了。可是最后上报名单的时候，军体委员说各个项目都报齐了，我专门看了名单，三千米的项目旁写着那个女生的名字，我的心被触动了。

比赛的那天，高中组女子三千米跑下来的只有四五个同学，而我们班的那个女生跑了第二名。看着她最后一瘸一拐的身影，我被深深感动了。那次运动会，我们班光荣地取得了的第一名。后来，我才知道，那个女生三千米跑完了，左脚大脚趾的趾甲脱落了……

那个学期的期末考试，这个女生的各科成绩都很优秀。她再次找到我说："老师，谢谢您那次相信我……"我衷心地笑了，她真的比她承诺的做得更好。

过了这么多年，我依然很庆幸自己当初对孩子的信任。如果那时我简单粗暴地回答"不行"，那么结果会是什么呢？

梦里繁花依旧

——我的母校记忆

◎作者 杨建华

有人曾把记忆比成流水,我想那是因为随着时间的流逝,有些过往会逐渐淡去,仿佛被河水冲刷走了一样。当代作家郭敬明就曾说过:"那些我们曾经以为念念不忘的事情,就在我们念念不忘的过程里,被我们遗忘了。"也确实是,许多我们曾经以为永远不会忘记的事,我们忘了;许多我们曾经以为永远不会忘记的人,我们忘了!但那些关于母校汤中的记忆却非如此。岁月的流逝不但没有冲淡我对母校的记忆,相反却越发清晰,仿佛那些事就发生在昨天。在我看来,那段高中生活的记忆,就像一坛陈年的老酒,发酵的时间越长,品尝起来越醇香、绵长。

人经常是活在记忆里的。我们这些上个世纪八十年代末期的高中毕业生都已过了不惑之年。这个年龄的人聚在一起的时候,除了家庭、事业,更多的话题是曾经的学习生活,而且久谈不厌。我们怀念母校,缘于曾在那里的人,曾在那里发生的事,曾在那里挥洒的激情。那感觉是亲切,也是牵挂,好像有什么东西留在那里了。曾经的快乐与伤感,欢歌和哭泣,都在时光的流淌中化为温馨的记忆。

汤中记忆之生活篇

十五六岁的少年第一次离开了父母,要过起集体宿舍的生活了。男生是一个年级四十几个大男孩住在一间大教室里;我们女生还算是被优待的,几个人一间的大宿舍,南北两排的大通铺,一个铺盖紧挨着一个铺盖,晚上睡觉的时候,都不敢乱翻身,否则就会碰到别人,影响别人睡觉。那时学校的条件真是简陋,用"苇坑烂塘蚊虫咬,简陋校舍透骨寒"来形容也不算夸张,这种住宿状况到了高三才有所改善。白天的新奇过后，晚上睡觉时，思家之情开始泛滥，从某个角落开始传出抽泣声，这声音很具有传染性，一会儿就连成了一片。那时，我总觉得自己对此有些冷漠，怎么也不能理解，一个星期以后就可以回家了，有什么可哭的呢？大概我是属于那种"少年不识愁滋味"的一类。

那时的食堂也是值得一提的。一顿饭只有一个菜，而且绝对是大锅熬出来的，光见酱油的颜色，而很少见到荤腥。尤其难忘的是冬天熬的冻透了的大白菜，那滋味恐怕吃过的人终生都难忘。那时馒头夹咸菜吃起来感觉特别美味，上次同学聚会时，大家还在怀念班长家的炒咸菜，嚷嚷着让她下次一定要带一罐来。虽然这种生活会让现在的孩子们感到不可想象，但对于我们这些从小吃惯了苦的人来说，倒也不觉得多么难以忍受。倒是现在的生活条件越来越优越了，人们也越来越难以满足了。我们一个宿舍分成两大组，一组两个大盆，一盆用来打饭，一盆用来打菜。每天由两位组长从食堂打回，按所预定的饭量分给组里的每个成员。这样的生活方式持续了有一年。对现在的学生来说，算是很新奇了吧，但那才是我们所独有的，是我汤中记忆的一部分。

那时的母校坐落在村庄的边缘，面对着一片郊野。乡村的小镇没有林立的楼房，没有喧嚣的市场，更不可能有灯红酒绿和靡靡之音。宁静的乡野，有如陶渊明笔下的田园，宁静而安详。尤其是夏夜，我们虽不懂"稻花香里说丰年"的闲情，但却是在"听取蛙声一片"中入睡的。学校的对面隔条公路是一大片稻田，犹记得当年风吹过成熟稻麦的清香，金色的波浪起伏不定。田中间有一道沟渠，两侧栽种着柳树，春日婆娑，夏日依依。尽管夏天常有虫蛇出没，偶尔会被惊吓，但那却是我们常去的乐园。每天晚饭过后，还没上自习的这段时间，我们经常到那里散心，渠边的树木和花草曾记得我们的身影。

汤中记忆之同学篇

四季的脚步轮回了25个春秋，难忘的记忆，是那朴实的话语，真诚的微笑，晴朗的天空。我的汤中记忆中有一页是留给我的同窗的。童年令人向往，是因为那段岁月太纯真，像水洗的天空，没有半分杂质。高中让人难忘，是因为从这时起，我们开始遍尝人生五味。翻开记忆的相册，我再次与他们谋面——我的汤中记忆的一部分——我的同学们。

如歌岁月 纪念北京市昌平区小汤山中学建校五十七周年

人与人的交往中，有个词语叫"红颜"，那是男女间超越亲情、爱欲之外的跨越生命长度的神交。从这个角度来说胜可以算是我的"蓝颜"了。从高中开始，我所走过的每个阶段，他都是见证人。那时的他，瘦小而精神，最突出的特长是长跑，校运会上，他能跑完3000米，接着跑5000米，保证都拿第一名。（我们那时的校运会项目设置非常全，连女子竞走都有，一开就是两天呢）胜除了在运动会上能给班级争光，其他方面可不是老师心目中的好学生：为哥们儿义气打架，上课不听讲，经常呼呼睡大觉，平时总是一副痞痞的样子。我们两个是临桌，从高二文理分班到高三毕业一直都是，看着他上课总是睡，我曾好奇地问他是否真的睡着了，他回答是真的睡着了，这曾让我感到不可思议。课余时间，我们聊天的时间最多，曾让很多人误会我们是一对，常被别人在背后窃窃私语。可他们忽略了一点，那个年代里，敢于公开的其实才真的没有私情。我与胜的过往也告诉大家，学生看人从不以成绩做标准，所以不要奇怪为何一个老师心目中的优等生会和一个成绩不好的学生成为好朋友，他们更看中一个人的本性。教师更不能只用成绩衡量一个人的优劣。我们的友情一直持续到今天，在我生活困窘的时候，都是他向我伸出援助之手，我却无法向他说谢字，那样会让我们觉得我们之间有了隔膜。他是我最好的朋友，也是我家老张最好的兄弟。

高一时，班里有个小四川，他叫伟，他是我的第一任同桌。那时北部的山区正在修建大秦铁路，有一群跟着父母辗转就读的孩子，他们跟随父母的脚步而走，父母筑路的身影在哪里，他们就在哪里就近上学，小小年纪就漂泊过很多地方，伟就是其中的一个。伟很好看，是我见过的最漂亮的少年，那是一种不带任何阴柔之气的阳光美感，他向你笑的时候，你会产生云开日出般的感觉，明媚而灿烂。同桌的话总是比别人多的，最喜欢听的是他和父母辗转各地时见识到的风土人情和发生过的故事。那时，我们这些出生在北京的孩子，长到十五六岁大多是不知道北京以外的世界的。我们来自于昌平东部的10个乡镇，基本上都是土头土脑的乡下人，所以伟所述说的一切对于我来说都是新奇的。高一的学生还没有养成自主学习的习惯，作业以外的时间，都在聊天中度过了。遗憾的是，高一过后，他就随父母到别的地方去了。二十多年过去了，不知道那时的阳光少年如今变成了什么样子。

八十多个同学，现在已经很难一一叫出他们的名字了，但要好的同学是怎么也不可能忘记的。雯和小红都是马坊的，她们都是我的好朋友，父母做了什么好吃的，她们就邀我一起到她们家，晚上也经常留我住在她们家里，躺在同一张床上聊天不知到几时。月华可是我们班最聪明的女生，物理成绩好得让人嫉妒，独得物理老师的青睐，总觉得老师上课好像就对着她一个人在讲。水玲就像她的名字一样水灵灵。振是不是因为他太聪明了，年纪轻轻的脑门儿就有点光秃秃的。宝民有时就像一个大姑娘，走起路来，比我们女生更具风摆杨柳的样子。芳在我们这些土妞之中，总是走在时尚的前沿。小梅是我们的班长，是热情如火的女子，和她相处，你会感受到真诚和温暖……

三年寒窗苦读路，一生相伴同窗情，这是我汤中记忆中难以磨灭的一部分。

汤中记忆之师长篇

"饮其流者怀其源，学其成时念吾师"。汤中的记忆里难以忘怀的还有我们的师长。我们的知识是在这里积累的，我们做人的道理是在这里学得的，我们的世界观是在这里初步形成的。一直都觉得，成绩的取得除了要靠自己的努力，更多的来源于老师的栽培。那些学养深厚、师德高尚的老师，是汤中的精英。

最敬重的老师——老马

"老马"是我们背后对他的称谓，按今天的说法应该叫作昵称吧，我们当面都叫他"马老"的。老马是我们的历史老师。历史这一科，我从接触的那一天就喜欢，它让我穿越时空，了解那在中国历史上曾发生的风云际会，使本来狭小的心胸变得宽阔。那个年代从乡土里走出来的孩子，他们得到信息的唯一的渠道是课本，历史这一学科让我的世界仿佛一下子开阔了许多，所以我喜欢历史。老马上课时，课本永远只是摆设。上课铃响后，他就把教材夹在腋下悠然地走上讲台，然后把课本一放，就开始娓娓道来，语速不急不徐，让你能在平和的心境之下轻松地接受所学。对我来说，听老马讲历史，比听刘兰芳的评书更具吸引力。

高二文理分科以后，老马还是我们的班主任。我总觉得，老马对班级的管理很有老子哲学的味道——无为而治。你从不见他对学生长篇大论地说理，也不见他对犯错的学生严厉地批评指正，班里的日常事务基本上都是学生干部在处理。就是哪天他不在学校，班级的生活轨迹也不会发生任何的偏差。但你也会时时感觉到，他是这个班不可或缺的领导者。后来我也成了教师，也当了班主任，却怎么也学不来老马在班级管理上的从容之态，说与老同学听，也因此被老同学"嘲笑"过。

对老马的敬重，更多的源于他对学生由衷的关爱。老马是单身，我们这四十几个学生就成了他的孩子，他把他的心血都泼洒在我们的身上了。那两年，他吃住在学校，我们所有的晚自习由他一人包了。犹记得那次由于一早停电，学校食堂无法供应早餐，而那个年代的学生过的是没有零食的生活。老马怕我们饿到，自掏腰包，早自习的时候给住宿的学生挨个发烧饼。这样的老师让你不得不敬重。这么多年过去了，老马在我的心中永远是亲人。

最钦佩的老师——老杨

老杨是我们的语文老师，标准的学院派，正规中文系本科毕业生。上世纪六十年代的大学毕业生可谓凤毛麟角了，何其有幸，能让我们遇到。小学课本总能让我们读出阶级性，初中的课本只是在讲故事，高中的语文课才让我们真正领略到，"语文"二字除了语言，还有文学。在老杨的课堂上，我知道了苏轼在被贬黄州失意之际仍吟出"大江东去，浪淘尽千古风流人物"这样的豪迈之作；我知道了陶渊明知"今是而昨非"，不为五斗米而折腰，毅然归隐园田，过起了"晨兴理荒秽，带月荷锄归"的田园生活；我知道了李白三年长安梦醒，骑着"白鹿"，高唱"安能摧眉折腰事权贵，使我不得开心颜"，带着他的一身傲骨，辞别帝京，从此游遍天下名山；我知道了杜甫晚年处境凄惨，但依然心念他人，希望"得广厦千万间，大庇天下寒士俱欢颜"的崇高的思想境界。课堂上我们和老杨一起漫步于朱自清的月下荷塘，感受白洋淀水乡朦胧的夜色，和水生嫂一起等待夜归的丈夫，同柳永一起分享"念去去千里烟波，暮霭沉沉楚天阔"的惆怅。老杨是与我父亲同龄之人，我从我的父亲身上看到淳朴，他的身上充溢的是具有泥土芳香的本质。而从老杨身上，我感受到的是丰富的文学素养。他是老师，更像个儒者。

钦佩老杨，除了因为他的学识，还源于他永不止步地追求。老杨早已退休，退休后的他没有如一般人一样种花养鸟、钓鱼打牌，而是开始了他艺术追求的新阶段——国画。上次在昌平的西关聚会结束后，我和我家的老张一起送杨老师回家，有幸目睹了老师的作品，那一簇簇色彩浓丽的牡丹、深山长啸的兽中之王，再次让我领略到了老杨作为艺术家的气质。同学聚会的时候，大家说我最可以称得上老杨的衣钵弟子。因为我成了教书匠，也从事语文教学，现在也执教于汤中。可同老杨比起来，我也只有汗颜了。人生是一个不懈追求的过程，我从老杨的身上看到了这一点。

最可亲近的老师——小郑

　　小郑是我们的地理老师，其实我们从来没叫过他小郑。尽管他只比我们大那么五六岁，我们都是恭恭敬敬地叫他郑老师。如今的小郑已经变成老郑了，身份也成了领导——一个大校的一校之长。但在我们记忆的深处，他永远是那个充满朝气和活力的小郑。那时的小郑从来不说教于人，他在课堂上是用他的激情感染着我们。他的激情应该是来自于他对工作的高度的责任感。

　　我喜欢地理，如果历史可以让我纵观古今，那么地理可以让我畅游世界。毛泽东主席的诗词里写的"坐地日行八万里，巡天遥看一千河"的境界，也只有地理这一学科能够让我们领略到。过去说"书生不出门，便知天下事"，他们所知道的天下事，哪有我们从地理课堂中知道的天下事更广泛呢？我的地理成绩一直是值得骄傲的。郑老师曾说，我是他引以为傲的学生之一，记得很清楚，高考时我的地理成绩是88分。那时，我们所在的文科班，全区统考经常超越一中、二中，这应该是他执教生涯中最亮眼的战绩吧。

　　课堂上的小郑是严肃认真的，课下的小郑经常和一群十七八岁的大男孩一起活跃在篮球场上。在一群年轻的面孔当中，你分不清谁是老师，谁是学生。年龄的接近消除了老师与学生之间的隔阂感，我们乐于亲近他，喜欢和他一起讨论问题，喜欢和他一起畅想大学的生活，喜欢和他一起因成绩的优越而欢欣鼓舞。二十多年过去了，看到人过中年的老郑，尽管依然亲切，但我更怀恋当年的小郑，因为当年的小郑没有一脸的严正，年轻的心更容易贴近。元旦联欢会上，他一曲浑厚的《长江之歌》让我们永远难忘。

如歌岁月
纪念北京市昌平区小汤山中学建校五十七周年

一方水土养一方人，汤中的师长们，尽管在这里我无法一一赘述，但不表示你们不在我的记忆之中。在我的眼里，你们永远是学富五车的权威，你们的教诲，让我在高中没有碌碌无为；你们的辛劳，让我拥有今天的人生。感谢你们！

时光荏苒，岁月缅邈，毕业已25年了。森森情思，纸短情长。正值母校五十七华诞，回首她创业的艰辛，办学的辉煌和正在开始的崛起，心中升腾起对她的无限敬意。母校刚毅坚卓的精神，学养深厚的教师以及在他们影响下一批又一批孜孜以求的学子，这是母校的无形资产和精神财富。

衷心地祝福母校明天更加美好！

作者简介：

杨建华，女，1992年参加工作，小汤山中学语文高级教师，镇骨干教师。曾被评为昌平区支持体育工作优秀班主任、昌平区优秀班主任。她撰写的论文多次获奖。她在昌平区高中语文教师基本功比赛中获一等奖，她辅导的学生在昌平区"青春颂歌"高中生朗诵比赛和昌平区"我读书我成长"高中生演讲比赛中获得三等奖。

我的点滴生活剪影

◎作者 车玉鹏

最有重量的苹果
——爱岗篇（教学点滴）

我神神秘秘地提着一个蓝色的书包，走进教室，学生们好奇地互相以目示意，当一个个又大又美的苹果诱人地摆在讲台上时，学生们更疑惑了！

"谁能用手掌托起一枚苹果？"讲台下面的学生们争先恐后地说自己"能"。我又说："一个组的五名同学一起托起一个苹果会怎样？""那更没问题了！""好，哪组托得时间最长就获得优胜，有权力支配所有苹果！"也许是有十足的信心，也许一枚小小的苹果的重量，不能对孩子们构成威胁。在跃跃欲试中，学生们听完了游戏规则，每个小组经过简单的谋划之后，五只手一起托起了苹果。

时钟滴答到一分钟时，有的同学的手臂悄悄地弯曲了，我劝慰着说："看，苹果的重量不轻吧，要是累了就放弃吧！"听到这里，那些微弯的手臂，又直了起来。时钟慢慢地滴答到两分钟，学生们的表情，呈现出缤纷的难色。我又说："放弃吧，苹果真的很重呀！别坚持了，没什么的。"这时有人小声说："这是荣誉问题。"于是每个小组在坚持的同时，低声讨论着方法。

在接下来的两分钟里精彩不断：有的组的男生为了照顾力气小的女生，故意把自己的手悄悄放在最下面，用力地托起所有的手和那枚苹果；有的小组集体闭目以缓解手的酸麻；还有的小组为了自己组能有更多机会获胜，故意向其他组做鬼脸、扭屁股。时钟精彩地滴答到了五分钟，我看到有些同学的手僵硬了，脸色发白，便轻声说："同学们时间到了，我们的手可以放下了。"一个组接一个组，大家慢慢地放下已经麻木而僵硬的手臂，最后一个组看到大家真的都放下了，才不情愿地放下。当问他们时，他们说想做唯一胜利的小组，去支配所有的苹果，我问他们会不会把所有的苹果都据为己有时，他们神秘地说保密。

在带领大家放松好手臂之后，由于都坚持到了规定时间，所以每个组都得到了一枚苹果，在大家享用胜利果实的同时，我布置小组一起回味整个游戏过程中的体验感受，学生们眉飞色舞地畅谈了足足有十分钟。在各小组派代表全班交流之后，我又让各小组好好品味一下今天的收获，并把不同的收获用不同颜色的苹果表示，然后画在每组的苹果树上，看看哪组的苹果最多，哪组的收获就最大。在派代表全班交流时，每组都滔滔不绝。我在最后总结时说，这是一节游戏课，确切地说是一节体验课。真实而深切的亲身体验，不仅为讨论交流、思考分享提供了素材，而且为写作提供了素材，更为我们增加了思想领域的财富。

这枚苹果的重量在于亲身参与，亲身体验，有感而发！

给公主的当头一棒
——爱生篇（班级点滴）

萌萌公主在初三时被分到了我们班，其实我早就留意她了：无论是班级还是学生会组织的活动，能歌善舞的她都能把自己的才华展现得淋漓尽致；在各学科中她都是佼佼者，不管是听说读写，还是做试卷总是数一数二；在老师心目中，她是个极聪明又有灵气的孩子；在同学心中，她特别有威信。面对如此优秀的萌萌公主，我有种说不出的自豪。

但是那透着灵气的眼睛里，似乎也流露出其他的什么。

课堂上班里的小调皮，诡秘地左拽拽，右说说，一会儿工夫，就跟四五个人课上私自交流了，当我把目光停留在他身上时，他却把千辛万苦靠违反课堂纪律借来的橡皮，恭恭敬敬地放在萌萌公主的桌子上。原来是这样！我刚想把严肃的眼神抛向小淘气，转而又收了回来。看来萌萌公主的臣服者，已经到达了一定的境界！

我班与隔壁班的篮球争霸赛进行得如火如荼。对方的拉拉队声嘶力竭地喊着，仿佛比球员更卖力气。而我班以萌萌公主为首的拉拉队，却像散放的韭菜，懒洋洋地东倒西歪，看着球员们在球场上奋力拼搏。于是我把萌萌公主叫到一边，用埋怨的口气，叮嘱她要带动拉拉队，积极地为场上队员加油。只见萌萌公主回到拉拉队里，迅速地让散放的韭菜散发了生机，而且整齐而有节奏地积极地呐喊起来。但是仔细一听，大家正在热情高涨地为对方班级喊"倒油"！

我不顾及众目睽睽，赶紧制止了我班拉拉队的行为，简单地交代了注意事项，把萌萌公主叫到一边。萌萌公主何时受过这样的待遇，随即流露出桀骜不驯的神情，眼睛一直望着天空，不肯听我说的每一句话！我把语气放温和些，与她畅谈素质、责任、尊重以及班级的正导向，她终于能用正常的态度与我交流了。我们谈了很多，在言谈中我不时流露出对她的喜欢，她也认识到了自己的错误。此时我的态度一下子严肃起来:"你知道自己最大的绊脚石是什么?"她满不在乎:"当然是考更高的成绩,超越自己了!""不是这些,有一块最大的石头一直压着你,让你的进步很艰难!""我已经很优秀了,只要在前进就行了!""你需要用一根大棒子,打破你的骄傲的光环,让自己更平和地去吸收更多的能量!"她恍然大悟,决定就拉拉队事件,在全班同学面前作自我批评。我高兴地点点头,棒子打得猛一些、狠一些,才能让公主变得更优秀!

"光溜溜"的鸡蛋留到最后

——爱子篇(生活点滴)

儿子最爱吃鸡蛋,尤其是煮鸡蛋。他大口大口地吃着那洁白润弹的鸡蛋,样子十分贪婪,连嘴角的渣渣,也要享受一番。吃完后还总要笑着说最爱吃"光溜溜"的鸡蛋,那种自豪和满足,使我的心里总是美美的。

儿子上幼儿园了,看着他长得高大而结实,我心里觉得一定有这"光溜溜"的鸡蛋的功劳!正沉浸在喜悦中,我偶然间发现,这枚"光溜溜"的鸡蛋,总是在碗底孤零零地站岗到最后,才被儿子一小口一小口地吃完。我似乎觉得这枚一直吸引着儿子的"光溜溜"的鸡蛋,真的失去了它的吸引力。

于是我把它拍扁再用热乎乎、香喷喷的烧饼一夹,让人的口水都要流出来了。于是这扁扁的荷包蛋,又让儿子狼吞虎咽地消灭了。我这得意劲还没消失,儿子又开始把这扁扁的鸡蛋慢慢地从烧饼里移出,让它孤零零站岗到最后,然后再慢慢地把它吃掉!我有些失望,以为儿子吃腻了,不喜欢了,想去对他大谈鸡蛋的营养。可是转念一想,总是吃一样东西,吃腻了是人之常情,更何况是个四、五岁的孩子呢?

我好久没有给儿子做鸡蛋吃了,不管是"光溜溜"的煮鸡蛋,还是扁扁的荷包蛋。儿子突然说:"妈,我想吃鸡蛋了!""吃光溜溜的鸡蛋还是扁扁的?""我都爱吃!"儿子笑眯眯地回答。我心里暗喜,以为时间让鸡蛋的吸引力又回来了。当看到儿子依然让那枚"光溜溜"的鸡蛋,一直站岗到最后,我的失望一下子化作愤怒。还没等儿子像往常一样,慢慢去消灭那枚"光溜溜"的鸡蛋，我便把它夺了过来，没好气地说："不爱吃就别让我做，做了又像吃药似地慢吞吞地吃，还不如不吃呢？"儿子一下子惊呆了，含着眼泪小声说："姥姥说的，要把最爱吃的东西留到最后吃！""什么？"我似乎没听清。儿子又说："姥姥说我吃饭就像猪八戒吃人参果，所以我要把最爱吃的东西，一直留到最后，慢慢吃，嘴里一直都是最好吃的味道！"

听了这充满童真，又蕴含真理的话，我的心被喜悦充得满满的，终于明白了他把那枚"光溜溜"的鸡蛋留到最后的原因。再想想儿子由贪婪地狼吞虎咽，进而能忍住心中的小馋虫，把鸡蛋留到最后，慢慢品味的整个过程，这需要多么大的毅力呀！这毅力的背后，是儿子的成长与进步。我骄傲地看着儿子，满心的喜悦化作泪珠，滴落在那枚一直留到最后的"光溜溜"的鸡蛋上！

作者简介：

车玉鹏，女，1997年参加工作，中学语文一级教师。曾获得北京市"紫禁杯"优秀班主任、昌平区"十佳教师"、平安之路优秀班主任、镇级先进教师和镇级优秀班主任等称号。她的论文获北京市基础教育课程教材实验二等奖，获青年教师课堂教学风采大赛二等奖等。她还辅导学生获全国青少年"春蕾杯"征文一、二、三等奖。

教师日记

◎作者 王小燕

表扬上课带手机的她

安安静静的语文课上，突然响起手机铃声。正在专心读书的孩子们都左顾右盼寻找声音的来源。是谁这样大胆？敢在学校三令五申强调不准带手机的情况下，带来手机，并且敢在课堂上出声。大家的目光聚焦到她身上，只见她趴在桌子上，右手使劲捂着兜，不敢抬头。我的第一反应是生气。她可是文艺委员，英文课代表，老师心中的乖乖女。

"把手机拿来！"完全是命令的口气，没有丝毫商量的余地。

下课了，她主动跟我回到办公室，站在桌子边一言不发。头低着，黑黑的头发遮住了她的娃娃脸。我自顾忙自己的，以沉默回应她的沉默。

"老师，您把手机还给我吧，别给我爸爸打电话行吗？"沉默良久之后，她终于开口了，可爱的娃娃脸已经变红。

"为什么？能解释一下吗？"因为感到太失望，我的态度没有丝毫改变。

接下来还是沉默。

良久，她开始吧嗒吧嗒地掉眼泪了。

"今天是我爸爸的生日，我上了闹铃提醒自己给他准备礼物，忘记关了。"眼泪已经打湿她的衣襟。

"回去吧，孩子，放学后来拿手机。"我为自己的态度开始后悔了，语气平和了很多。

放学后，她拿走手机。我叫住她说："祝你爸爸生日快乐！"她笑了，很漂亮的娃娃脸。"老师，我不会再带手机上学了。"她不好意思地说。

第二天早自习，我表扬了她，因为她有一颗孝顺的心。

当你认为孩子犯错误的时候，请不要急于发火。问清原因吧，当知道原因之后，也许你不但不会生气反而会感到欣慰。

出大事了

"老师，出事了。"班会课上，我刚一进班，就听孩子们七嘴八舌地说。

"出什么事了？"作为老师，遇事要冷静，所以我还是很平静地问。

"出大事啦！"孩子们的声音更大了，脸上的表情也很紧张。有人已经不由自主地站起身来说了。

"出什么大事了？"看到22个孩子好端端地坐在那里，能有什么大事。所以，我依然笑着问。但是心里开始有些紧张。

接下来是沉默。看样子，孩子们不太敢说，仿佛觉得自己犯了大错的样子。

"我们——，我们中午从西门进来，扣——分了。"萌萌的目光闪烁，不敢看我。

"老师，他们六个人，扣了六分呢！"其他的孩子补充解释道。

孩子们都静静地看着我，等待着看我如何处罚这六个孩子。

"六个扣分的孩子，你们觉得该怎么办呢？每个孩子写张小条，放在我桌子上吧。"

第二天，六张书写工整的小纸条放在了我的桌子上。

看到孩子们这样诚实，老师怎么忍心再责备你们呢！

淡化要求　侧面影响

"老师，昨天A没做值日，放学就跑了。"一大早，卫生委员就来反映情况，一脸的无奈。

小孩子爱忘事，也许是忘记了，或者是家里有事情，急着回去。

"孩子，今天做值日别忘了。"放学的时候，老师提醒他。可刚回到办公室，卫生委员就跑来说他又一溜烟地跑了。

"你家有什么事吗？怎么又没做值日？"

"没事。"他有点不好意思。

"今天别再忘记了。"老师再次提醒他。

第二天，他仍然逃跑，并且一边跑一边向卫生委员做鬼脸。

早自习，老师说："孩子们，A大概是有什么事情，一连几天没做值日。既然他有事那就不用做了，等他什么时候有时间了，再和大家一起做值日。"

接下来，老师表扬了两名同学：一个是能够在遇到困难的情况下，不轻易放弃，坚持值周的孩子。一个是虽然上课带手机，但是拥有孝心的文艺委员。

从那天起，A再也没有逃跑过。

孩子的性格各有不同，有的需要讲道理，有的需要提要求，用直接的方法就可以解决问题。而有些孩子，逆反心理比较强，你越是要求他做的，他偏偏不去做。对待这样的孩子，可以淡化要求，用侧面影响的方法试试看，也许会有效果。

给孩子选择的权利

早晨,我刚刚到办公室门口就看到班里的一个小男孩等在那里,从阴沉沉的脸色看来,他的心情不太好。

"老师,明天我不想值周了,您换个人吧。"说话的时候,他一直低着头,眼睛看着地面,左手使劲攥着右手。

"为什么?"

"检查的老师……检查的老师批评我。我值周彩带不合适,总是掉,他张口就吼我'站不好就让你们老师换个人来'。"他一口气说出心中的委屈,把头扭向一边。我能看得出他努力忍着,不让委屈的泪水掉下来。

"你先去上早自习,我们下课再谈这件事吧。"我想让孩子冷静一下。

批改作业的时候,我在孩子的本子上写道:成长的路上,会遇到很多问题。首先要想想自己有没有做得不好的地方,如果有就改正吧;如果没有,就原谅他吧。宽容别人也是善待自己,不要让别人的错误影响自己的心情。成长的过程,就是不断战胜困难的过程。笑一下吧,孩子,开心些!至于明天你是否坚持值周工作,我尊重你的选择,如果你实在不愿意去,我不想勉强你。

晚上放学的时候,孩子告诉我,明天坚持值周。

我很开心,更欣慰。我感觉自己像是在赌博,如果孩子选择放弃,我不知道该怎么办。但是,我相信自己的学生会做出正确的选择。结果我赢了。

第二天,孩子告诉我,今天得到了检查老师的表扬。

我在孩子的作业本上写道:孩子,你长大了,做事情能够坚持。老师很开心,更为你骄傲!

生活中,当孩子遇到问题时,老师、家长往往会说,你哪里做得对,哪里做得不对,你应该怎样做。把自己对事情的判断强加给孩子,孩子不但不愿意接受,久而久之还不利于锻炼孩子自己的判断力。等他们长大了,遇到问题,不知道该如何是好,成为家长永远的宝贝。其实,孩子有他自己的判断力,如果教师、家长能够正确引导,他们会越来越优秀。相信他们吧,不要把他们永远看作孩子,孩子总是要长大,需要的不是包办,而是正确的引导与信赖。

狠心对你，我也心疼

评选团员了，几家欢乐几家愁。

萌萌，我的学习委员。学习成绩好得没话说，并且多才多艺，朗读文章抑扬顿挫，拉丁舞跳得有模有样。

璐璐，我的文艺委员。学习成绩也不错，作文写得尤其好。组织能力很强，曾经成功组织了朗读比赛。

但是，在这次团员选举中，老师犹豫再三，还是狠心对你们两个一票否决。之所以这样对你们，源于那次你们没有坚持为班集体摆车。你们的理由是：总是摆车，烦了。

是呀，现在的孩子，哪个不是家里的宝贝啊。你们当中有人没洗过袜子，更别说洗衣服了；有人不会扫地，更不会拖地。寒冷的冬日，每天摆车，的确很辛苦。你们曾经的付出，老师也看在眼里，记在心上。但是，我认为你们有能力并且也应该坚持，更何况你们是班委呢？

坚持，是一个人应该具备的很重要的意志品质。

"镭"的母亲居里夫人提炼"镭"的过程是艰苦的。居里夫妇为了搞到一吨可能含镭的工业废渣，他们在院子里支起了一口锅，一锅一锅地进行冶炼，然后再送到化验室溶解、沉淀、分析。而所谓的化验室是一个废弃的、曾停放解剖尸体的破棚子。玛丽终日在烟熏火燎中搅拌着锅里的矿渣，她的衣裙上、双手上，留下了酸碱的点点烧痕。一天，疲劳至极，玛丽揉着酸痛的后腰，隔着满桌的试管、量杯问比埃尔："你说这镭会是什么样子？"比埃尔说："我只是希望它有美丽的颜色。"经过3年又9个月，他们终于从成吨的矿渣中提炼出了镭。居里夫人的美名从她发现镭的那一刻起就流传于世。她一生共得了10项奖金、16种奖章、107个名誉头衔，特别是两次获得诺贝尔奖。这是她用全部的青春、信念和生命换来的荣誉。试想，如果没有顽强的意志，何以得来辉煌的成就？

老师希望你们成为具有坚强、宽容、善良品格的孩子，所以这次我狠下心来对你们。做出决定的那个晚上，我食不知味，夜不成眠，我担心你们小小年纪能否承受我的狠心决定。手心手背都是肉，对你们我狠在嘴上，疼在心里。

《读者》言论栏目中80后曾这样形容自己："在家我们是最幸福的孩子，走向社会我们是最不幸的大人。"孩子，坚强的品格、宽容善良的心，是缔造成功不可缺少的条件。我希望你们将来成为最幸福的大人。

孩子，我知道你们会伤心，老师更担心。但第二天，看到了你们的笑脸，我释然了，为你们的坚强感到骄傲，更为你们的变化感到自豪。小树经过风雨的洗礼根会扎得更深，枝叶会更加茂盛。

90后被有些人称为脑残一族，每次听到这句话，我就会心痛。孩子没有错，每个孩子生下来的时候都很可爱。是谁让可爱的孩子成为"脑残一族"？在生活中，家长是不是应该少些"爱"，适当地给点"狠"呢！狠下心来让他们自己吃饭、自己洗袜子、自己整理书包、自己准备明天要穿的衣服；狠下心来，让他帮你提东西，让他把大苹果给爷爷奶奶吃，让他为自己的错误承担责任……

教室里的空瓶子

望着角落里满满一袋子空瓶子，我不禁有些生气了。学校以影响集体美好形象为由，禁止学生在班里积攒空瓶子。这些瓶子看似不起眼，但积少成多，一个学期下来也可以积攒一笔数目可观的班费，在集体活动中发挥作用。可学校已经明令禁止了，学生还要"顶风作案"，那可是等着挨批评的事情。

"不是说不让攒瓶子了吗？那是谁攒的瓶子？"虽然我知道应该把事情弄清楚再说，但是语气中已带有几分责备。

孩子们齐刷刷地看着我，沉默了片刻，个子最小的他站起来说："老师，我们是给打扫卫生的阿姨攒的。大家看她很不容易，所以把瓶子攒多了给她。""她是很不容易，干的活又脏又累，挣钱还少。"其他的孩子七嘴八舌地补充道。

这是我万万没有想到的原因了！那一刻我感动了！被这些天真、善良的孩子感动了！

"是呀，她是很不容易，就像大家说的，她干的活又脏又累，挣钱还少。但是她用勤劳的双手挣钱把儿子培养成了大学生呢！她的儿子现在是光荣的人民警察。"

"真的呀！考上大学，还当警察！"孩子们满眼的羡慕，尤其是男生。

"是真的吗？您怎么知道？"

"因为，她的儿子曾经是我的学生，从咱们学校考上大学的呀，是你们的大师哥呢。你们好好学习，也可以像他一样！"这可是激励孩子努力学习的大好时机，我可不能错过。

"孩子们，我们能不能想个好办法，既可以帮助打扫卫生的阿姨，还不违反学校的规定？"虽然我已经有了自己的想法，但是还是让他们自己来想办法，因为我一直相信，孩子是聪明的，能够有更好的办法。我们不能替他们包办一切。

"我们可以把瓶子藏在桌斗里。"

"用笤帚挡住它。"

"藏在书包里。"

……

问题圆满解决了，我更爱我的孩子们了。

后记：

一天，遇到打扫卫生的阿姨，她拉住我说："你们班的孩子真是好……"她有些激动，眼里闪着点点泪花。

作者简介：

王小燕，女，1995年参加工作，小汤山中学语文高级教师，昌平区骨干教师。现任小汤山中学初中语文教研组长。曾两次被评为昌平区语文学科十佳教师、昌平区义务教育课程改革先进个人。她撰写的论文、课例、教学设计多次获得市、区一、二、三等奖。参加昌平区语文课堂大赛获一等奖，辅导学生写作文曾在《作文导报》上刊登。

翌日朝晖

校友回忆母校、感念母校、祝贺校庆、祝福母校。

难忘的中学时代

◎作者 孔 利

我是小汤山中学1975届的高中毕业生，虽然毕业将近40年了，直到今天一想起初、高中时期曾教过我的老师，如王好群、裘伯川、李斌、王森、张守森，以及教体育的潘老师、梁老师等，他们的音容笑貌，以及引人入胜、释疑解惑的教学方法和技巧，仍然使我记忆犹新。我认为，一个人的成长进步要具备三个条件，即德、才、机（会），而机会又是最重要的。当然，没有德、没有才，有了机会也是枉然。我这里想要说的是，我之所以比一些人更走运，或者说小有成就，除了上面说的三个条件外，就是在我人生每一个重要阶段，都有一些好心人在关心我、扶植我。其中，小汤山中学对我的培养，以及当时老师们对我的教悔，至今使我难以忘怀。现在，每当我回小汤山疗养院去看望父母，路过小汤山中学门口时，我都想走进学校再看看那曾经熟悉的校园，即便是学校迁址后，那种怀旧的情结仍然缠绕着我。借此，重拾几段难忘的片段，献给我的母校、老师及校友们。

一、学到了知识

说学到了知识，当然不能和现在中学时期学生所学的知识相比。上世纪70年代我上初中时，"文革"初期人们由疯狂逐渐回归理智，形势也渐渐平稳。我印象比较深的是当时教我们语文的刘老师，当时他还兼任学校的图书管理员。他是一位十分瘦弱的老人，出身不好，讲课时柔声细语，好像生怕说错一句话，就会让人抓住把柄批斗一番。刘老师对学生有一条特殊要求，就是让学生每周写一篇作文。我那时当班长，每次的作文（作业）都认真按时完成，后来时间长了居然爱上了写作，我还记得当时我写的作文在学校展示过几次。也许老师看我比较喜欢写作，又比较听话，时常鼓励我多看些书，并利用他当图书管理员的方便，偷偷借我一些"禁书"看，我国古代的几大名著，以及《战争与和平》、《安娜·卡列尼娜》、《静静的顿河》、《悲惨世界》、《傲慢与偏见》、《德伯家的苔丝》、《呼啸山庄》、《欧也妮·葛朗台》、《大卫·科波菲尔》《罪与罚》、《红与黑》、《飘》等基本都是在那段时间阅读的。现在回想起来，自己入伍后能够破格提干，并靠写文章、写材料逐步被师级机关、大单位机关和总部机关选调，从浙东海岛上的一名普通士兵，成长为一名共和国将军，与初中时的文学爱好，以及喜欢写作打下的基础是有密切联系的。

二、增长了才干

任何事情都是"一分为二"的，有弊也有利。在"文革"后期那个特定的年代，学校虽然对学习不够重视，但对各种社会活动却十分热心。上高中时学校开始分班，根据学生的兴趣爱好和学习成绩分成政治班、数学班、机电班、农机班。我当时在政治班任团支部书记，那时的社会活动非常多，有时要组织学生到农村帮助老百姓种水稻、收麦子；有时要到工厂（当时的小汤山农机厂）学工，车、钳、铣、刨都要学；有时还要到南口驻军学军；我们还配合北京市法院的工作组到农村搞过社会主义教育活动……由于当时自己担任班团支部书记，不仅要积极参加这些活动，而且还要直接参与这些活动的组织工作。正是由于经常参与这些社会实践，我较早地接触了社会，经受了锻炼，也增长了才智。现在回想起来，自己在后来的工作中所表现出来的所谓"文字能力、理论素养和组织能力"，与高中时的这些特殊经历与磨炼应该是有一些因果联系的。

高中快毕业时，受当时正面教育和形势的影响，我一时心血来潮、突发奇想，决心到农村这片广阔的天地去大展鸿图，干一番事业。于是我撺掇几个同学，其中有陈刚、张凯、陈念晋等人，一心要到山区插队落户，并为此长途跋涉跑到当时还是深山区的昌平县上庄乡下庄村去做了一番实地考察。回来后，我们就写了决心书，以大字报的形式贴在校园里，题目至今我还清晰地记得叫"广阔天地闹革命，扎根山区志不移"。这当时在学校和社会上还引起了不小的轰动，还得到不少同学的响应呢，其中就有女同学杨军、吴丽、高凤霞等。没想到决心书写了，动员表彰会也开了，就要打上背包奔赴广阔天地之时，征兵工作开始了。说句实话，那个年代能够当兵入伍是最让人羡慕的了，我当时嘴上没说，可心里真想去当兵。由于自己是"到山区插队落户"事件的挑头者，怕别人说三道四，一直不敢报名。正在我苦闷纠结时，当时的班主任王好群老师去家访时说的一番话，让我和家人完全放下了思想包袱。他说：到农村插队是响应毛主席的召号，当兵保家卫国也是响应毛主席的召号，而且适龄青年当兵也是公民应尽的义务。就这样，我和几个哥们报名参加了征兵体检，结果我和同学陈刚幸运地穿上了军装来到海军东海舰队某潜艇支队，而其他几位同学因太想当兵，导致精神高度紧张引起"高血压"而未能过关，"光荣"地与几位女同学去了那个叫上庄乡下庄村的地方施展才华去了。多少年过去了，我一直对王好群老师那一番让我解开思想疙瘩的话心存感激。

三、培养了爱好

上初、高中时，我是学校体育活动的积极分子和骨干，兴趣爱好也十分广泛，既是学校田径队队员，也是学校乒乓球队队员。当时百米、跳远、三级跳等都是我的强项，而我最爱的还是打乒乓球，记得当时的最好成绩是昌平中学生比赛单打第二名。还记得，我们的领队、教练裘伯川老师为了让球队队员增长见识，经常骑着自行车满世界找打乒乓球的地方。我们曾到附近的沙河空军驻军去和解放军比赛，虽然每次出去打球都是自带干粮，条件艰苦，但队员们都很高兴，因为那里的场地条件好，打球的人水平高，我们能够得到很好的锻炼。再有就是骑自行车从小汤山到首都体育馆去看球。当时北京正在举行亚非拉乒乓球邀请赛，裘老师买好票后，我和学校乒乓球队的几个队员结伴去看球，骑了两个多小时的自行车才到首体，那种精神现在都会令人吃惊。当然，那时对自己球技提高帮助较大的还有原中国乒乓球队队员李景光，他当时在参加第31届世乒赛后在我父母亲工作的疗养院疗养，平时会在我们打球的时候给予一些指导，帮助我们纠正一下动作，我现在左推右攻的打法和技术动作都是那时形成的。他还送过我一块他用过的球拍，我用那个球拍打了15年球，直到在解放军南京政治学院毕业之后，才换了新的球拍。

我这一爱好，在我人生最初几个重要转折点上都产生过影响，发挥过作用。1976年，我高中毕业入伍，当时一名接兵干部也酷爱乒乓球，通过家访了解到我也喜爱乒乓球，之后从当兵到新兵分配他都主动要求带我。我想，一个人的成长固然需要组织和领导的培养，同时也是一个人德才和机遇等多种因素共同作用的结果。但个人一些小小的爱好或特长，或许也会是影响人生走向的重要契机或因素。现在回想起来，如果当时新兵分配时那名带兵干部不把我要走，我可能在其他单位就没有提干的机会，没有提干的机会；自然就不会有后来一步一个脚印步入将军行列的成功。为此，我曾在《乒乓世界》专门写过一篇文章，题目是《改变人生走向的乒乓爱好》。在文章中我详细叙述了打乒乓球这一爱好对我一生的影响。我的体会是：打乒乓球不仅给我带来了健康和快乐，也让我广交了很多朋友，也让别人认识到了我在其他领域还有一技之长，在这个过程中，我也收获了更多的自信和荣誉。今天，我在北京业余乒乓球圈里也算小有名气了，每年都代表总参参加一些比赛，如中国乒协名人赛、北京乒协名人赛、部长将军杯赛、无名杯赛、雄鹰杯赛等，并取得了较好的成绩。容国团"人生能有几回搏"的名言，已成为我人生的座右铭。现在回过头来想想，人的一生关键的就那么几步，咬牙搏一搏，挺过来就会收获成功，生活就会变得更加精彩。很庆幸自己在中学时代能够与乒乓结缘，乒乓爱好也是圆我人生梦想的重要支点。

作者简介：

孔利，少将军衔。1957年5月生于北京，1975年于小汤山中学高中毕业，1976年2月入伍，研究生学历。先后在海军东海舰队某潜艇支队任文书、司务长、副指导员、支队政治部宣传科干事、潜艇代理副政委；期间1980年至1981年在原海军政治学院宣传理论干部培训班学习。1983年考入南京政治学院哲学系。1987年毕业时被选调到原国防科工委政治部宣传部任干事。1992年被选调到总参军务部，先后任综合局参谋、第一编制局副局长、局长；期间2001年在陆军第38集团军某机械化步兵师代职副师长。2011年10月任国防部外事办公室副军职援外专职干部，2012年9月兼任国防部处理日本遗弃化学武器办公室主任。工作之余，参加了多部书的编写，发表的文章（摄影作品）中获奖的有十余篇（幅）。曾荣立三等功两次，现为中国科普作家协会会员、中国军事科学学会会员、中国新闻摄影学会会员。

如歌岁月 纪念北京市昌平区小汤山中学建校五十七周年

我与母校同龄，我和母校同行

◎作者 蔡国平

我的母校小汤山中学诞生于1956年，今年它迎来了建校五十七周年华诞。值此建校纪念之际，我以一个学生的身份，向我的老师及同学抒发肺腑之声：我与母校同龄，我和母校同行。

我荣幸地出生于1956年，今年也已经五十七周岁了。尽管已经不再年轻，但提起母校，我依然还是那么的兴奋，那么的心动。

值得庆祝的1956年，当我刚刚来到这个美丽世界的时候，小汤山中学就已经开始了她教书育人的神圣之旅。五十七年来，有多少辛勤的园丁曾经在三尺讲台上默默地耕耘？有多少学生曾经在母校的怀抱中得到了知识的哺育？我们这些懵懵懂懂的学生，是经过怎样的洗礼得到了健康成长？这些，母校都深深地记得，就像母亲清晰地记得自己孩子的成长历程一样的爱怜、宽厚、释然。

难忘的1970年，尚处于"文化大革命"的年代，我从小学跨入了小汤山中学的大门。面对这个新的校园，面对那么多新的同学，我的心里有忐忑，有渴望，有对未来的憧憬。老师们在知识分子还有重大压力的情况下，尽其可能地向我们传授语文、数学、物理、化学等方面的知识。我们沿着老师的指引，一步步地走进了宽敞的知识殿堂，领略着知识带给我们的无限空间和无限遐想。老师的教诲，使我们的心田得到了浇灌；老师的奉献，让我们这些"顽童"一天天地成长起来。难忘的三年初中，开阔了我们的视野，使我们迈上了新的成长台阶。

值得纪念的1973年，我又成为母校的第一届高中生。能够走进高中的课堂，曾是那么的让人向往，那么的让人羡慕。在高中的课堂里，我和我的同学，得到了老师更多的教诲。尽管当时的课程设置无法和现在相比，但在知识相当匮乏的年代，高中学习的每一点、每一滴，对于渴望知识的我们，都是那么的甘甜。在课堂内外，我们尽情地享受知识带给我们的乐趣。

翌日朝晖

　　1974年12月，怀着对母校的眷恋，我们高中毕业了。由于时代的限制，我们没能再进入高一级的学府，留下了遗憾。但是，我们已经非常幸运。五年里，母校让我们充实，让我们成熟，给了我们动力。

　　毕业后的38年，在工作、生活的忙碌中，是母校老师给予的知识，增强了我做好工作的能力；闲暇之余，是母校老师传授的学习方法，提高了我自学的效率。母校的老师影响了我，指引了我。如果说我现在算是有所成就的话，那其中就包含着母校和母校老师的功劳。

　　岁月使我和我的同学都在不断地发生着变化，而我和我的同学们对于母校的诚挚感情犹如年龄增长一样在不断加深，我们对于老师的敬仰与怀念也随着年龄的增长而越发的强烈。

　　几十年来，每当经过母校的大门时，我都怦然心动，那是小汤山中学一个学生对母校的感激；每当与他人一道经过母校的大门时，我都情不自禁地介绍说："这是我的母校。"这是小汤山中学一个学生对母校的忠诚。

　　改革开放的时代，小汤山地区发生了巨大变化，这个古镇充满了勃勃生机，作为一个小汤山人，我感到幸福。

　　在尊师重教的时代，小汤山中学得到了快速发展，这所学校更加成熟、魅力无穷，作为母校的学生啊，我感到自豪。

　　一个曾经在小汤山中学学习五年的学生，对于她的发展、变化由衷地感到欣喜。

　　一个曾经在小汤山中学学习五年的学生，对于她的历史、现在由衷地感到骄傲。

　　一个曾经在小汤山中学学习五年的学生，对于她的明天、未来由衷地给予祝福。

　　小汤山中学——我的母校，我与您同龄；

　　小汤山中学——我的母校，我与您同行。

作者简介：

　　蔡国平，小汤山中学1974级高中毕业生，现任昌平区供销合作联合社党委书记、主任，昌平区新世纪商城总经理。

如歌岁月 纪念北京市昌平区小汤山中学建校五十七周年

别　后

◎作者　许春华

别后，我无时不在依恋你，
那是因为，
青春的篇章已写入汤中的史册里。
别后，几回回梦里回家里。
那是因为，
汤中是我人生旅途的一站地。

别后，在依恋中时常记起——
榕花树下的欢声笑语，
操场上的一串串足迹，
办公室里和谐的气息，
白杨树下庆会欢聚。
这一切，是从心底流淌出的回忆。

别后，在依恋中时常记起——
三尺讲台，不辍耕耘，
育出芬芳桃李。
忠诚教育，品味真谛，
一路从未停息。
这一切，是从心底流淌的回忆。

别后，在依恋中时常记起——
家属院浓浓的生活气息，
饮酒一杯，注入深切情意，
周末无题的阔论乐无比，
大家庭的温暖深倾友谊。
这一切，是从心底流淌的回忆。

别后，我不忘汤中的培育，
让青春的活力随时间而延续，
忠诚、执着，全身心投入教育，
为汤中争光，我自豪、欣喜。

党的关怀，
汤中有变迁，
领导的卓见，
汤中在巨变。
我怀念汤中的旧颜，
我更为现在的汤中狂欢。
汤中，母校，我终生爱你！
汤中，家园，你永驻心间！

作者简介：

许春华，1972年毕业于小汤山中学，1977年到小汤山中学参加工作，1988年调到昌平党校，后来到昌平四中任校长直至退休。

如歌岁月 纪念北京市昌平区小汤山中学建校五十七周年

有一种爱叫"咱们"

◎作者 张 宁

"他，还有前几天来过的孔利将军都是咱们学校的学生。"李校长用"咱们"把我介绍给几位陌生的校友，我非常感动、自豪！我感动、自豪于在母校老师的心目中，将军和普通得没法儿再普通的我都是小汤山中学的"咱们"，就像不管尊卑贵贱，我们永远都是母亲的孩子。

"咱们学校正在向校友征集回忆母校的文章，你也写一篇吧——"李校长亲切地向我邀约，我说："行！"

我在小汤山中学就读了四年，经历了很多值得回忆的事，从哪儿写起呢？我拟了好几个题目都觉得不理想，最后决定就从李校长的"咱们"说起，因为提起母校我首先会想到老师，想到老师我就会想到很多很多让我永生难忘的"咱们"。

"咱们现在是中学生了，是大孩子了，大孩子就要有大孩子的样儿……"这是我把一条死蛇放在讲台上，气哭了生物老师后的当天中午，老师找我谈心时的开场白。其实，往讲台上放蛇，那是我最后一回捉弄老师，在那之前我还搞过往粉笔盒里放蛤蟆、往黑板擦儿上放毛毛虫之类的恶作剧，但自打放蛇事件发生以后我改了。因为我从老师的"咱们"以及从"咱们"谈开去的循循善诱中体味到了一种爱，一种平等、理解、尊重之爱，一种不离不弃的师生之爱。打那以后，我渐渐地懂得了自尊与尊重别人，也不断地有了新的进步，虽然一直没有如愿以偿地当上"三好学生"，但我庆幸自己一直被当"三好学生"的愿望鼓舞、约束着，并时常提醒自己不要再做坏孩子。

"咱们也有比别人强的地方呀，你别老自己看不起自己，比如写检查，咱班写检查还没有比你写得更好的呢！"这是我厌学旷课后老师家访时鼓励我的开场白。老师那么一说，我还真觉得自己写的检查不赖。打那以后，我经常把我写过的检查翻出来欣赏、修改，并渐渐地喜欢上了写作文。当老师让我把我写的作文当范文在班里念的时候，我感受到了一种优越和尊严，为了保持这种成就感，我隔三差五地就去姥姥家偷鸡蛋，卖了鸡蛋就到新华书店去买写作文方面的课外书。毕业之后，我写作文的兴致不减，时常写写，1985年，我发表了第一篇小小说《敲门》，后来又发表了《意外》《送礼》以及十六篇专业论文。虽然我没有成为作家，但我庆幸自己从老师的"咱们"以及从"咱们"谈开去的循循善诱中喜欢上了写作文，而且有兴趣去主动地观察、分析、思考身边的人和事，并能用文字记录、抒发内心的情感和思想。

"咱们有幽默感、喜欢模仿，练练说相声，别老逗贫嘴儿、出洋相。"这是班主任给我"治疗"逗贫嘴儿、出洋相时的开场白。当时，我真没想到老师会用"有幽默感、喜欢模仿"来形容我的缺点，把我美得屁颠屁颠儿的。打那以后，我真就喜欢上了说相声，常写，写完了就找搭档练。班主任也兑现了他的诺言，让我参加了1979年小汤山中学举办的文艺汇演。当我在舞台上听到同学们的笑声、掌声后，我抑制不住激动的心情，又去姥姥家偷鸡蛋，卖了鸡蛋买了一本《相声表演漫谈》。1980年我参加了昌平县中小学文艺汇演，并获了奖。我参加工作后，不但经常参加卫生系统的文艺汇演，还参加过县政府举办的春节团拜汇演。虽然我没有成为专业的相声演员，但我庆幸自己从老师的"咱们"以及从"咱们"谈开去的循循善诱中喜欢上了相声这门艺术，这不但让我至今保持着积极乐观的生活态度，而且还能从艺术的角度欣赏相声，并从中得到快乐。

"爱画画儿是好事，咱班还真没有谁比你画画儿更好！你好好练练，练好了我可以贴在咱班的板报上，别动不动就往书上、墙上乱画。"这是我因为画画儿赔了同学一件白衬衫后老师开导我时的开场白。打那之后，我的作品经常出现在板报上。为了学画画儿，我还买了好几本画画儿方面的书籍，我姥姥家也因此又丢了不少鸡蛋。虽然我没有成为画家，但我庆幸自己从老师的"咱们"以及从"咱们"谈开去的循循善诱中更加喜欢画画儿，而且通过看书，对什么是素描、白描、速写，什么是水粉画、国画、油画等有了大致的了解，也提高了自己对绘画作品的鉴赏力，这使我能在欣赏别人作品的过程中释放、抒发自己的理解和认识。

我在母校经历的以老师的"咱们"为开场白的难忘记忆还有很多，因为我是一个特让人劳神的学生，给母校的同学、老师、班集体、学校添过不少乱。我能顺顺当当地毕业并工作至今，得益于我的历任老师以"咱们"的心态对我的启发、帮助和教育。

"咱们"这俩字，谁都会写，即便是文盲也能知道它的意思。而对于"特殊"的我，老师们的"咱们"却意味着不同寻常的爱和责任。因为，在"特殊"的我进入青春期后，老师们的"咱们"包容过我的任性与无知，托管过我的迷茫与躁动，鼓励过我的兴趣和爱好，呵护过我的个性与尊严……

我感恩于我的每一位老师，这种感恩是一种爱，是一种满怀敬意的上倾的爱；我感动于我母校的老师们赋予我的爱，他们对我的爱本来应该是下倾的，但当这种爱以"咱们"的平视的心态传递给我的时候，我得到的是一种平等和尊重。

让我欣慰、自豪的是，在我毕业三十多年后的今天，母校的现任校长对我还是以"咱们"为开场白。

汤中情结

◎作者 张庆民

汤中，藏在心底的深处，想起来永远感到最亲切最温暖的名字。21岁我开始在这里参加工作，在这里又工作了21年，而今自己已人到中年，这里记载了自己从稚嫩到逐渐成熟的历程，记载了自己作为教师的奋斗经历，记载了自己太多的喜怒哀乐……

一、初为人师

大学毕业，假期还没好好儿感受，思想也还未转过弯来，一下子就由学生变成教师了。并没有太多的喜悦，因为那个年代从某种程度上说，"老师"两个字更多的是和"贫困、尖酸"这样的词联系在一起，很多老师都转行了，男老师更是比较少，更何况我要回母校，和教过自己的老师们朝夕相处。但我还是硬着头皮走进了汤中校园，走进了课堂，并通过一节一节课喜欢上了自己所教的学生，也慢慢喜欢上了教师的工作。

　　记得再回汤中校园时，觉得校园和自己上学时倒也没有大的分别，只是上学时觉得学校很大，上班时觉得校园仿佛一下子小多了。学校仍旧还是那几排平房，学校最有特色的一个地方是学校一进大门处的影壁，那上面写着几行字：德为舵，才为帆，铸四有，献明天。甬路两侧的教室侧面书写着学校的校规、校训、校风、校歌，这样的词、这样的字都是汤中教师自己创作的，我当时就觉得汤中教师中人才辈出，感到校园浓郁的文化气息。

　　第一年自己刚接手教的班是学校有名的乱班，有几个"捣乱大王"，原来的年轻老师常常被气哭，上不下去课。但自己教时觉得学生并没有像有些人描述得那样恐怖，我感受到的更多的是学生的活泼、顽皮，学生在自己的课上并不捣乱。我就是觉得自己那时候不太会上课，没有太多的考试概念、成绩意识，没有研究过考什么、怎么考，课上常常给学生讲些课外的内容，只是觉得让学生很喜欢听就行。学生上体育课时，自己也常常和体育教师一起跟着学生去踢球，玩得不亦乐乎。也有比较淘气的学生，向自己借才买来的衣服穿，自己倒也没有吝啬，借给了学生，他是很高兴的。我记得学生穿了几个星期，还回来的时候把衣服洗得干干净净，叠得整整齐齐。那个时候，除了上班就是看看书、练练字，体力精力都有，觉得时间过得也快，日子过得也快乐。现在想想，初为人师时没感到那么累，或许就因为起初时就能够尊重、信任学生，能够民主、平等地对待学生，这些让我始终能和学生比较亲近。

　　二、当班主任

　　教了三、四年，和学生相处得一直很愉快，我便有了强烈的当班主任的想法，这想法马上得到了学校的支持，新学期时我便顺利地当上了班主任。刚当班主任时，很有一种成就感，因为一个班的学生必须要听你的，这个班所有学生的家长不能不认识你，自己的声音将会被更多的人听到并且尊重。新接手的班很好，有一批好学生，对于带班我也有很多的想法，想把这个班建成最好的班集体。我带着他们一起制定班规、班训，培养班干部，建设优良的班风，使用班级日志，努力实现学生的自我管理。那时自己每天来得很早，和学生一起做值日，一有空就进班听不同老师的课，学生犯错时用身边的例子想方设法地把道理讲得浅显易懂，把工作做到学生心坎上。我当时没把一个学生送交到学校政教处。秋天的时候我带着全班学生骑着自行车到桃峪口水库秋游，当时感到队伍很是壮观；冬天的时候，我组织全班学生为家庭生活最困难、个性最孤独的学生捐款捐物，让那个学生能够敞开心扉，融入集体；春季，我组织学生参加学校运动会，班级连续三年获得第一名；红五月，我组织学生参加学校的歌咏比赛，屡获大奖；家长会时，我让学生展示自己的作业并充分展示他们的才艺，那时候觉得，当班主任很愉快。

三、教毕业班

现在想起来，总是觉得当班主任可能会让人对教师价值的体验更加深刻，那么教毕业班可能就会让人对学生成长奋斗中的喜怒哀乐感同身受。哪个学生在毕业时对自己的前程没有想法，哪个学生不因现实和目标产生差距时感到迷茫？教毕业生时教师对全心全意为学生服务的这种体验会更加真切，它鼓励每个老师设身处地地为学生考虑，想方设法地为学生实现理想、提高成绩服务。另外，教过毕业班或许才会更快摸索出育人的真经。没有考试的压力，我们体验更多的是课堂的快乐，感受的是学生的微笑，带领学生走进中考、高考才会让老师真正检验自己育人的效果，那成绩确实要靠老师实打实地干出来。那或许是教师实力的真正检验场，对教师的评价，不止停留在一节课上得好不好，更大程度是看我们教师的作品——学生成绩的高与低，是综合检验教师的授课水平、师生关系、教学方法、执行能力，对教师的要求更高。因此，教师必须要全力以赴，没有投入全身心就不会获得真感受，更不会有真效果。教毕业班，一定要让学生学会，要落实落实再落实；一定要因材施教，让优者更优，让落后者提高；一定要注重方法，点拨、反复、有格、变式，一把钥匙开一把锁，方法越多，效果越好。

四、教职高

人生就是一个不断挑战自我的过程。现在回想起来，我很庆幸有这样一段美好的经历。教过初中，当过班主任，又教过普高、职高，当过班主任，让我也有幸见证着一届届学生的成长经历。学生经历过中考的历练和一个暑假的等待，好像一下子长大了、成熟了，这或许是时间的逼迫，学生思考的问题越来越多，越来越复杂。他要进入成人阶段，他要面临最终的就业选择，不像中考，高考或许是学生最后的机会。2000年时自己被评为区级骨干教师，在高中时，还继续当班主任，那时候我让学生对自己的职业生涯进行规划，学生自发设计定做了职业装作为班服，展示了导游班学生的亮丽风采；班里学生还创建了班报，学生的文章、老师的寄语、好人好事都登在上面，丰富了学生的生活，也使当时学校的职高生气盎然。

五、搬新校

2000年5月7日，汤中喜迁新址。当时感觉新校确实很气派，龙形结构，颜色庄重，门特别多，像迷宫，据说当时称得上是北京郊区中学中最好的建筑；之后也传说有个家长被班主任老师找过之后，半个小时也没能找到正门从教学楼中走出去。老师们迁校之前都先后到过新校，真舍不得在这样的环境中吐一口痰或扔一个烟头。不知那是不是咱们国家第一个五一长假，只记得那个五一全校教师几乎一天都没休。放假前各部门、各班都做了充分的准备，五一期间，学校雇了七八辆130汽车，一个干部负责一辆车，教师分好组，分在新旧两个校区，装车、卸车，抬到新楼的指定位置，车辆在两个校区之间奔波，老师们都兴奋异常，每个人都满头大汗，但没有人喊累。现在都有些不敢想象了，理化生实验室的柜子很高很沉，数量也很多，都是大家一件件地，一层楼一层楼地抬上去的；实验室的器皿很多，也很容易破碎，但也都是老师们一箱箱搬上去，又一件件摆放整齐。这让我想起初中学过的课文《记一辆纺车》里的话："在劳动的过程里，很少有人为了个人的什么斤斤计较，倒是为集体做了些什么有意义的事情，才感到是真正的幸福。""就因为这些，我常常想起，想起自己的同事们，心里充满着深切的怀念与感动。"

六、非典

非典，也不能不说，因为后来小汤山成为主阵地，非典医院和学校仅一墙之隔。非典来时对每个人来说都非常恐怖，听到的比看到的要更可怕。没有人经历过这样的疫情，开始谁也不了解这是怎样的一种病，但是我记得，当时学校师生并没有慌张，学生们经历了停课在家、空中课堂、复课调整几个阶段。学生停课期间，学校老师们也并未闲着，都为各自学生的成绩着急。后来有一点松动了，各村、各社区不再壁垒森严了，老师们便忙着印试卷、作业，给学生送去，引导学生自学。当时学校里有车的老师还不多，齐子、马老师开着自己的车带着老师到各村奔波，把试题送到村委会，学生到村委会去取，做完了又交到村委会，隔两天再去取，老师判完了再给学生送回去，学生有不懂的问题，再通过电话解答。那一年，学校没有高考生，但初三中考取得了优异的成绩。现在回想起来，非典或许是每位教师人生中的一种别样体验，每个人或许都产生过恐惧，也有过之后的特殊教育经历，可能其间也体验了前所未有的短暂的轻松。

七、校庆

2006年，学校建校50周年校庆，这在学校发展史上应是一件大事。那年，学校成绩优异，中考被评为区十佳学校，高考录取率高、本科学生多。校庆盛况空前：很多老领导来了，知名老校友来了，健在的历任校长来了，区教委、镇政府的各位领导来了，各友邻单位的领导也都来了。校庆很成功，李校长发表了热情洋溢的讲话，学生献词、向老校长献花；在食堂就餐时，每个人都很兴奋，几十年未曾谋面的师生见面了，几十年未曾联系的同事见面了，几十年杳无消息的同学见面了，大家共叙师生情、同事情、同学情，畅所欲言、海阔天空，场面热烈。那一天，很多人第一次醉了。校庆，也是在自己印象中不能抹去的一次人生经历，我第一次真切地感到：很多人可以在一个共同的地方青春年少、激情迸发，那就是汤中。

当然，之后的几年，学校随着国家社会经济的发展，也经历了许多大事，像2008年北京奥运会，2010年学校抗震加固，2011年塑胶运动场建设，2012年篮球场建设，等等。经过几年的建设，学校在不断地变化，不断地发展。其中，也有很多事值得书写，但因为离得近，知者甚众，不再一一叙述。

人事有代谢，往来成古今。20年沧桑巨变，20年人到中年，回首过去，这20年是奋斗的20年，是见证汤中发展的20年。变化的20年中，始终不变的是那份对于汤中人、汤中校园浓浓的情怀。借此机会，我感谢所有共同走过这20年的同事们，感谢培养自己的领导——李校长，感谢所有关心、支持帮助过自己的人，也感谢所有激励过自己的人，当然也要感谢所有汤中的学生，是你们和汤中老师一起创造了并创造着汤中的历史。

我相信，汤中的明天会更好！

小汤山中学，我的家

◎作者 高艳丽

我，高艳丽，自出了大学校门便一脚踏进了小汤山中学的大门，这一干就是十三年。虽然因工作需要已调离了那里，但那里的人们给我的鼓励和温暖已经融入了我的生命，在那里工作生活的点点滴滴也成为了我记忆中的瑰宝。

对于外地单身汉们来说，周末是最难熬的。还记得食堂的丰姐、梁师傅和我们一起包饺子，给我们炖福利发放的鸡和鱼，大厨郝师傅给我们用小灶炒菜，到现在还记得郝师傅做的红烧肉、炖吊子和熬白菜。依然清晰地记得丰姐说的话：吃饱了，吃好了，就不想家了。有时我们还到同事家蹭饭，蹭得最多的就是现任工会主席的王炜家。在种满山楂树、枣树和柿子树的高墙小院里，在落地的大灶台边，在节煤炉上开水壶冒出的氤氲热气中，在昏黄的灯光下，都留下过我们的欢声笑语。夜里躺在大炕上听老奶奶讲那过去的事情的情景依然历历在目，这种浓浓的家的气氛熏染着我，包围着我，让我不再想家。

1998年5月8日，我结婚了。因为两人都任教初三，怕耽误工作，我们头天把课上完，也没告诉远在湖南和内蒙古的家长，便"私定终身"了。但那天我们俩却没有失落感，反而找到了家人在旁的感觉。那天年轻的同事们自发组织了一个摩托车队，齐景新、夏宝成身披红绶带驾车开道，我和新郎戴兵同乘一辆红色摩托车，后边是六辆红黑摩托组成的车队，长龙般从小汤山街上"招摇而过"时，吸引了许多路人的目光。婚礼开始了，主婚人是王富刚副校长，证婚人是郝政校长，领导班子成员薛永宽副校长、李太平副校长、孙明、田俊杰、兰永平主任坐在男方家属席上，和我同毕业于海拉尔师专又同在小汤山中学工作的师兄师姐罗忠洲、史津宇、付东方、任忠明、王锐组成了我的亲友团。该有的仪式一个不少，邀请到的人一个不缺，现在回看那天的照片，虽然菜品不是太好，但每个人脸上都洋溢着笑容，与其说那是个婚宴，不如说是个其乐融融的家庭聚会。

就这样，我们这两个外地人租用大柳树村的一处民房安了一个临时的家。冬天来了，屋里没有暖气，电暖气开到最大也冷到伸不出手来，最可怕的是院子里的自来水管冻了，连洗漱都成了问题。听说校园内的临时住房里有一对夫妻搬走了，我们马上找到郝政校长，他二话没说，一个字"搬"。同事们你推个三轮车，他骑个自行车往返数次帮我们搬家。2001年儿子出世了，因老学校前面十层的广成大厦遮住了阳光，小屋里阴冷阴冷的，九月份孩子洗澡换衣服就要起一身鸡皮疙瘩，初为父母的我们看到眼里疼在心里。这时杨长明、李海燕夫妇向我们伸出援手，帮助我们牵线搭桥，我们住到了已调离汤中的郝政校长家，一分钱不收，这对于我们来说无异于雪中送炭，心中的感觉那哪是一个"感激"了得。后来买新房，缺钱，又是同事们这个借给我们两千，那个借给我们三千，连欠条都不用打，就这样我们终于有了真正的家。试想，如果没有领导和同事们的帮助，我们何以在北京立足？

产假结束了，谁来看孩子又是一个大难题。双方父母都无法抽身，我们只好求助同事。热心肠的老教师齐志敏、刘淑云先后帮我们找了两个保姆，但都没看多长时间，最后谷雪莲老师通过她妈妈给我们找了一对夫妻。叔叔阿姨善良淳朴，带孩子用心干净，这一带就是三年，直到孩子上幼儿园。如果没有同事们帮我们解决这燃眉之急，我们哪有心情一身轻松地投入工作，孩子哪能健康成长？

生孩子时刘永江老师两口子给我煲鸡汤，春分时张庆民、金秀荣夫妇给我们送来春饼卷豆芽，戴兵生病住院时领导同事们来探望，诸荣胜、施晓梅两口子帮我带孩子，刘凤琴老师家做什么好吃的都不忘叫我们去尝尝，孩子生病时许振林老师毫不犹豫地借我们车用……要说的太多，要感谢的人太多。

领导和同事们的关爱,我无以为报,能做的只有做好自己的本职工作,因此在教育教学方面有了一点点成绩,二中便调我到他们学校支援工作。临行前,李士春校长不但赠给我一个"大鹏展翅"的匾额鼓励我好好工作,还为我和另外一个同事汪明淑举行了欢送会。会上同事们几度哽咽,校长眼中也泛着泪花,回忆十三年来在汤中的成长经历我更是失声痛哭,浓浓的不舍之情在心中蔓延。

我22岁离开家乡,离开父母,可以说我所有的人生大事都是在汤中的庇佑下完成的,汤中的领导和长辈给了我父母般的关爱,汤中的同事们给了我兄弟姐妹般的温暖,家人虽然与我远隔千里,但我却并未感到无家的惆怅。

小汤山中学,我的家,你将永远珍存在我的生命里。

我的母校——别来无恙

◎作者 92级毕业生 朱春颖

阔别母校多年,我再一次踏进了这熟悉的地方,仿佛自己一下子又变回了学生,昔日的一草一木,春天花坛里娇艳欲滴的花朵,夏天晒得烫脚的石板路,秋天沙沙作响的树叶,冬天银装素裹的校园,那一切,都不曾改变。

不思量,自难忘。我记得那朴素的校门,记得那蜿蜒的小路,记得校园里那随风起舞婀娜多姿的柳条。我还记得那一排排的平房前面的空地上,我留下了多少欢歌笑语。清晨,还有那么多读英语的人吗?站着或坐着,有的低着头读,有的昂着头读。初晨和煦的阳光照在每个人身上,让每个人都精神抖擞。我不禁闭上眼,在想象中沐浴曾经那样美好的阳光。晚自习后,是不是还有喜欢在宿舍里打着手电筒,挑灯夜战,奋笔疾书的学子们?回忆就是这样,像被微风吹散在漫山遍野、轻轻舞动的蒲公英,虽然摇曳但却静谧,并且在不经意间已经飘逸至远方,想捉住,但已经遥不可及。想着想着,我觉得有一种可以震撼自己心灵,却又难以言喻的感觉占据了我的心房,神圣而单纯。我想,这

如歌岁月 纪念北京市昌平区小汤山中学建校五十七周年

便是学子对母校的特殊情感吧。我多想在教室里再听一节课，多想回到宿舍再体验一把上下铺的日子，多想在操场上毫无烦恼地奔跑几圈……还记得以前上学迟到时最怕碰见的教育处的王老师，左躲右闪却总是被抓个现行，也许现在儿孙满堂的您也会笑着说起当年的事吧？还有教物理的姚老师，在我最叛逆的时候，他不惜花费宝贵时间和我谈心，让我在茫茫大海上找到了方向，现在想想，真可谓是一字千金啊！

现今，小汤山中学已经建立了新校区，或许有人不太熟悉她，但她却为每一名学生、每一位老师谱写一段绚丽的生命而生生不息地奋斗着！阔别二十年，我们曾挥洒过青春的土地上，如今已硕果累累；二十年来，课堂上聆听恩师谆谆教诲的学生，如今已各走四方；二十年来，历经的挫折与困难，如今已成甜蜜的回忆。继而又有多少学子怀揣着梦想而来，在这片土地上，在这个校园里，沐浴着柔和的阳光，洒下勤劳的汗水，留下爽朗的笑声，付出无限的努力，获得最终的成长。多少个日夜，他们无所畏惧，时刻准备着驶入广袤无边的海洋；多少个日夜，他们刻苦奋斗，等待着雄鹰展翅飞翔的那一天。可当梦想即将变成现实的时刻，也是离别的时刻，不舍诲人不倦的老师，不舍魂牵梦绕的校园，不舍属于我们自己的真情。

走在校园里，呼吸这里独一无二的空气，闻着这里阳光清新的味道，心中澎湃的自豪感久久不能退去……

我的母校——112中

◎作者 蒋国礼

现在的小汤山中学，它的前身是北京市第112中学，我是这所中学的老三届毕业生。当时我们的校长叫贾九朝，如今已是82岁高龄了。教导主任叫杨鸿锐。我的班主任叫张林辟，是俄语老师。半个多世纪过去了，现在回想他们这些老一辈教育战线上的工作者们，倍感亲切，更加思念。是他们的谆谆教导、亲切关怀抚育了我们！在教育学生、关心学生方面，我深深感受到，老师就如同我们的父母，用这句话来形容一点儿都不过分。

　　五十多年过去了，回想起当年在学校读书的时候，真是历历在目，就是几天几夜不睡觉也说不完，使我最难忘的，就是1958年9月份我刚上初一的时候发生的一件事。那是在开学不久的一天上午，八百多名师生在听校长给我们开会做报告，基本内容就是要端正学习态度，遵守学校纪律，热爱劳动，尊敬老师。校长告诫我们，只有好好学习，将来才能成为一名对国家、对社会有用的人。听完校长的讲话以后，我的心情特别激动，下决心一定要好好学习，用实际行动来报答校长、老师对我们的厚望。当时我就想，毕业以后要开飞机、开汽车、当科学家、当解放军。现在看起来，是不是太天真了？不过，我的一个愿望还是实现了，1965年8月，我参加了中国人民解放军。

　　改革开放以后，靠党的好政策加上自己的辛勤努力，我走上了致富路，成了一名企业家。2010年10月，八十高龄的贾九朝老校长来我家做客，我见到当年的校长就像见到了亲人一样。他老人家的身体是那样的结实，精神是那样的饱满，上下楼行动自如，完全不用把楼梯扶手，好像当年的校长又回来了，我也仿佛又回到了母校112中。

你若安好，便是晴天

◎作者　初三（2）班谢萌家长

　　香港著名女作家张小娴曾说过："记忆是没得比较的，回忆里的味道是无法重寻的。"

　　现如今，每每回忆起初中母校——小汤山中学，鼻尖总是酸酸的。在那里，有我学生时代的青春烂漫，有我对亲爱的老师与同学们的依依不舍，当然，还有我对她的无限热爱之情。当我打开记忆的大门，再次重现母校的身影，我的身份一下子从她的学生变成了她亲密的友人，昔日校园的一草一木，教学楼上精致镌刻的校训文字,以及教室走廊间的一丝一毫,我都珍之若金,敬之如往。

我仍然记得母校那朴素的大门;记得大门前那条笔直、安静的小路,小路一边青翠且广阔的草地;记得上下学时同学们熙熙攘攘的身影,还有那夏天随风舞动着的、婀娜多姿的柳条。校园里的玉兰花还开放如故吗?还泛着那香甜、惹人欢喜的味道吗?从这里离开了八年的时光,操场上偶尔落入的鸟儿是不是还在窃窃私语,争相抢食儿呢?U形楼老师的办公室的灯光还总是亮到深夜吗?初中部的同学们是否还依然笑靥如花,课上用双手托着那凝着聚精会神的表情的脸,专注地望着黑板呢?高中部的同学们是否依然在晚自习后,用默默奋斗的身影努力唤醒教室里、楼道走廊中的灯光呢?

我仍记得校园正中央巍然屹立的国旗杆的身影。每逢周一,同学们都斗志昂扬,伴随着庄严的国歌,聚精会神地将自己的理想与对祖国的热爱,从心中倾注出来;我依然记得清爽微寒的冬日,老师和同学们围绕着教学楼奔跑的身影,同学们的步伐总是那样有力,老师们脸上的神情总是那样祥和。教学楼二楼宽阔的走廊上,还有那么多人在那里促膝谈心吗?那时候,乒乓球台两侧跑跑跳跳的身影,用青春和活力追逐着奔跑的那个球;楼道座椅上的同学们陆续地来,陆续地走;浅浅的微笑,沉沉的私语声,那都是我们的少年时光。阳光温柔地洒在每个人的身上,同时,有一种友谊的感动也深深地植入到我们的灵魂中。

"饮其流者怀其源,学其成时念吾师"。

虽然如今的我没能取得多么耀眼的人生成就,但是成为一名拥有着健康阳光生活的社会人,这都要归功于学富五车的年长教师的悉心栽培,我要感谢敏于思考的青年学者们的激情引导。在这方亲爱的老师们精心呵护、默默耕耘着的土地上,他们用智慧的钥匙为我们开启了知识的大门,凭伟大的人格魅力在三尺讲台上勇敢地向教育领域前行。

追忆母校,怀念母校,感恩母校。记忆中母校的身影,淡淡的、浅浅的,正如一幅充满着墨香的山水画一般,让人回味,使人落泪。那炙热的土地,那亲切的校园,那智慧的老师们,令人思念。

时光如水,总是无言,母校,你若安好,便是晴天。

不止汤中的三年

◎作者 李木子（2011年高三毕业生）

偶然的一个电话，听到了那曾熟悉的声音，带有些许因感冒而引起的浓浓鼻音，他告诉我，我的母校快过57岁生日了，是啊，铁打的营盘流水的兵，我就像是在那个"部队"服役了六年的兵。

人的一生要经历许多阶段，天真无邪的少年时代，快乐无忧的花季时期，激情如火的青春岁月，厚重繁累的中年时期，从容淡定的人生暮年。每个时期都有独特的风景，每段岁月都会给人留下不同的感受。我的花季和青春岁月就献给了小汤山中学。

回首初中三年，许多往事早已被时间冲淡，留在脑海中的只是一块块碎片。今天，就让我捡起每一块碎片，拼凑成那段美好的记忆。

一、象牙塔外的青葱年华

离开小学的象牙塔，踏入汤中的第一感觉就是环境好。校园不算大，但在炎热的夏日总能为我们遮阳提供一丝清凉。秋日里，环绕着教学楼的林荫小路，便是我们最爱去的地方，叶子从绿渐渐变黄，在树梢摇摇晃晃，悠闲得很，脚步快的树叶已经忍不住随风起舞，落在地上，落到草中点缀着校园的大地。它就像是一幅画，被我们欣赏着，不会厌倦，我们看着它也不由得放松了因上课而产生的紧张心情。

三年，首先映入脑海的就是我们是个团结的班级，一个伟大团结的班级后面必然站着一位伟大的班主任。他带了我们三年，看上去像个严父，但其实是刀子嘴豆腐心。既是班主任又是数学老师的他，教我们怎么看书，他的教学很有特点，教着数学知识的同时总能给我们灌输学习方法。他的存在让我们整体拧成一股绳，不论是日常的值日，还是大的比赛，我们都争取做到最好，流动红旗就像是住在了我们班。同学间没有什么帮派之分，班里就像一个小家，很是和谐、温暖。

记得上初中时,我参加过汤中的50周年校庆,那时的我作为鼓乐队的成员,背着小鼓站在大门的一侧,一遍一遍地重复着欢快的鼓点,迎接着前来祝贺的领导,为我的汤中庆生。就是这样,五年过来了,时光荏苒,我已不是那个青涩的小丫头。抱着对未来的向往参加完中考后,看着我的母校,心中想着,也许都不会再踏进这里了吧,心中很是留恋呀。可也就是造化捉弄人,仅3分,让我在时隔两个多月后,重新踏入了这个熟悉的学校,继续下一个三年的修行。

二、不安的青春的岁月

"短暂"。这是我对高中生活的总结,高中三年,分了三次班,有文理分班的纠结,本专分班的不舍。庆幸这一路都有小继子这个挚友的陪伴,三年一起一路欢歌,说没闹过别扭是不可能的,但是没有比她再跟我合拍的了,事情都是过嘴不过心。和那些姐妹们的友谊,也是珍贵的,这就像是美酒,愈久愈值得回味。还有一个知心的老师,毕业的第一年便带了我们这个班。他年轻精神、运动细胞强,英文说得也是"杠杠"的,发音听着很流畅,对我们也是重于心理的调节,失落了可以跟他诉苦,而他也会给我些建议,他更像是一个大我好多的"哥哥"。

"慈爱"。高三这一年算是难熬呀,每天的课程之外,学校总会想着法儿的补课。我知道这是学校为我们的未来着想,老师辛勤教课,为我们付出,特别是女老师,为我们的学习进程和效果着急得嘴角直起泡。政治老师一副慈母范儿,特亲切。教师就是个良心职业,教得好坏别人也说不出什么,但是汤中的这些教师真的就是为人师表,尽职尽责,在这里向汤中伟大的老师说声:"老师们辛苦了,照顾好身体!"

"惊喜"。在汤中最后六分之一的时光,学校变样儿了!重新装修加固的教学楼就像是新盖的,硬件设施可没得说,水房、卫生间越发干净;冬日的教室里每天都感觉阳光明媚,甚是温暖;曾经土气的操场现在也换上了新装,再也不怕一跑一身土了;最值得一提的是高三那年的元旦联欢,从初一到高三的同胞欢聚一堂,老师跟同学也是有说有笑,各秀特长,让我们也头回看到了老师们的才艺，学校真是卧虎藏龙！

那刻，我想回到高一，再走一趟我的高中生活，我不舍。5年了，这么快最后就要离开，临近毕业的日子里，大家都忙着合影留念和签名留言，大家都不愿意相互告别。相互和班里的同学合了影，而且留下了很多很多同学的照片，这些照片将被永远保存，这是我们高中美好友情的缩影，这是高中美好生活的证明！

离开母校一年多了，同学们分散各地，有的跟我一样仍在继续学海修行，有的已经踏入了社会开始工作，北京、珠海……但人已散，心未远。在这里也祝我的母校小汤山中学蒸蒸日上。

母校记忆

◎作者 高三（2）班 杨紫桐

记忆就像一滴滴水，在岁月的河床上慢慢汇聚，然后静静地在心灵的某个角落里流成一条记忆的河流。这条河流，穿越绚丽，流过寂寞，在我年少的岁月里轻轻流淌。蓦然回首，我原来还站在河岸边，一直不曾离去。

窗外苍凉干裂的土地，火车站昏黄的路灯，那个城市些许陌生而冷漠的目光，在那个酷热渐渐褪去的夜晚，就这样轻轻地闯进了我的生活。那一年我刚满15岁，第一次来到母校，看到学校在施工，有些杂乱，这个就是学校给我的最初印象。

背着书包，我来到新学生的集合地点，迎来我高中三年的生活。很快，分班完毕，我被分在3班，到班之后，很快就认识了班主任和新的同学，然后便开始上课了。

第二天，天刚蒙蒙亮的时候，我就迫不及待地从床上爬了起来，冒着细雨沿着校园的林荫小道散步，想仔细看看即将生活、学习的高中校园。闲暇之余，我参加了一些课外活动，但是因为我性格内向，不太爱与同学聊天，经常自己一个人站在一旁看他们玩。后来，慢慢地，我自己改变，主动与同学聊天、游戏，慢慢地，我变了，变得开朗起来。

　　高一时，我们的班主任是臧鹏老师，他教英语，上课生动活泼，同学们也没有溜号走神的，都在认真学习。高中一年级很快就过去了，我们迎来了高二，对于我们来说，又是新的一年，我们即将面对分班，分文理科。面对着新的同学与老师，我们迎来了新的一年。高中的生活总是紧张而又迅速的。很快地，我们迎来了高三，这人生中最重要的一年。上高三之后，我们就明显感到时间的加速，总是觉得时间不够用，学业繁忙，每一节课都打起精神来听，努力让自己记下来，一遍不会，就学两遍、三遍，强迫自己背下来，因为也许就是这么一小点的差漏，就会与自己理想的大学失之交臂。

　　人就是这样，在岁月的磨炼中，成长壮大。三年来，聆听过众位恩师的谆谆教诲，而今我已学有小成；三年来，挥洒过青春热泪的沃土，而今已花开遍地；三年来，结识的兄弟姐妹，如今就要各奔东西；三年来，走过的风风雨雨，而今已成甜蜜的往昔。

　　思绪在此刻凝固，翠绿的银杏，青青的小草，灰白的灯光……曾经在我们眼中不经意的一切，此刻却成了我们照片中无法抹去的记忆。独自一人漫步在这静寂的校园，回味着三年中踩过的每一寸土地，凉凉的夏风总可以在不知不觉中抚平那躁动的心，三年中的点点滴滴，此刻如同潮水般全部涌上来，从高一的矜持到高二的活泼、高三的成熟，日子总在不经意间慢慢逝去，而这里的一切却也在默默地见证着我的每一次成长。还记得高一军训时大家脸上的那份稚气，挥洒在操场上的汗水；还记得高二运动会时大家的高声呐喊，只为看台下的运动员取得更好的成绩；还记得高三这年，同学们为了考上理想的大学而奋斗的身影。

　　离别的钟声总在不紧不慢地催促着我们前进，曾经期待毕业，此时却有一种莫名的畏惧。毕业了，数着倒计时的日子却没有想象中的那份喜悦和兴奋，而是凭添了一份伤感，摸着熟悉的栏杆，踩着熟悉的小路，看着那熟悉的旗杆……这里的一切都浸透了自己三年的汗水，见证着自己三年的成长。

　　快要到了离开的时候了，就像夕阳下的老人，总是回忆，总是回忆……回忆里，争吵也变得甜蜜。眼泪忽然在眼眶里打转，马上，我们也要离开这里了……

回忆就是这样，像漫山遍野在微风中轻舞的丁香，圣洁中流露着哀伤，摇曳却略显静谧。在回忆里，有许多可以触动你心灵的，而又难以言喻的感觉。母校在我的记忆中就是如此。虽然扉页上有过烦恼与不顺，但结语却写满了欣喜与感恩。感恩是一种人生的新知，它使你明白善恶美丑；感恩是一种平和的心态，它昭示着乐观的人生；感恩是对给予者最好的报答，你的谢意是对他莫大的欣慰。身在校园的你，也许感觉不出母校的恩惠，可一旦进入了大学，你会发现，高中的点滴是如此的动人。遗憾的是，你，再也回不去了，因为岁月不会同情任何人的讨饶。珍惜现在，回首时，你方能品味逝去的美好。

高三的生活，像有一层薄薄的灰色。在各种选择里彷徨，每一个人都忙忙碌碌，一切仿佛一首没写完的诗，匆匆开始又要匆匆告别。但那灰色里，却有记忆闪闪发亮。那些彩色的岁月，凝成水晶，在忙碌的日子里，它们是我们的资本，也是我们的慰藉。

毕业前的这些日子，时间好像流沙，看起来漫长，却无时无刻不在逝去，想挽留，一伸手，却在指间悄然溜走。毕业答辩，散伙席筵，举手话别，各奔东西……一切似乎都预想得到，一切又走得太过无奈。

未来就像天空中一朵飘忽不定的云彩，而我们，从毕业这一天起，便开始了漫长的追逐云彩的旅程。

学会感恩，是母校，从千百人中选择了你，培育了你；学会感恩，是母校，为你今后的人生筑起了宽敞的平台。不论你过去如何，不管你是从高峰中跌落，还是从深谷里爬起，现在大家都在一个共同的平台上。让我们共勉：奇迹是人创造的，努力要从现在开始。

时间匆匆，一切太匆匆。相聚是因为缘分，离别却是为了飞得更高、更远！我就要启程，但依然感谢我的母校，感谢我的恩师！

汤中回忆

◎作者 张 萌（2012届高三毕业生）

时光荏苒，岁月悠悠，不经意间离开学校已经有半年了。每每想起来都有一丝难过，此时站在漫漫求学道路终点站的我心潮澎湃，思绪万千，昔日的点点滴滴，历历在目。

不要问汤中给了我们什么，我只能说我们把青春交给了它。年轻的我们只会抱怨学校的一切。还记得以前的原生态操场吗？它记录了我们的青春时代，曾经是多么的盼望着早些离开校园、离开课堂、离开书本、离开……但到了此时才知道，自己对这片土地是多么的留念。这里，留下了我最最美好的记忆。

三年前，这段曾经燃烧了无数人青春与激情的"岁月"就在一声哨响中开始了。军训——这段抹不去的记忆，现在回忆起来还能清晰真切地感受到其中的酸甜苦辣。军训真的很苦很累，也许正是如此，我们才真实地体会了一把什么是"艰苦的岁月"。

来到这片校园之前，想象中的生活是白色的。因为象牙塔是白色的，整个生活就好像它折射的光：纯净而自由。

高一的时候，觉得生活是橙色的。太多新生活扑面而来，新鲜而灿烂，热情而紧张。橙色的记忆里，有第一次独立生活的激动，第一次在新的大家庭中感受元旦的喜悦，第一次会考的紧张……

高二的时候，生活是绿色的，青春拔节生长，旺盛得像正在生长的树，梦想也一点点接近现实。跟老师讨论问题时，看见他脸上满意的微笑；得到奖学金，得到老师们的认可。

高三的时候，生活变成了红色的。我们已经无法冷静了，不明白前方的路有多难走。我们只凭着意气风发，走进了考场，步入了社会。

回头看看我走过的路，我感谢母校，感谢它给我一次又一次的主持机会，让我在大学里也能成为广播员。感谢它让我成长，成人，成功，成才。我们感谢母校，是因为老师情深似海，学贯中西，课堂上的我们倾听教诲，如痴如醉。春去秋来，细雨润物，老师们用心良苦的栽培，为我们打下了扎实的理论功底，培养了我们较强的动手能力，使我们气高志远、信心百倍地扬起生活的风帆，驰向社会的海洋。我们感谢母校，还因为我们的母校发生着巨大的变化。今天的母校，正在朝着"建设高水平中学"的宏伟目标阔步前进，在新时期更加生机蓬勃，我们为之感到自豪与骄傲，我衷心祝愿母校蒸蒸日上，早日实现理想！

这一幕幕场景就像一张张绚烂的剪贴画，串连成一部即将谢幕的电影，播放着我们的快乐和忧伤，记录着我们的青春和过往，也见证着我们的友谊和爱！

祝你生日快乐

◎作者 张　思（2012届高三毕业生）

在人的一生中会有许多"聚"和"散"，转眼间，我们高三（3）班的同学们已经分开半年多了。还依稀记得在那个班里我们与王玲老师一起共同度过了两年的风风雨雨，每一次欢笑，每一滴泪水，每一段故事，每一段经历，都使我难以忘怀。

还记得，有一次我顺口把"回教室"说成了"回家"，仔细一想，班级的确不就是自己的家吗？佛说：上辈子的五百次回眸，才换来今生的擦肩而过。上辈子我和师生们碰见了多少次，今生才有幸和他们相聚？所以学校就是我的家，这比喻是最恰当不过了。

在这所学校里，有许许多多令我敬佩的人，就像张仁玲老师，她是到高三才开始带我们的，我们的数学基础较差，老师不怕麻烦，耐心地从头开始教我们，带领我们一步一步走向高考的考场。还有王玲老师，她对我们虽然很严格，但把我们调教得很好，她最让我难忘的是写作文的时候，严格要求我们一定要练，字数要够，一周一篇，在规定的时间内必须写出来。正所谓"严师出高徒"，她把我的作文提高了，现在，我不怕写作文了，因为我已经掌握写作文的技巧了。我们的班集体就是一个家，老师就是养育我们的母亲。她，是一个很好的老师，是我们永远忘不了的老师，她的谆谆教导，她对我们每一点的呵护，我都记忆犹新。她对我的宽容，我感激不尽；她传授给我们的知识，让我们受益匪浅……

回顾这几年来，我的母校小汤山中学就像是一位温和的母亲，用甜美的乳汁哺育着我们，使我们茁壮成长。在这里，我们受到了严格的教育；在这里，我们养成了奋发努力、团结合作、讲究文明、遵守纪律的好学风。我们在母校温暖的怀抱中获得了知识的琼浆、智慧的力量、做人的道理……

我们今天是芬芳桃李，明天将是社会的栋梁。我们将要描绘更宏大的蓝图，要让母校以我们为荣！感谢母校的每位老师，感谢你们为我们所做的一切，让我们为高中生活画上一个圆满的句号。

母校的老师们，现在我们虽然很少见面，但是我会永远记住你们，记住和你们生活的点点滴滴，记住你们的谆谆教导，在以后的日子里，我的脑海里绝对少不了你们，我爱你们。57岁的汤中，祝你生日快乐！

记忆最深处，抹不掉，替不了

◎作者 张子涵（2012届高三毕业生）

敬爱的老师们，亲爱的同学们：你们好！

在经历了无数的风风雨雨后，小汤山中学已从一只雏鹰变成了一只可以展翅翱翔的雄鹰。在这之中有艰辛，有喜悦，也有大家的同舟共济。一代又一代年轻的有志之士无怨无悔地将自己的青春、自己的热血献给了你，献给了他们所热爱的小汤山中学。

我在这里有太多的美好回忆，你为我的人生写下了最深最重的一笔，作为见证你蓬勃发展的一员，我想对你说的永远也说不完。

翌日朝晖

　　起初高一时我是那么的不屑一顾，觉得你不过是下一个被我"征服"的人而已。我叛逆，我逃避，我展露自己的锋芒想让你"屈服"于我。在这段时间里我犯下了无数的错误，但你却用你那宽宏大度的心胸包容着我。我在还是一个骄傲不羁的毛头小子时走进了你的世界，慢慢地，我看到了你的好，看到了你所赋予我的一切，点点滴滴中你呵护着我、抚育着我，我在你坚实的臂膀下成长，渐渐退去了稚气，渐渐学会理解，学会接受，学会付出，学会包容，渐渐爱上了你。

　　在我们融洽相处了一年后，我来到了高二。此时此刻，我们对彼此已经有了深刻的了解和不移的感情。我迎来了高中的第一次分班，我选了理科，也因此来到了给我留下无数美好记忆的三班。说来也奇怪，我们这个新的集体中只有一位是原来的三班同学，其他的都是别的班分过来的。起初我想这班的班主任是不是特别恐怖，把同学都吓跑了，觉得自己以后会生活在水深火热之中，殊不知，以后的日子里，班主任却成为了我的"家人"。时钟一圈一圈地转着，我们也越发熟悉，越发团结，三班越发像一个真正无坚不摧的集体。我也认识了我此后形影不离的挚友——张思。我们下课一起打水，中午一起吃饭，放学一起回家。她也是我见过的女生里面脑袋最大的一个，所以亲切地称她为"脑袋"。

　　再来说说我的这位根本就长不大的首领。为什么说她长不大呢？作为一个奔三的人还会沉浸在公仔和毛绒玩具中，有时我甚至觉得她的心理年龄还没我大。但就是这样一个在我看来心理年龄不够成熟的班主任带着我们一帮不靠谱的"兔崽子"一步一步将三班变为一个无坚不摧、团结一致的班级。学校组织的活动我们都积极参加，课间的跑操我们每日不落，校区的值日我们一丝不苟，学校举办的运动会我们更是奋勇争先，我们一帮不靠谱的人为靠谱的班级奉献着我们自己的力量。时间转瞬即逝，眨眼间高二的时光从指间滑过，抓不住，摸不到。

　　在与你共同度过的三年时光中，给我留下最深印象的当属高三，你我真诚相对，我用我的汗水，我的辛勤，我的刻苦报答着你。在这一年中我们风雨同舟，每日我们伴着月光相互问候，随后便展开了一天的"战斗"。每一天中我们忙碌着，我们煎熬着，我们挣扎着，同时我们也快乐着。在月光的照耀下我们依依惜别，结束了一天的并肩作战。我们日复一日，在一天天辛苦、充实的生活中留给彼此的时间也越来越少，伴随着高考的临近，我们在一起的日子也进入了倒计时。在最后的这段时间内我彷徨，我慌张，我焦虑不安，我不知所措。是你为我指引方向，安抚我。在我走入考场前，我手忙脚乱地站在考场门外时，又是你派来的"天使"使我重新镇定自如。一科考试结束后看到的是在门外焦虑等待许久的"天使"们。我们考好了，他们比我们还要高兴；我们考得不如意，他们藏起自己的不安，依然微笑着鼓励我们。最后一科考完后我喜悦，为我人生得到了一次升华而喜悦；我悲伤，为我永远离开你而悲伤。记得有人曾说离开时才懂得珍惜。没错，那时的我才知道我是那么爱你，那么轰轰烈烈地爱过你。

我记得我们曾经一起哭，一起笑，一起捍卫我们的尊严，一起为我们的荣誉而拼搏。我记得"天使"们为我操的心，为我长出的白发，为我早出晚归，为我废寝忘食。我记得我日夜忙碌的身影，为了报答"天使"们为我的付出，为了让他们在看到成绩时可以露出一丝微笑，为了让他们对自己的给予感到一丝欣慰，当然这也更是为了自己能有一个更好的出路。

在此我想对老师说：你们辛苦了，我没让你们失望，你们对我的好我永远都记得！

我也想对还在母校生活的同学们说：希望你们珍惜身边的每个同学，你们一个班，一群人，在经历一场考试后就散了。也希望你们珍惜在学校的每一分每一秒，因为你们不以为然的现在，是我们多么想回却回不去的曾经！

小汤山中学：我的梦想在这里生根发芽，我在这里完成了人生的转变，我在这里得到了最宝贵的财富，在这里有我不舍的感情。我把我最珍贵的记忆：张仁玲、张春雷、苏艳、丁云峰、王晓娜、王玲都留给了你们。谢谢你们六位陪我走过了人生最重要的时光。你们所给予我的就像这个学校所给予我的一样，是我愿用一生来报答的，我想你们，我爱你们。

值此小汤山中学57年校庆之际，我以此文章来表达我对母校深深的怀念、对"天使"们无尽的思念。祝愿小汤山中学可以一如既往地繁荣下去，走在21世纪的前列。

园丁心语

抒发教师（汤中人）对汤中深厚的感情，表达对汤中的挚爱。

如歌岁月 纪念北京市昌平区小汤山中学建校五十七周年

汤中——我的家

◎作者 张登元

汤中，我工作的地方。到这里17年，我已深深体会到汤中人的情怀和魅力，生活在这个大家庭里，我感到无比光荣和自豪！汤中——我的家！

初入社会，我很幸运地被汤中选中。在汤中的工作、生活中，处处都能体会到学校领导、同事的关爱和帮助。从岗前培训配备导师，到生活上无微不至的体贴照顾……一切的一切，让我虽身在他乡却倍感温暖——处处有亲人，时时有亲情。我是回族，学校考虑到我的饮食习惯，特意为我盖了个小厨房，让我找到家的感觉。平时过节放假，学校组织新教师出去旅游，让我们在工作之余放松心情，增进感情，丰富生活……

当我写下这个题目时，心中有感慨，有幸福，也有陶醉。如今，17个春秋已经过去，任教17年的我，再回忆起17年前那个怀着满腔斗志却还青涩的我，不禁感叹时间的飞逝，感谢17年来学校对我的信任与栽培。

17年，改变了一个人生活的主题。还记得不断改进备课方法适应新学生的苦恼，还记得学生第一次仰起脸来叫我老师时的骄傲，还记得他们遇到问题跑去找我解决时的自豪，还记得与学生一起踢球的欢呼。自从来到汤中，我仿佛被卷入了一股力量中，认真备课，研究新课，随堂听课，成果反馈，在一次次的观摩、演练和自我反思中不断充实自我。

17年，找寻到一个人信仰的执着。当每一位新生进入汤中，他们可以自豪地说"我是汤中人"，他们的身上肩负着更高的荣誉，随之而来的也是更多的期待和更大的压力。当我们每一次迎接新生时，何尝不是感受到了同样的骄傲。汤中是我们共同的信仰，相信这里是孕育人才的殿堂。我们迎来的是种子，培育的是新芽，收获的是丰硕的果实。

17年，感受着一个人精神的充实。我有我的学生，我的团队，我的家庭，我的梦想……作为一名青年教师，我们能很快在这里找到我们的责任感、荣誉感和归属感。学校和家长的信任，让我们时刻告诉自己不要辜负每一份希望；学生的每一次成功，让我感觉到了每个日夜的辛苦都是幸福的；领导的关怀和帮助，让我们不断进步并找到了家的感觉。所以，我们愿意为这个家而努力。

汤中，我因在这里工作而幸福；汤中，我因是你的家庭成员而自豪；汤中，无数的话语都不能诉说我对你的感激。如今，作为一名承上启下的中年教师，我必将用自己出色的工作来回报你。祝愿我们的汤中、我们的家，明天更加美好！

感谢有您

◎作者 李海燕

从1985年高中毕业参加工作至今，我在小汤山中学这片沃土上已经辛勤耕耘28个年头了。在这里，我历经五任校长，伴随着学校的发展不断成长，由一个普通教师成为一名中层干部，这其中虽然有自己的不懈努力，但更多的是几位校长的指引、帮助和培养，我要发自肺腑地说一句"感谢有您"。

曾记得，刚走出学校的我们，是您——柳校长，亲自把我们接到了小汤山中学。那天，我们几个被分配到小汤山中学工作的同学在教育局等候学校来人接，不一会儿，您笑盈盈地朝我们走来。大背头，背带裤，白色短袖衬衫配着鲜红的领带，真精神！简单的寒暄过后，我们得知您就是校长。校长亲自来接，这是我们每一个人都没想到的。正当我们不知道该说些什么时，您就开始滔滔不绝地给我们介绍起学校的情况。我记得最清楚的是，学校能保证教职工每周能洗一次温泉热水澡。当时，我们几个听了都特别兴奋，因为这是别的学校所不能提供的福利待遇。等我们平静之后，您语重心长地对我们说："趁年轻好好干，你们会大有作为的。"从此，我就成了小汤山中学的一份子，按照您对我们提出的要求，努力工作，教书育人，送走了一批批毕业生，我的工作

如歌岁月 纪念北京市昌平区小汤山中学建校五十七周年

态度、工作能力也被学生、家长和学校领导认可。

曾记得，语文教研组长即将退休，是您——郝校长，和我进行了一次谈话。那天，您把我叫到校长室，像拉家常似地跟我谈起工作、生活情况，最后很自然地告诉我杨继祥老师退休，让我接任语文教研组长的工作。说实话，这是我从来没想过的事情，当时我真怕不能胜任，有负领导厚望。您似乎看透了我的心思："大胆干吧，我们不会看错人的。"说实在的，是您的这句话增强了我做好语文教研组长工作的信心。从此，在上级部门的正确领导下，在学校领导的关怀下，在全体语文老师的共同努力下，我们语文教研组教师都能出色地完成各项教育教学任务，使语文学科成为学校的过硬学科、放心学科，1995年10月，我也因初三中考成绩突出被评为昌平县语文学科"十佳教师"。

曾记得，2003年，儿子面临小升初，是您——赵校长，您那朴实无华的话语至今让我暖在心里。那天，我和爱人带着儿子到实验中学参加入学考试，您得知后热情地把我们请到您的办公室，沏茶倒水、嘘寒问暖。您虽然在小汤山中学仅工作几个月，但您对我们就像对自己的亲人一样。我还清楚地记得您说的那句话："只要你们放心，孩子随时都可以上这儿念书。"后来，尽管因为种种原因儿子没能去实验中学就读，但我仍然感念赵校长对我们的恩情，他的那句话至今让我感到温暖无比。

曾记得，当我在教育教学方面取得一定成绩时，是您——孙校长，鼓励我加入中国共党，实现了我的人生梦想。那一天，您把我叫到办公室，探讨完教研组工作，您似不经意地问我："你就没想过入党吗？""说实话，入党是我由来已久的愿望，但我认为我还不够格。"听了我的话，您笑了笑："还挺谦虚的。不过，人无完人，不可能一点儿缺点没有，在党组织的帮助下，你的进步会更快！"从此，我积极上交入党申请书和思想汇报，更加努力工作，于2001年3月光荣地加入了中国共产党。也确如孙校长所说，在党组织的帮助下，我的进步越来越快，先后被评为昌平区优秀班主任、昌平区中学青年教师师德标兵、昌平区中青年骨干教师。

曾记得，年级组工作井然有序，个人教育教学又获佳绩之时，是您——李校长，把我培养成能胜任工作的学校中层干部，让我至今仍在这个岗位上为老师、为学生服务。那天，您找我个别谈话，您说："从你的工作能力和群众基础看，到政教处做学生管理工作应该没问题，你有什么想法吗？"您在听完我的担心之后鼓励我说："放开手脚干吧！你前面有王校长帮助你，实在解决不了的问题还有我呢，我们就是你的坚强后盾！"是您的信任和鼓励，增强了我做好政教处工作的决心。从此，我在政教副主任这个工作岗位上，勤勤恳恳、任劳任怨，使学校德育工作迈上一个新台阶，得到校领导和上级有关部门的一致好评。

回首在汤中的日子，我的进步、我的成长、我的成功都离不开几任校长对我的关心、帮助和培养，当然也离不开汤中各位同仁的支持。今后我会在自己的工作岗位上，继续为汤中的发展不遗余力。最后请再允许我由衷地说一声："感谢有您！"

作者简介：

李海燕，女，1985年参加工作，中共党员，小汤山中学语文高级教师，镇级骨干教师，现任学校办公室副主任。曾被评为北京市优秀教师、昌平区中学青年教师师德标兵、昌平区中青年骨干教师、昌平区优秀班主任、昌平区防控"非典"工作优秀党员、昌平区语文学科优秀教师、昌平区"十佳教师"。撰写的论文、教学设计多次获得市、区一、二、三等奖。

绚丽人生的起点

◎作者 许 颖

2006年，我离开大学的校门，又迈进了中学的校门。我的角色由一名学生转变为一名老师。转眼间，在小汤山中学工作已经是第七个年头，时间过得真快，回头看时，一切还历历在目。

"老师，您怎么跟学生似的？"刚上班时一个学生对我说。由于我个子不高，长相也偏小，学生们觉得我是他们的同龄人。不行，我得让自己显得成熟点儿。于是十月份发了工资，我就把头发烫了，不料学生见到说："老师，您显得更小了……"现在我明白了，只有内心成熟了才是真正的成熟。也许你的着装、头发、饰物让你表面上看着成熟，但你的眼睛、你的气质和你的举手投足、行为处事会出卖你。感谢我的又一个母校——小汤山中学，这里是一个纯净、温暖的地方，在你的呵护下我成长着。

刚干工作时，我怀着对学生的一腔热爱投入教育教学，却遇到了很多问题，担任两个年级的教学工作和一个班班主任工作的我逐渐意识到光爱学生是不行的，爱和严必须结合起来，否则自己的工作会很吃力，还会害了孩子。于是我利用自己年轻，和学生没代沟的优势深入了解学生的内心世界，关心他们的思想动态，又在班里和同学们一起制定了班规，严格要求学生遵守行为规范，大家互相监督，共同进步。现在，我教的第一拨孩子已经高中毕业了，我们偶尔还会通过qq聊聊天，就像老朋友一样。

今年我又来到学校团委工作，在杨英书记的带领下我适应了新的工作岗位。我深刻认识到共青团工作的重要性。这是一个充满青春气息的组织，孩子们需要从这里树立正确的政治方向，最终形成积极向上的人生观、价值观。我不断思考，共青团工作应该如何开展呢？我通过看书、上网查资料学习，与同行交流，与学生们沟通，结合我校共青团工作的实际，利用团课帮助学生们认识共青团并加入到共青团中来，利用党课提升高中生的政治观念，时刻准备着为中国共产党输送新鲜的血液。我们还完善了学生会，学生会是联系学校和学生的桥梁，能够让学生参与学校的管理。学生们的热情很高，开展了各式各样的学生活动，乒乓球比赛、篮球赛、文艺活动。学生社团的兴起，极大地丰富了学生的校园生活，学生们从活动中收获了自信与快乐，也学会了交流与合作，同时也更加热爱自己的学校了。孩子们能够在团组织中健康快乐地成长是我最大的心愿。

我觉得人来到这个世界是来感受和享受生命的过程的，在这个世界上，如果有些生命能因为你的努力而感受到快乐时，对于你而言这就是一种享受。从事自己喜欢的工作是一件幸福的事，我庆幸自己能够在工作中享受生活。感谢你，小汤山中学，我绚丽人生的起点。

作者简介：

许颖，女，2006年参加工作，小汤山中学政治二级教师，现任小汤山中学团委副书记兼初中思想品德教学工作。曾被评为小汤山镇优秀教师。撰写的论文、课例、教学设计多次获得市、区奖项。参加昌平区思想品德课堂大赛获得二等奖；辅导学生参加"生活的准则"征文大赛，学生分别获昌平区一、二、三等奖，本人获优秀辅导教师二等奖。

我在母校

◎作者 刘永江

我是1987年7月份到小汤山中学参加工作的。初次到学校报到，首先映入眼帘的是学校高大的校门，其右侧两块白底黑字的木牌上用楷书规范地写着：北京市昌平县小汤山中学和小汤山中学铝合金加工厂；其左侧的木牌上写着：小汤山中学电机维修厂。进入大门后，一眼看到的是一排排整齐明亮的平房，校内的甬路特别平整、清洁。特别是初三年级教室前的那一片树林，在炎热的夏天里给人一种特别清凉的感觉。工厂区位于学校的南面；东西两侧分别是学校的食堂和宿舍区及家属院；几排教室的后面，是学生的运动场。

1987—1988年度，我初次任教高一年级三个班的几何课兼初三（5）班的数学课。由于刚开始教课，工作热情特别高，备课很仔细，经常向白老师虚心请教，还多次听白老师讲课，但因为当时的教学观念就是老师讲，学生听，我在讲课时唯恐学生听不明白，课讲得面面俱到，有时甚至重复两三遍。所以一堂课下来，学生根本没有时间做练习，尽管我讲得口干舌燥，学生的学习效果还是不好。在期末考试成绩公布后，我的成绩比同学科老师的成绩低20%。当时我的心情特别沮丧，白老师安慰我说："别着急，慢慢来。"后来柳校长听了一次我的课，在交换意见时他诚恳地指出了我的优点和不足，最后语重心长地鼓励我说："只要你不断地努力，虚心请教，我相信几年后你一定会成为一名优秀的老师。"一股暖流涌进我的心头，当时泪水夺眶而出。虽然时间已经过去了二十多年，但这温暖的话语，仍时时出现在我的脑海里，不断激励我在今后的工作中克服一个又一个的困难。柳校长，我衷心地感谢您对我的信任和鼓励！

知不足而奋进，在以后的教学中，我在加强听课的同时，还注意学习教育教学理论，在一次阅读《中小学教学》时，发现北京第二实验小学校长李烈在给青年教师评课时说：课堂教学要让教师的精彩变成学生的精彩。这句话对我很有启发，在以后的备课中，我尽量缩短讲课的时间，让学生有更多的时间去练习，充分调动学生的学习热情，力争当堂巩固所学的知识。在编写教案时，我多听取白老师的意见，争取让白老师多听我的课，不断优化课堂环节，提高课堂效率。经过不懈的努力，我的教学水平有了明显的提高，如在1993年的高中会考中，数学的及格率100%，同年的高考成绩也较为突出，当年被学校评为教学质量标兵，为1994年评中学一级教师打下了良好的基础。以此为契机，在以后的教学工作中，特别是在高考和会考中，我曾多次取得优异成绩，平均分和及格率多次超过市区平均水平。我取得的点滴成绩，都是与老师和领导的关心、帮助分不开的，我从心底里感激他们！同时也感谢母校对我的栽培之恩！为了振兴母校，让我们共同携起手来，为母校的繁荣、昌盛而奋斗！

2000年5月1日，我校喜迁新址。这是一个永远值得纪念的日子，从这一天起，一座龙型设计的三层高楼取代了经历了四十多年风雨的排排平房。宽敞明亮的教室为学生提供了良好的学习园地；学生公寓为师生提供了很好的住宿条件；学校食堂师傅的高超手艺和优质服务为我们师生提供了可口的饭菜。教室内的多媒体代替了幻灯机；办公室、宿舍内的空调机代替了电风扇；新型饮水机代替了老式锅炉……可以说，我们已经拥有了优质的硬件，我们教师的任务就是利用这些优质的硬件培养出优质的学生，更好地服务于人民，为祖国的富强做出我们的一份贡献。

  2009年7月，由于工作需要，我被学校安排到政教处工作。刚开始时主要负责管理学生在校吸烟的问题，当然还有其他一些具体事务。为了减少学生吸烟现象，我每天坚持课间到男厕去检查、管理吸烟学生。刚开始时在厕所里吸烟的学生最多有十余人，烟头满地都是，个别学生还犯浑，管理起来相当费力。经过一段时间的管理，吸烟现象大为减少。为了更好地维持这种良好局面，我利用早自习时间到各班教室去对学生进行宣传教育，宣传学校禁止吸烟制度和政教处对吸烟学生的处罚规定，要求全体学生互相监督，共同维护学校的环境卫生，果然收到了良好的效果。

  经过近三年的不断学习和探索，我认为，要做好政教工作，必须做到四勤。一要腿勤，就是要求我们在课间时要经常巡视；二要眼勤，要求我们在巡视过程中要善于观察；三要嘴勤，遇到违纪的学生要及时制止；四要手勤，要及时清理地面垃圾和料理日常事务。同时还要不断学习理论知识，提高理论水平。做好学生工作要有四心：对学困生要有信心，对生活上有困难的学生要关心，做教育工作要有恒心，辅导学生要有耐心。

  近几年，在李校长及班子全体成员的正确领导下，校园环境建设加快了步伐，特别是2010年抗震加固后，学校的面貌焕然一新。学校大门前的雕塑象征着和谐，与其他建筑群相得益彰。教学楼内的顶棚、地面和门窗都得到了全面的翻新和装修；楼外的墙面被粉刷成主体棕红和白色间隔，象征着我校在事业上蒸蒸日上。另外操场还铺设了崭新的塑胶路面，新建了两个宽阔的篮球场和一个网球场。宽敞的甬路两侧都精心设计，进行了绿化和美化。学校的食堂和学生的宿舍都得到了不断的扩建和装修，学生的学习生活环境得到不断的改善。今年暑假，学校又为学生修建了一个自行车棚，围墙的曲线设计和圆形门的设计让人觉得十分新颖，白色墙面和黑色墙顶，绿色的柳树和红色的装饰花卉交织在一起，让人仿佛进入大观园一般。

老师们，美好的校园环境、良好的硬件条件需要我们共同维护，突出的教学成绩更需要我们共同去创造。让我们携起手来，在上级部门和学校领导班子的正确领导下，为进一步提高我校的教育教学水平而努力奋斗吧！

> **作者简介：**
> 刘永江，男，1987年参加工作，中学数学高级教师，现任德育处干事。曾被评为教学质量标兵、镇级优秀教师。所撰写的论文在全国教育学会、北京市、昌平区多次荣获一、二、三等奖。

赞汤中成功课堂

◎作者 刘永江

教学目标昨日颁，
任课教师夜难眠。
师生意志坚如铁，
不达成功誓不还。
党员干部带头人，
师生昼夜研学问。
虽无枪林弹雨逼，
知难奋进不顾身。

汤中今昔赞

◎作者 刘永江

红砖绿瓦排房连，
初中高中职高班。
比学赶帮争上游，
四化建设冲向前。
龙型建筑昌平鲜，
环境优美设施全。
勤奋创新育英才，
强国富民做贡献。

赞汤中

◎作者 曹德华

汤中任教四十年，
忆想当初破破烂。
改革开放结硕果，
如今旧貌换新颜。
领导智慧超诸葛，
师生合力同心干。
金秋喜迎十八大，
来年成绩超市县。

借助外力，发展自己，惠及学生

◎作者 付东方

我是参与跨越式课题实验的第一批教师之一，在参与课题实验过程中体会颇深，现将个人成长的经验和教训作一下汇报，希望它能对同仁们今后的专业发展和个人成长起到一点点启示作用。

苦练内功，借助外力，发展自己，惠及学生。专业发展、个人成长离不开三个环节——专家引领、同伴互助、自我反思。

一、相信专家。我相信专家对我的建议、批评、指正是为了我的成长，他们没有害我之心、坑我之意；我相信专家能解决我教学当中遇到的很多问题；我相信专家不能解决我教学当中遇到的所有问题。所以我要广泛地去听、认真地去想、有选择地去做。

二、了解专家。我想办法了解专家的背景、学历、阅历及所取得的成绩，通过这些我要知道他们的专长与特长是什么，以便于我在听取他们的点评报告时具有选择性。例如：北师大课题组专家擅长的是理论、数学的思想和方法，他们是站在高等数学的角度上看待初等数学；区教研员擅长的是课标、考试、教材、教法、学法；普通教师擅长的是对学生的感悟和理解及教学上的小经验和小技巧；名师擅长的是教学的方法和艺术。要博采众家之长为我所用，他山之石，可攻我山之玉。

三、沟通专家。要与专家坦诚相见、积极沟通，将自己的想法、困惑、困难、缺点、不足告诉专家，以便于让专家了解自己，使他们的指导更有针对性。将自己的缺点、不足告诉专家，面对的不是嘲讽和冷漠，而是理解、宽容、支持。这是因为：人的成长需要过程，他们也是过来人，他们也并不是完人。所以他们能够理解，同时我也向他们表明了一个虚心好学的态度。缺点是掩盖不住的，病迟早是要发作的，讳疾忌医是不可能健康成长的。在专家来听课时，千万不要作秀，要敢于暴露自己的不足，往往自己的错误、缺点自己发现不了，也改正不了，因为当局者迷，旁观者清。今天彰显自己的错误是为了明天没有错误。勇于实践、不怕失败。在学术上人人都有批评的权利。

四、相信自己。不管专家擅长什么，但他不可能了解我的学生，最了解学生的还是我自己。教师的成绩主要是通过学生来展示，忽略学生的行为必然要招致失败。如果把课堂教学比作一场战争，那么这场战争的总指挥应该是自己，专家是作战参谋，我们可以在充分考虑专家的意见的前提下，加上自己的思考，来组织课堂教学。本着一个原则——独立自主、自力更生、积极争取外援。

五、团结同事。在考虑自身利益的同时对他人的利益要予以必要的关注，一个只顾自己而不顾他人的人，在专业发展的道路上是不可能走远的。一枝独秀不是春，万紫千红春满园。有付出，才会有回报；有付出，才会珍惜。

六、自我反思。反思自己的不足，寻找解决不足的办法；反思自己的成功，分析原因，坚定信心。特别是要有清醒的头脑，在他人赞美自己的成功时，要认识到自己的不足。例如，2006年5月份，我上了一节公开课"算术平方根"，专家高度赞扬了我对网络的使用。我使用的是Midea-Class纯软件多媒体教学网，实际就是俗称的教师机控制学生机系统，反过来想一想，过分使用技术手段来调控课堂，恰恰证明我缺少的是调控课堂、控制学生的手段和方法，应该是用高超的教学水平、非凡的教师魅力来吸引学生，让他们爱学、乐学。如果一味地借助外力控制学生，那能有课堂效率吗？

就像没有一副药能治百病一样，也不可能有一种方法或一种媒体能解决教学中的所有问题。要说方法，倒是也有——那就是吃苦耐劳、勇于实践、甘于奉献、不怕失败。一学期要在网络环境中上六七节公开课，那是什么滋味？我想，上过公开课的教师会深有体会。正如一位名师所言，上完一节公开课后，身心调整需要半个月。如此高强度的训练，怎能不吃苦，怎能不进步？在网络环境中，若想取得教学成绩的突破，必须无条件地执行网络教学常规化。想一想，仅仅凭几节公开课怎能取得成绩上的突破？没有量的积累，哪有质的飞跃？网络教学常规化，30至50节课怎能成功？几乎是堂堂有缺憾。没有失败的经验和教训，又怎能把准网络教学的脉搏？

如歌岁月　纪念北京市昌平区小汤山中学建校五十七周年

课堂教学是一道多解的方程，我永远也求不出这个方程的所有解。有时我费尽周折找出了其中的一个或几个解，过一段时间，代回原方程检验，又会发现它是原方程的增根。教学有法，教无定法。在教学水平上没有绝对的好，只有相对的。既然学海无涯，那么教海也无边。只有不断地开拓进取，才能适应现在的课堂教学。

经过两年的跨越式教学试验，我对网络教学的收获是：我用两年的时间走完了五年的路程。我对网络教学的感悟是：若是站在教师个人近期利益上看，那就不应该参与；若是站在教师长期发展的角度上看，就应该积极参与。我站在一个父亲的角度上看，如果我的女儿具有一定的自控能力和一定的学习基础，我会毫不犹豫地将我的女儿送入网络试验班，因为网络教学可以让她终身受益。网络教学本没有正向作用和副向作用之分，无非是使用者怎么去用和站在何种角度上去看。

素质教育与应试教育的区别之一就是：素质教育能让一个成熟的初中教师在三年内给学生打下一个能盖十五层楼房的基础，三年后，他让人们看到的是一座十层的楼房；而应试教育能让一个成熟的初中教师在三年内给学生打下一个能盖十层楼房的基础，三年后，他让人们看到的却是一座十五层的楼房，但大多数人并不知道那是一座危楼。跨越式课堂教学恰恰是素质教育，所以它的前途是光明的，但它的道路是曲折的，它还需要走一段很长的路。我愿意与各位同仁在基础教育课程改革的道路上同舟共济，风雨兼程。

作者简介：

付东方，男，1995年参加工作，小汤山中学数学高级教师，镇级骨干教师。曾被评为昌平区数学学科优秀教师、昌平区骨干教师、昌平区义务教育课程改革先进个人、北京市教科研工作先进个人。撰写的论文、课例、教学设计多次获得国家、市、区一、二、三等奖并有多篇论文在刊物上发表。参加昌平区数学课堂大赛获得一等奖，代表昌平区参加北京市初中数学教师基本功大赛荣获三等奖，多次在市区做教材分析并获得好评。

感恩的心

◎作者 李 明

小草一岁一枯荣之后又萌发新绿,那是心存对阳光雨露的感恩;雄鹰在清寒玉宇中展翅高飞,那是心存对蓝天白云的感恩;溪水从山涧低吟下泻,那是心存对巍峨高山的感恩;我在工作上从不挑挑拣拣、推诿懈怠,那是我对汤中的感恩。

临危受命

那是2008年7月的一个周四的早上,天气好,我的心情也格外舒畅。我早早地来到办公室准备一天的工作,"铃——"一阵清脆的电话铃声打破了办公室的宁静,我拿起电话就听见王校长那缓慢而低沉的声音:"李明同志在吗,到我办公室来一趟。"放下电话,我心想:大清早王校长找我干吗?我带着疑问就到了王校长办公室的门前。敲开门还没等我迈进腿就听见王校长说:"305,李校长找你。"我赶紧追问:"李校长找我干吗?""去了就知道了。"我更加疑惑了:我一个小老师跟校长根本没有交点,一年里除了开大会,也见不到校长几回,校长找我干吗?楼道好短啊!我还没想清楚什么情况就已经到了校长办公室的门前。我小心地敲开校长办公室的门,校长热情地接待了我,他开门见山地说:"马上你们就初三了,做初三的年级组长怎么样啊?""不行,不行。"我连声拒绝,"一没资历,二没经验,绝对不行。"我的头脑像飞奔在高速公路上的汽车的车轮飞速旋转,想着一千万个理由拒绝校长的要求。这个年级初一、初二两任年级组长相继辞职,年级情况可想而知,我也没有特殊的本领怎么能干好呢?李校长很会做人的思想工作,一下子就看穿了我的顾虑。他先肯定了我的优点长处,又说明了年级情况,最后强调说我肯定行,没问题。我好像没有任何拒绝校长的理由了。从此我就带着校长的嘱托和我忐忑的心，走上了年级组长的工作岗位。

想方设法

既然干了，就要对得起自己的良心，这是我做人的准则。五年组长，三年初三，工作强度和心理压力可想而知。2008年9月，初三学生准时开学。年级一共八十几名学生，平均分为四个班三套老师。也就是说有一套语数外老师每人教两个班，另外两套语数外老师每人教一个班，更有甚者一个物理老师要教三个班。开学两天，不平的情绪弥漫整个办公室，埋怨的、指责的、说风凉话的……什么样的都有。初三的战争才刚拉开序幕，老师们的情绪就如此低落，那怎么行呢？我想：如果把四个班并成三个班，那么除了一名物理老师和一名化学老师教两个班，其他老师都是一个班，那就相对公平了许多，开学两天分班对学生的影响也不大。说干就干，9月3日早晨，我就开始找闫主任、张校长，一番周折，9月4日正式分班。老师皆大欢喜，专心工作，班主任积极安慰学生，初三紧张的教学工作正式开始。

2011年又是一年的初三，面对新一轮的挑战，第一学期的期末考试成绩非常不理想，怎么办？坐以待毙还是奋起直追？最后学校决定初三学生集体住宿舍，从此班主任成了真正的"班妈"。早晨6：10起床，然后是晨跑、早饭，中午监督学生在学校食堂午餐、宿舍午睡，晚上晚自习直到10点熄灯。每天的工作除了正常的教育教学工作，又增加了学生的食宿管理工作，工作强度不言而喻。不仅同事们都不理解，就连自己的家人也不理解。在别人都在追求轻松安逸的时候，我为什么自找苦吃……

追本溯源

2003年，大家除了记住了"非典"之外，作为老师可能还记住了教育系统的人事改革。第一次人事改革大家也不清楚具体情况，只是看到了下岗、分流，弄得大家人心惶惶。就在这一年，原单位的老师们就像约好了似的向领导申请了调动。我自然也在这个行列当中，为了上班更方便，我选择了小汤山中学，可是当时校长告诉我："小汤山中学不缺语文老师。"我怎么办，继续留在原单位还可能吗？再去联系其他单位希望大吗？正当我左右为难、心情焦虑的时候，我接到了王主任的电话，他通知我到汤中办手续。当时别提我有多高兴了，心中的一块石头总算落了地。第二年爱人也如愿调入汤中。六年后，儿子该上小学了，为了给他提供一个良好的学习环境，爱人提出了调动。如今爱人在朝阳区的黄冈中学工作，儿子在黄冈小学上学。一次次的调入调出，没有"礼尚往来"，没有繁文缛节，所以，我心存感激。

感恩充实着我们的生活，感恩塑造着我们的心灵。感恩，使世界变得美丽；感恩，使我们拥有爱心。让我们怀着一颗感恩的心，去感激生活中的点点滴滴吧！

作者简介：

李明，女，1997年参加工作，中学一级语文教师，昌平区骨干教师，现任小汤山中学德育处副主任。曾被评为昌平区十佳教师，多篇论文和课例在市区级评比中获奖。2008年在中小学信息技术教育杂志第11期第13页发表文章《结构图在语文教学中的运用》，2010年在《跨越之旅》中发表教学设计《人生寓言》和论文《网络环境下，加强信息技术与语文学科的深层次整合的研究》。

冬日的阳光

◎作者 顾文志

冬日的阳光，迟迟不肯露出脸庞。她虽热情如火，也惧怕三九天的风刀雪剑，懒懒地，躲在被窝里酣睡。月儿挂在天边，校园里，甬路上斑驳的树影在寒风中瑟瑟颤抖。一束强光刺穿黑暗，一个身影急急地向锅炉房走去。

高老师正在仔细检查司炉工的工作记录，抄录仪表，查看出水和进水温度，抽取水样，精明中透着干练。校园加固工程取得巨大成功后，李校长要求冬季供暖要做到温暖、温馨。每天天不亮，高老师就早早来到学校，查看锅炉的运行情况。然后到学校各处检查暖气片的温度，发现问题及时解决。教职工和同学们都说，学校比家还暖和！

当住宿的同学还在梦乡里，学校食堂里已经是热气腾腾，蒸汽中人影绰绰。听不见谁在说话，只有锅盆的叮当声回荡在食堂大厅里，大家都在忙碌着。住宿的同学们六点半开饭，一天繁忙的学习生活就要开始。为了保证老师和同学们的饮食，食堂的工作人员不论寒来暑往，每天早晨五点多准时到校，九名工作人员，要保质、保量、准时为三百多人供应餐饭，工作量可想而知，但大家没有怨言。学校食堂连续三年被评为小汤山地区为数不多的A级食堂。

坐在温暖的教室里，同学们在认真地学习。快到中午，许老师步履蹒跚地向教室走来，关节炎使许老师的腿脚不太灵便。瘦削的白老师扛着梯子，跟着许老师来到教室外，静静地等候。下课了，同学们都去食堂吃饭了，这时教室里空无一人。白老师来到教室，支起梯子，许老师扶着梯子。白老师拿着事先准备好的节能灯管，把坏掉的换下来。收起梯子，两人用抹布把落在课桌上的尘土擦干净，才回办公室。为了不影响同学们学习，他们尽可能利用休息时间维修损坏的设备。

2012年的第一场雪比往年都来得早一些，气温已经降到零下十七八摄氏度。早六点十分，昌平体委停车场，停着一辆淡蓝色福田大客车，整洁的车身上，龙飞凤舞般写着"小汤山中学"几个大字。驾驶员郝续平是一个年过四十的女同志，为了能让坐班车的老师们暖和一点，她总是提前二十分钟发动班车，随着发动机的轰鸣，水温在不断上升。当六点半老师们坐上班车时，车内已经是暖风习习，寒意全无。体委门卫冲她点点头问："昨天怎么回来那么晚？"她说："负二十的柴油不好加，跑了好几个加油站。"大家都亲切地称她为"郝大姐"，她连续两年被评为教育系统优秀驾驶员。

这是一个默默无闻的群体，他们淡泊名利，勇于奉献；这是一个朴实无华的团体，他们以点滴的平凡，铸就汤中的辉煌。诗人曾说：虽然天空没有我的痕迹，但我已飞过。我感悟：虽然天空没有我们的痕迹，但我们一起飞过了！

希望多年后，同学们在提到小汤山中学的时候，能说出一句：那里曾是我的家，很亲、很温暖！我们会潸然泪下！

作者简介：

顾文志，男，1991年参加工作，中共党员，中学体育一级教师，现任小汤山中学总务处副主任。2008年获昌平区优秀奥运志愿者称号，2009年至今连续四年被评为昌平区教育系统优秀车管干部。

我的汤中情

◎作者 马有林

我出生在小汤山地区一个贫苦的农民家庭，父亲是一名普通的工人，他用每个月一二十元的工资维持着这个家庭；母亲耳聋；家中兄妹四人，我排行老三，是家中唯一的儿子。家境虽然贫困，但十分和睦。是小汤山这块黑土地养育了我，是小汤山这块黑土地的人情感染熏陶了我，造就了我坚强不屈的性格。

师情育我成才

我于1981年顺利地考入了小汤山中学，高大的杨树，硕大的操场，宽敞的教室，都是我从未见过的，让我感到陌生又新奇。

刚刚进入汤中的生活是快乐的。现在回想起来，在汤中所做的每一件有趣的事，每一句有趣的话我都记忆犹新：有在大扫除中拿笤帚当冲锋枪对着数学老师做射击被老师发现的窘态；有到班主任的宿舍顺便拿几支烟给同学们抽后得意洋洋的喜悦；有迟到不上课让老师狠狠地批了一顿的无奈；有考试帮助同学答卷被老师发现后仍不悔改的顽固……

当初的我，贪玩、顽皮又淘气，不知道学习。到期末考试自己的排名降到第十八名，有好几科不及格。看到试卷上刺眼的成绩，我再也高兴不起来。

"班主任有请！"从同学那里听到这个消息，我很害怕，站在李老师桌旁，我不敢抬头看他。

"这道题你没看清题目要求，这道题计算马虎……"没有声色俱厉的批评，没有埋怨，更没有讽刺挖苦。那一刻，我就下决心一定要好好学习，立志当一名像他一样的老师。

功夫不负有心人，初二的第一学期末，我的学习成绩不但是班级第一，而且是全年级的第一名。我高兴，我兴奋，我得意洋洋。从此以后我的学习成绩就没有掉下来，始终保持在年级的前十名，直到初三升学考试，我以优异的成绩考入昌平师范学校。

我十分感谢我初中三年的班主任李万生老师，是他教育了我，是他挽救了我，是他引领我成为一名光荣的人民教师。

友情温暖我心

我于1993年来到了小汤山中学，成为一名光荣的人民教师。

1995年我成家了，是小汤山中学的刘凤琴老师帮忙张罗，王富刚校长、大师傅郝立明等组织人员到我家帮忙炒菜办酒席的，学校出车接新娘，送亲戚……是小汤山中学把我一个青年领入了成人的行列，是汤中的教师给予了我很大的帮助，使我倍感温暖。

1995年，我的小孩降生了，我天天生活在喜悦之中，家庭充满了欢乐，全家人整天为小宝宝忙碌着。谁承想厄运降临了我的家庭。1997年，我的小孩被发现患有先天性心脏病，一家人陷入了悲痛之中，高额的手术费让一家人无法承受，我整天生活在悲痛之中。这时又是学校的领导和老师伸出了援助之手，他们积极为我家小孩捐款，帮助我渡过了难关，我内心十分感动。为了不影响我照顾小孩，领导积极为我调课，我一边为学生上课，一边跑医院，虽然很忙碌，但内心是温暖的。

我家的小孩是不幸的，但他同时又是幸运的，因为有全校的100多位教师爸爸、教师妈妈在伴他同行，在给予他帮助。汤中教师的行为，极大地鼓舞了我，也让我的家人看到了希望。那时我们全家人就相信，有汤中教师的祝福、关爱与帮助，我家的小孩一定会健康成长的，是汤中给了我家小孩重新拥有生命和美好人生的希望！在此，我感谢汤中，感谢汤中人。从那时起，我就下定决心，要为小汤山中学贡献我的一生。

真情回报汤中

转眼来到了2003年，一场突如其来的疫情席卷了整个中国，也席卷了北京这座城市。小汤山中学也加入了抗击"非典"的行列。小汤山"非典"医院距离小汤山中学不足100米，每天拉"非典"病人的救护车鸣着响笛从学校门前呼啸而过。在生死危难的关键时刻，全校师生在李校长的带领下，怀着必胜的信念，严防死守，严阵以待，有效地阻断了疫情向学校扩张和蔓延，抗击"非典"取得了空前的胜利。

我当时作为年级组长、班主任，身上的任务与责任也十分艰巨。每天监测200多名师生的体温情况，每天用小面包车为全年级的学生送作业和试卷。记得有一次，有一名叫刘长庚的学生汇报上来的体温是38.8度，这下可急坏了我，我马上向学校的领导小组汇报，得到的答复是，我要亲自到他家中，检测他的体温。我不敢怠慢，马上开车到了他家。学校有规定，自身安全十分重要，我不敢进到屋内，这时恰逢他又出去玩，在那种情况下，这就意味着传播啊！我又在他们村满村寻找，经过半个多小时的找寻，终于找到了他。我马上命令他回到家中去量体温，亲自监测体温是36.8度，虚惊一场，我提着的心这时才算放下，接着马上打电话向学校做了汇报。

作为年级组长，抗击"非典"是重要的，学生的学习也不能落下。我每天坚持到校，一手抓抗击"非典"，一手抓学习。我每两天就要给学生送一次复习资料、试卷，最远到达立水桥。送试卷的途中，还要经过各种检查消毒，拉"非典"病人的救护车与我的车擦肩而过，那种阵势从未见过。但我心中只有一种想法，那就是在学校困难时期，我决不能给学校拖后腿。是学校给了我家，我就要报答学校。有了这种信念，"非典"时期我拼命工作，我所负责的工作没有出现任何问题。我们最终战胜了"非典"。"非典"结束后，我得到了各种荣誉多达四项，学校给我700多元的补助，我当时是一名入党积极分子，我按照党员的标准，讲奉献，放弃了补助。我想，在我困难的时候，是学校给予了我很大的帮助，现在学校有困难，我怎么能袖手旁观？

到现在，我在小汤山中学已经工作了二十多年，我决心在此度过我的一生。

汤中育我成长，汤中给我温暖，汤中就是我的家！

作者简介：

马有林，男，1987年参加工作，中共党员，小汤山中学数学一级教师，小汤山镇骨干教师，曾被评为小汤山镇优秀共产党员。撰写的论文、课例、教学设计、电脑作品等多次获得市、区一、二、三等奖，曾在《中国电化教育》杂志发表文章。

爱的世界——班主任的经历

◎作者 臧　鹏

不知不觉，当班主任已经有五个年头，五个年头的班主任工作时间虽然不长，但也让我尝尽了班主任工作的酸甜苦辣。我们都知道，班主任工作是千头万绪的，所以，当个班主任不难，但当个合格的班主任确实不易。

"学校"的爱

2008年参加工作后，我就当上了副班主任，感觉对于满腔热血的我来说这没有什么问题。第二年，学校领导信任我，让我这个"新兵蛋子"接手高二（1）班的班主任工作。回想起来，那时的班主任工作根本没什么经验可谈，只知道应该树立威信，却不知该如何树立；只知道学生应该听班主任的，却不知该如何让学生当面和背后都能听班主任的话。

在一次学校全体教师大会上，李校长的一次简单的讲话深深地触动了正在因班级管理束手无策的我。"你要真心关心你的学生，学生才能真心听你的话；教师是用生命教育生命的职业！"听完了这几句话，我感到心灵之火在燃烧！只有真心地关爱你的学生，学生才会真心尊敬你！从这以后，我经常早来晚走，不时地在课间以及课下关心班级同学的生活状态和心理变化，几句简单的问候和关怀，如"早上来这么早吃早点了吗""天有点冷了，多穿点衣服"就让孩子们感觉到了班主任对他们的关怀。我还经常得到学校领导的指导和关怀：张庆民校长教会了我与同事和同仁们多多交流与学习；张登元校长告诉我如何与学生交流，得到学生们的信任；闫主任、诸主任、罗主任、李主任给予我这个年轻的班主任一些教育方法和教育理念，让我受益匪浅。学校领导和同仁们对我的爱，让我更加有动力和热情去对待我的班主任工作。

"家庭"的爱

班主任在处理好学生之间问题的同时，还要处理好教师与学生之间的关系。而幸运之神又一次眷顾了我！办公室的老师们非常非常支持我的工作，在碰到与学生产生摩擦的时候，总是先与我沟通，树立我的威信，还能够帮我出主意，让我能用最融洽的方法解决问题。原高二办公室的"智多星"杨建华老师，美女教师张艳，"开心果"张小闯老师；现在办公室里认真负责的组长佐小峰老师，经验丰富的胡振峰老师，阅历丰富的"教授"李永红老师，像我的大哥哥一样的张春雷老师，温柔善良的张春菊老师，爱岗敬业的高淑娟和陈海燕老师，学科中对我帮助很大的陈建红老师，以及年级的副组长施晓梅老师，当然还少不了今年刚刚融入我们办公室的"新鲜血液"吴卫辛老师，一天中的一半时间我们是一起度过的，一起学习进步，一起经历风雨，像一家人一样在为我们的"大家庭"汤中而增光添彩！

"兄长"的爱

"老师！虽然我已经毕业了，但是在我高中的生活中，我会永远记得有一个像大哥哥一样的老师那么关心和照顾我，谢谢您！祝您生日快乐！"这些话是在我刚带完第一届学生时，我生日的时候学生给我寄来的贺卡上写的话，现在我还保留着，因为我觉得这就是我教师生涯里的"宝贵财富"。现在的这届学生，私下里也都称呼我"哥哥"。从年龄上来讲确实如此，我本来也不比孩子们大多少岁，而从上届学生开始，我也欣然接受了这个我觉得很亲切的称呼。这样会让我觉得我和他们是在一个世界里的朋友，孩子们的想法都能够和我如实地讲，男女生之间的情感问题，"兄弟"之间的问题，学习上方法与心态的问题等，我们之间无话不谈。我曾经和学生们说过："希望当你们毕业的时候，你们能够发自内心地说，来了汤中，我们不后悔；那我也会骄傲地说，作为你们的兄长、你们的班主任的我，能够在茫茫人海之中有幸与你们在你们的花样年华里并肩前行，我是多么的骄傲和自豪！"

"学生"的爱

"老师！老师！班级的同学们打起来了！"班里的李正伟急忙跑过来找我！我惊了一下，边走着边埋怨着："和你们说没说过！和同学打架是最可耻的行为！"说话间我跑到了班级门口，只见30张桌子摆成了心的形状，每个桌子上点了一根蜡烛，我一走进班，我班的孩子们一起唱起了"祝你生日快乐，祝你生日快乐……"瞬间，我的眼睛模糊了……这应该说是我这辈子最最难忘的生日了！孩子们都记得！与这些孩子们一起生活和学习的过程中，还有很多这样的"惊喜"。我知道，虽然我对孩子们有过批评，但是孩子们都知道我是发自内心地关心他们！他们对我的爱让我更加有动力去努力工作，努力奋斗！

人的生命当中，缺少不了别人的关爱和帮助，我带着"每怀古人自知不足，既生斯世岂能无为"的想法成为了一名教育工作者，更在爱的包围中成了让我骄傲的班级中的一员——班主任。我一直相信，当你可以把爱无私地给予别人的时候，你就生活在爱的世界里！

作者简介：

臧鹏，男，2008年参加工作，小汤山中学英语教师。曾被评为小汤山镇优秀教师、校级教学质量标兵，所带班级曾荣获昌平区优秀班级称号、昌平区平安之路先进班集体，在区级班会课评选中荣获二等奖。是学校的文艺骨干，曾获昌平区教育工会东片红五月歌唱比赛一等奖。

我们是一家人，相亲相爱的一家人

◎作者 王 玲

时间如白驹过隙，转瞬即逝。以前写文章常用这句名言，只觉得它很有文采；现在每每读到它，回想起自己从教四年的历程，对它便有了一种从未有过的真切体会。

在这四年的成长路上，汤中的老师们一直引导着我，激励着我，我所取得的每一点成绩，都离不开他们的真诚帮助。记得四年前初来汤中时，我只身一人离开父母，内心充满了孤单和迷茫，是学校给了我家的温暖，是学校的领导给了我亲人般的爱护。还记得李校长知道我们实习期不发工资生活困难，很严厉地问我们为什么有困难不和他说，然后预支给我们工资，让我们更好地生活；还记得师傅大罗哥总是以自己想改善伙食为借口而带我们去火锅店"解馋"；还记得李永红老师在我第一次讲公开课时给我的无私帮助……这里的所有人都像亲人一样对我关怀备至，让我无时无刻不感受着家的温暖。也正是这样的感动，让我更努力地工作，不辜负大家对我的希望和关怀。于是，有了区级诗朗诵大赛的二等奖，有了青年教师课堂大赛的二等奖，有了优秀班主任的称号……而这些，都离不开学校领导和老师们对我的关心。

如果说，身边的榜样引领着我成长的话，那么自身的不断努力，则是成长的必备条件。我喜欢这样一句话：实践出真知，磨砺育新人。这句话用在我们青年教师身上，无比的恰当。回想自己这四年的从教经历，感触最多的是工作越忙碌内心就越充实。

四年以来，除完成自己的语文教学工作之外，还有班主任工作，也正因为这样，我比别人多了一些实践、学习和思考的机会。还记得正式成为教师的第一节课，那是高一新生报到的第一天。那是一群可爱的孩子，我们在互相介绍了彼此以后，大家都叫我"姐姐"，而这个称呼拉近了我们之间的距离，让我们从师生变成朋友以至于现在的亲人。在三天不到的时间里，我熟悉了他们中的每一个人，从姓名、座位到各人的喜好，甚至每个孩子形体上的细节特征，我也摸得一清二楚。正所谓"知己知彼，百战不殆"。那段日子，我常常能闭上眼睛随时想象出班级里的状况：谁在认真听讲，谁在左顾右盼，谁和谁在窃窃私语，谁与谁又在大声喧哗……陪伴孩子成长，是一件让人感动的事。看着他们活泼可爱的笑脸，听着他们问的单纯而有趣的问题，也使自己能一直保持年轻纯朴的心态。

四年时间，既是学生们的成长，也是我的历练，我们互相帮助，走过属于我们的每一天。还记得第一次获得"优秀班集体"称号时我们的兴奋；记得2012年一模、二模考试时语文单科成绩取得区第二名时我们的欣喜；记得高考前考场外的击掌；记得高考后孩子们对我说：老师，我们想再上一节语文课！我把他们看成我自己的孩子，而他们也将我当成最亲的人！

都说上有老下有小是人生中最为尴尬的处境，但是在汤中这个大家庭中我却感受到了在这个处境中的幸福与温馨。上面有爱护，下面有支持，让夹在中间的我不断地成长，不断地努力，也不断地感恩。

回顾四年所走过的脚印，深深浅浅，大大小小，都是我人生最值得回忆的。祝福汤中！祝福明天！

作者简介：

王玲，女，2009年参加工作，小汤山中学语文二级教师。曾被评为校"三八红旗手"，2010—2012年连续三年被评为校级优秀班主任，2011年被评为昌平区"交通安全优秀班主任"，2012年获得昌平区青年教师课堂大赛二等奖，2013年在昌平区"青春颂歌"高中生朗诵比赛中获得辅导教师一等奖。

新教师的感受

◎作者 吴春阳

刚刚大学毕业的我，初到学校的时候，就好像一下子回到了自己上中学的时光。看着我即将任教的班级和班级里的学生，我深深地感觉到我的身份角色发生了变化。这个变化不仅仅是环境的变化，更多的是角色的变化，从一个受教育者变成了教育工作者。在最初的一个月里，为了适应陌生的环境与陌生的学生，我努力地克服变化所带来的各种心理压力，从其他老师身上多吸取教学经验，在老教师的帮助下，慢慢地形成了自己的上课方式。在这样一个变化的过程中有苦有甜，但我始终以良好的心态对待工作中的困难和挫折，努力充实自己，沿着新教师培训为我们指引的方向前进。

作为一名刚刚踏上工作岗位的青年教师，在上班初期，虽然有一些忐忑和紧张，但学校领导及许多老师对我工作给予的诸多关心与帮助，使我充分感受到了汤中这个大家庭的温暖，也让我能够在短时间内适应新环境，工作起来比较轻松自如。

在课堂教学方面，学校领导给我安排了李新捷老师做我的师傅，他教给我很多知识。有机会，我就会去听课，吸取其他老师的长处，向他们学习找出我在工作中的不足。在我上完课的时候，师傅李新捷老师总是在第一时间纠正我的错误，及时给予我帮助。而在平时的教学中，我也能认真备课，敢于实践，遇到难点，主动向其他老师请教。

我除了做好本职工作，还努力兼顾好领导安排的工作。这个学期我接管录播教室的管理工作，我觉得是领导给我提供了一个很好的学习和锻炼的平台。虽然有的方面我不是很懂，但是我每次都很虚心地向周士龙老师请教。总之，我会尽我所能，用心做好领导安排给我的这份工作。

作为一名新教师，我要学的知识还很多，我的工作任重而道远。我会更加勤奋努力，虚心向别人学习，用自己的成绩回报所有关心我的人。

如歌岁月 纪念北京市昌平区小汤山中学建校五十七周年

作为一名新教师，我正处在教师生涯的起跑线上，必须踏踏实实地做好每一件事，通过不懈的努力，用自己真诚的爱心关爱学生，一步一个脚印地走好今后的路，争做一名优秀的人民教师！

作者简介：

吴春阳，女，2012年参加工作，小汤山中学美术教师，兼任小汤山中学照相录像工作及小汤山中学动漫社团指导教师。

长大后，我就成了你

◎作者 赵文婧

回过头，岁月已匆匆成为往事，那些年少无知的轻狂，那些美好的时光，渐渐积淀成了我成长的故事。问自己，你现在是仍然做着有关理想的梦，还是已经脚踏实地地迈出了实现梦想的第一步，还是已经实现了梦想。或许这些都不重要，重要的是你是否找到了适合自己的位置。很庆幸，我找到了适合自己的教师岗位。

当你面临人生转折的时候，会期待，或许也会带着些许的无助和迷茫。因为你知道，未来的人生路要转变，却又不知如何去转变。因此，作为新人，能成为教师，我惊喜万分，却又在学生和教师角色转变的时候，焦虑万分。小汤山中学是我人生新的起点。李校长是我认识的第一个汤中人，也是第一个带给我启迪的人，他的新的教学理念以及对我的鼓励、信任，使我有信心在这里成长、发展，成为一名合格的教师，一名优秀的教师。

学校在我们新教师报到时召开会议，欢迎我们加入学校，鼓励我们热爱学校，扎根学校，为学校的发展做贡献。领导的谆谆教导和对我们寄予的殷殷之心，使我们新教师深受感动。在我们还没有正式入职之前，学校领导团队就热心向我们介绍学校，指导我们并帮助我们办理各种手续，让我们这些远离家乡的青年人，在这里感受到家的温暖。

书桌前，还放着些许试卷。转眼间已有了一学期的光景，这段时间，有欢喜，有烦闷，但更多的是自己的成长和学生的成长带给自己的喜悦。当他们进步时，我为他们高兴，自己也很有成就感；但当他们犯错误的时候，我很纠结，担心说轻了不起作用，说重了又会伤害孩子的自尊心，有时候处理问题的分寸很难拿捏，自己也常常反思。作为一名教师，不但要懂得如何教书，更要懂得如何育人。面对思想比较成熟的高中生，可能除了教给他们知识，更重要的是培养他们的人格。一位教育家曾经说过："农民怎样对待庄稼，决定着庄稼的命运；教师怎样对待学生，影响着学生的成长。"我期待他们会更好，所以我也在不停地努力。

教学相长，这个过程也使我不断地进步。当然，个人的成长离不开校领导的指导、师傅们的培养以及各位同事的帮助，这使我少走了不少弯路，我的教学之路也顺畅了许多。元旦的时候，张校长对我这一阶段的教学工作给予了肯定和鼓励，也使我对教师之路信心倍增。虽然还有很多困难要去挑战，很多问题等着我去钻研和探索，但成长的过程是充实而美好的。

小时候我以为你很神秘，让所有的难题成了乐趣；小时候我以为你很有力，你总喜欢把我们高高举起。长大后我就成了你，才知道那支粉笔画出的是彩虹，洒下的是泪滴。有那么一首歌——《长大后我就成了你》。

现在我也是汤中人了。在这段日子里，我深深地喜爱上了教师这一神圣的职业。在今后的日子里，我要把一生矢志教育的心愿化为热爱学生的火焰，将自己的爱奉献给孩子们。祝愿汤中永远朝气蓬勃，创造出更加辉煌的业绩！

作者简介：

赵文婧，女，硕士学历，2012年参加工作，小汤山中学地理二级教师，兼任研究性学习教学工作和羽毛球社团指导工作。参加2012年高考文综阅卷工作，并被评为优秀阅卷教师。辅导学生的研究性学习成果被评为一、二等奖。

如歌岁月 纪念北京市昌平区小汤山中学建校五十七周年

做教练的喜悦和幸福

◎作者 穆欣欣

乒乓球是我国的国球,在世乒赛和奥运会上,我国乒乓球国手经常包揽全部金牌。我为国球而骄傲!与全国球迷一起骄傲!

我也非常热爱这项运动,并且在学校和小汤山地区小有名气,曾在学校的乒乓球比赛中获得冠军,在社区比赛中拿过冠军,在小汤山地区的一次比赛中获得第十名,在昌平区教师乒乓球比赛中拿过中年组冠军。乒乓球运动不仅使我体会到了成功的喜悦,还让我强健了身体,更重要的是让我体会到了为人师的幸福。

我最得意的是教了几个美女徒弟,现在她们球打得都很漂亮,有的还相当有水平,和我校一些男教师水平相当,在其他教师眼中她们就像明星一样,经常受到表扬。这些美女徒弟中有的是年级组长,有的是教研组长,还有不少班主任和学校骨干教师,她们都是我们学校的中坚力量。打乒乓球,使她们的自信心得到了增强,也使她们获得了成功的喜悦。现在每天中午在二楼的通道里,男教师和女教师精彩的乒乓球表演,已成为我校一道亮丽的风景线。下面我就把在教美女教师打乒乓球的过程中的喜怒哀乐与同仁们分享。

大约四年前,高美霞想跟我学乒乓球,我心里非常高兴,但是心里也有很大压力,要求自己动作做出来要特别漂亮、干净、利落、潇洒、舒展、优美。我感觉不是在训练,而是在享受亮丽的生活。在训练过程中,我总是在鼓励她,只要有丝毫的进步,我都会给予表扬。如:很好,太棒了,你可以的。她学球非常快,动作舒展、优美,移动迅速,反应奇快,我觉得教她打球是一种享受,我真想不到一个小女子,居然可以打出那么大力量、那么高难度的球,有时我都难以招架。为了不被徒弟难倒,我也不断学习乒乓球技术的动作要领,学习教法,这使我的乒乓球水平也得到了提高。

我教的第二个徒弟是数学教研组长、学校骨干徐景洁。一次徐景洁看到我和高美霞打乒乓球,被高美霞优美的动作所折服,"太漂亮了,跟国家队的差不多,我也要学。"她当天中午就找了个球拍开始跟我学。在她的带动下有好几个女教师都来学打乒乓球。徐景洁是一个非常漂亮且非常聪明的人,反应很快,身体协调性非常好,尤其是她打球特别有激情,能把大家的情绪带动起来。刚开始教她时,我一般把动作要领说一两遍,她很快就能做得很好,没学几天就能连续打十来板,而且力量特别大,能把全身的劲儿都用上。她自己心里也特别美,满脸洋溢着笑容。由于她节奏感很强,在刚学反手攻球时,动作很优美,蒋红梅说她打球像跳舞一样美。我从正手攻球、反手攻球、移动、发球、接发球、上旋球、下旋球等不断深入,徐景洁学得都很快。每当她的动作出现问题,我刚一开口要说时,她自己先说"我知道了"。不久我们学校举行了一次教师乒乓球比赛,我鼓励我的徒弟们参加,但是由于学习时间短,她们连发球和接发球都还没练,所以都不敢报名,只有徐景洁报了名。她说她很紧张,心里也没底。比赛前的那几天,她一有时间就找我练球,重点是发球和接发球,由于她非常用心,她的进步非常大。从来没有参加过比赛的徐景洁到比赛时居然得了冠军,这简直是个奇迹。

后来在徐景洁和高美霞的影响下,跟我学乒乓球的人越来越多,她们中有的自称是体育差生,有的甚至没摸过乒乓球,她们觉得乒乓球很神秘,想学但是又怕学不好。她们很不自信,下了很大决心才开始跟我学。我也改变了教法,开始用多球注意技术动作练习,我一边讲解动作要领,一边鼓励她们大胆做动作,不去想球上哪儿。因为一般不会打球的人,不敢向上挥拍,怕球飞出界,老想反拍,所以我要让她们明白,球是靠摩擦出旋转而下落的,不是靠反拍压下来的。这段时间很枯燥地重复练习一个动作很辛苦,看到她们由于找不到感觉有点动摇时,我会鼓励她们。每当她们打出好球时,她们自己也很开心,体会到了成功的喜悦,她们的自信心也增强了。当她们的动作定型以后,就由地下转到地上二楼通道,她们互相可以对练,我每个人陪十多分钟轮换练。累是累了点儿,但看到她们的进步,我心里很高兴。

跟我学乒乓球的和经我指点过的女教师有十多人,下面简单介绍每个人的特点：王晓燕非常苗条，看上去弱不禁风，打球力量却很大，一开始打十多分钟就累了，现在可以打一中午，正反手都能攻球，打完球经常会摆个pose。年级组长李明，自称体育差生，零起步，正手攻球动作标准且相当有力，擅长近台快攻的打法。杨娜号称猛女，身体素质极好，爆发力超强，判断准确，移动迅速，打球注意力相当集中，有很大的发展空间。李红艳打球动作轻盈，连续性很好，移动迅速，像梅花鹿一样跳来跳去，动作非常优美。赵海燕后来居上，头脑很清醒，很聪明，球打不好自己马上就知道问题出在哪里，她的力量特别大，反应很快，调整球的能力超强，我跟她可以对攻。邢惠萍球感比较好，发球和接发球都较好，比较全面，是学校比赛的亚军。还有冯春梅打球很可爱。许颖看起来那么瘦弱，胳膊力量非常大。通过教她们打乒乓球，我发现每个人都蕴藏着无穷的力量和潜能，我还体会到了成功的喜悦。我很欣慰学习乒乓球能丰富她们的业余生活，同时也很高兴自己能为小汤山中学的乒乓球事业的发展做出小小的贡献。

　　我跟这些美女打球，很幸福、很快乐。我们还买了一套中国国家乒乓球队的中国龙队服，她们穿上中国龙队服打球，就像国家队的队员在比赛，精神抖擞、英姿勃发，美貌与力量、速度结合起来，使这项运动更具魅力。现在她们不再依恋我，跟谁都能打到一起，所以我跟谁打都很放松，可以自由发挥，不时为她们打出好球叫好，气氛非常活跃，比赛非常精彩、刺激。我带我的徒弟们参加了一次教师乒乓球比赛，首次比赛成绩虽然不太好，和二中比赛2：3输了，但是徒弟们体会到了参加正式比赛的紧张、心跳加速和遇到困难的不知所措后，她们的心理素质得到了锻炼。在这场比赛中她们敢打敢拼，邢惠萍赢了一局，徐景洁赢了一局，杨娜、王晓燕、高美霞也都打出了一定水平，特别是通过这次比赛她们找出了差距。

　　现在，我的徒弟们乒乓球水平比上一次比赛时提高了很多，尤其是徐景洁已具有相当高的水平，明年我打算让她们参加全区教师乒乓球赛，力争进入前八名。我校的女教师还有很多想学打乒乓球，我会继续把我的球技传给她们，使她们增加一项健身的技能。我愿把乒乓球运动作为一项事业在小汤山中学普及和推广，使我"不惑"之后的这段人生更加充实、丰富，为我校女教师的业余生活增添色彩。我祝愿小汤山中学的女教师们越来越美丽、苗条、健康,更希望她们通过参加比赛为小汤山中学扬名!

作者简介:

穆欣欣,男,1985年参加工作,现为小汤山中学初中物理一级教师。曾被评为镇级优秀教师、镇级教学质量标兵、昌平区初中物理"十佳教师"。其教学论文曾获得北京市二等奖,所教学生参加的物理竞赛和实验教学竞赛,有多人次获得北京市一、二等奖和昌平区一、二、三等奖。

现为小汤山中学女教师乒乓球教练,所教徒弟中有一人获得昌平区女子青年组第六名。

在加拿大学习的日子

◎作者 邢惠萍

2006年2月28日至4月29日,我有幸参加了昌平区教委组织的为期8周的英语教师培训。两个月的异域生活,使我从课堂学习、休闲生活、文化考察等各个方面,更多地了解了加拿大,了解了温哥华;亲身体验了西方一些先进的教育理念、丰富多彩的教学方式。所到之处的异国文化、风土人情,同样给我留下了不可磨灭的印象。

一、课堂学习

我们接受培训的高贵林学区位于温哥华大区的高贵林市,是不列颠哥伦比亚省第三大学区,拥有70多所学校和31000多名学生。

我们学习的重点是教学法(TESL—Teaching English as a Second Language),教授我们课程的教师分别是Louis和Bob。这两位教师的敬业精神、严谨的教学作风、先进的教学理念、诙谐幽默的教学方法和高雅的个人魅力给所有的学习者留下了深刻的印象，受到全体学员的钦佩。Bob曾利用假期的时间在中国为教师做过培训，对中国的英语教育现状颇为了解，因此他明白我们急需改进和提高的地方，在教学中能够最大程度地做到因材施教。在学习过程中，作为一名教师，我有以下几点体会：

（一）计划性，条理性

抵达加拿大的第一天，在简短而热烈的欢迎仪式之后，校方代表为我们下发了包括教师每日的教学内容在内的两个月的学习日程安排。和我们平时简单的工作计划相比，内容之翔实，令我震惊。在我们的学习过程当中，两位教师也很好地遵循了这一原则，使我们在加拿大的学习得以高质量地完成。

（二）多样性，启发性

两位老师在给我们上课时总是精心准备，每节课都有不同的话题、不同的教学方法和教学模式，甚至每节课都有不同的小游戏来促进教学。他们的这种教学行为让我们震撼。而在教学过程中，教师的整个授课过程并非灌输给学生知识，而是真正地启发学生思考，让学生自己去获取知识。教师在讲课过程中，理论讲述条理清晰，并联系实际进行分组讨论，学员必须联系自己的教学实际来评述、反馈教学行为是否符合理论。教师讲课的时间很少，更多的是要求学员参与讨论。

（三）自主性，合作性

为了让我们感受真正的课堂教学，校方为我们安排了听课活动。在他们的课堂上我们切实地感受到教师对学生的自主性和合作性的培养。即使是一节学习"1，2，3"的音乐课，教师也会启发学生利用身边的物品去寻找和发现美妙的声音，并和同伴互助一起演奏出美妙的音乐。学生的演奏带给我的震撼绝不亚于聆听一场真正的音乐会。

二、休闲生活

加拿大人非常注重休闲生活，他们总是提前安排好自己的工作，制订自己的休闲计划。他们酷爱旅游和运动。为了实现旅行计划，他们提前两三年做准备是很常见的。他们有自发组织的各种球队，每周有教练义务担当指导，并组织队员进行训练和比赛。我的加拿大朋友Lorri是个体育迷，她每周有三个在不同区域的训练班，我参与过她的几次活动，每次都要开一两个小时的车才能抵达目的地，然后做准备活动，训练半小时到一小时，然后分组比赛，赛后各自驱车回家，风雨无阻。他们的体育精神令人称赞，他们的身体素质令人叹服。

培训学习的间隙，为了更好地了解加拿大的历史文化，Bob老师带领我们参观了温哥华的伊丽莎白女王公园、温哥华博物馆和国立图书馆，还安排我们学打冰壶球。同时我们还利用业余时间参观了中国城、史坦利公园、加拿大不列颠哥伦比亚（British Columbia）省会维多利亚市等。参观完中国城，我们还以"中国城给你的印象"为题进行了讨论。

三、人文素养

管子曰："仓廪实而知礼节。"加拿大人很乐于助人，在加拿大的每一天，我们都能领略到加拿大人的热情。不论是乘车还是购物，见到的每一位服务人员都对你微笑着打招呼，就好像你是他们的老朋友。寄宿家庭的房东夫妇每日的嘘寒问暖，房东先生Dannel更是把绅士风度体现得淋漓尽致：他每天送我上学时总是为我提前打开车门等我上车后关好车门；到学校后也总是快走几步为我推开学校那扇"厚重"的门，直到我走入教室才告别离开。像这样的情景我只在电影中见到过，而在加拿大我却有了切身的体会。

在加拿大的公路上很少能见到警察，可人人都很守交规。无论乘坐私家车还是公共汽车，每位乘客都会系安全带。每个骑自行车上路的人都会戴头盔。小汽车和人相遇时，都会让行人先行。偶遇一次交通事故，并没有造成拥堵，我看到很多司机都自觉地放慢速度并打电话报警。没有交警监督，驾驶员也是如此，全凭驾驶员自觉执行，人文素养之高令人佩服。

四、爱国和诚信

加拿大人非常注重爱国教育。无论在国内还是在国外，凡是由加拿大老师组织的培训他们都会悬挂国旗，向你介绍他们国家的历史及风土人情。在商店里带有枫叶标志的商品随处可见，小的学习用具上更被印上I love Canada.的字样。加拿大人还非常有诚信：买任何一样物品，无论价格高低，价值多少，店员都会给你打出发票，列出具体的消费信息，让你消费得明明白白。一位同事在购物中心买了四条领带，有两条是打折的，同事却不知情。事后商家主动联系她退回了多收的钱，这让我们感受到了诚信在他们眼里的重要性。

总之，这次加拿大之行，给我留下了许多美好的回忆，同时使我开阔了视野，丰富了知识，增加了阅历，陶冶了情操。我会永远珍存这份记忆，会把学到的宝贵经验用到今后的教育教学工作中去。

作者简介：

邢惠萍，女，1995年参加工作，中共党员，小汤山中学英语一级教师，现任小汤山中学英语教研组长。曾被评为昌平区英语学科优秀教师、昌平区义务教育课程改革先进个人、昌平区交通安全优秀班主任、小汤山镇优秀共产党员。她撰写的论文、课例、教学设计多次获得市、区一、二、三等奖。参加昌平区英语课堂大赛获得一等奖，辅导学生参加科技英语大赛、"佳域杯"英语知识大赛、英语戏剧大赛获辅导教师一、二、三等奖。

感恩汤中，努力工作

◎作者 魏建辉

我的儿子于2005年6月出生，当时我在通州区工作，而我的爱人在昌平区工作，夫妻长期两地分居。每周丈夫来一次通州，我们一家三口才得以团聚一次。由于经常见不到面，以至于孩子都一周岁了，还不认识爸爸。我们都很着急，于是我决定调动工作，准备调到昌平。由于当时情况特殊，我原来工作的学校正处于两校合并的特殊时期，教委把准备合并的两所学校的人事关系冻结了，这意味着我没法调动了。没有档案关系，哪所学校会接收我呢？

记得当初为了离家近，方便照顾孩子，我曾经来小汤山中学试讲过。于是我抱着试试看的想法，来到汤中。当时李校长接待了我，我和李校长说明了具

园丁心语

体情况。李校长经过慎重的思考后，决定给我一个在这里工作的机会，让我先教初三一个班的数学课。至于工作关系，等原工作单位那边人事关系解冻后再办理。听到这个消息，我非常激动，决心用自己的悉心工作来报答学校，我也只能用这个方式来报答李校长，报答学校。于是我于2006年9月来到了小汤山中学工作。

来到汤中工作后，我一直勤勤恳恳，任劳任怨，从不迟到早退，哪怕是生病了，基本上也是自己克服，没有因个人问题耽误过学生上课。当本组同事请假时，只要组长找到我，我都会二话不说服从组织安排。来到汤中工作的六年多时间里，我有四年担任初三年级的数学课。大家都知道，毕业年级工作任务重，工作压力大。尤其是2012年我执教初三两个班的数学课，平时课时就多，周日还要补课，并且每周还要上两次晚自习，晚自习结束回到家后，孩子已经睡着了，第二天早上上班时孩子还没睡醒。孩子经常是两天才能看见妈妈一次，有时要三天才看见一次。我对孩子的学习更是无暇顾及，但是我从没有怨言，总是尽自己最大努力做好学校安排的工作。

记得2011年5月底，我所教的初三学生二模期间，我儿子由于不慎摔伤造成锁骨骨折，当时我连夜带着孩子去积水潭医院进行检查、治疗。等到医生给孩子进行检查并固定锁骨后，我回到家已经快夜里十二点了。但是第二天我还是和往常一样出现在了课堂上。我没有因此而给学生耽误过一节课。直到后来一次在办公室无意中说到此事，同办公室的其他老师才知道此事。2011年12月学校执行新的考勤制度以来，经过努力，我在2011年12月—2012年12月保持一年全勤。由于自己的努力和辛苦付出，我的工作也得到了学校领导和师生的认可。

今年学校又让我担任初一（4）班的班主任工作。实际上我已经有将近八九年的时间没有担任过班主任了。但是我并没有推辞，学校信任我，我一定要努力做好这个班主任。开学后，在班主任工作中一遇到问题，我就向当过多年班主任的杨老师和蒋老师请教，他们都会尽力帮助我。为了弥补自己班主任工作经验少这一不足，只要我在学校，几乎每节课间我都会到班里转转，看看学生们的活动情况，有时会和学生聊聊天。这样不仅能深入了解学生，也能拉近和学生之间的距离。在我自己的努力和其他老师的帮助下，这学期初一（4）班的

191

情况基本稳定，没有出现什么大的问题。

为了报答汤中，今后我还会一如既往，努力工作，在这里把自己的青春奉献给教育事业，决不辜负校领导给我的工作机会和对我的信任。

作者简介：

魏建辉，女，1999年参加工作，2006年调入小汤山中学，中学数学一级教师。曾多次被评为小汤山镇优秀教师。撰写的教学设计、课例多次获得区二、三等奖。参加昌平区2013年可持续发展教育数学课堂教学大赛获得二等奖；曾多次辅导学生参加北京市中学生数学竞赛，多名学生获得区级二、三等奖。

散尽学生气，成为中学老师

◎作者 刘丙寅

今年是我在小汤山中学工作的第三个年头了，这三年是我成长的三年，在这里我完成了由师范生向一名中学教师的转变。

记得刚来到小汤山中学的时候，它还没有完成抗震加固工程，整个学校很像是一片工地。教室、办公室都没有门窗、电灯，遇到阴天下雨，教室就会非常昏暗。楼道也是乱糟糟的……我的教师生涯就是在这样的情况下开始的。

办公条件虽然艰苦，但我不在乎，因为那时的自己可以说是满腔热忱，而且具有扎实的学科知识，广泛的知识涉猎，还有一定的教学理论，并且还具备较多的实习经验，所以当时真是信心满满。但实践证明是我低估了这里的学生，在讲课过程中由于一些小问题和学生侥了起来，由于自己当时不善言辞，败给了学生，我感到很无奈，有了一种挫败感。这让我开始意识到教学不是一件简单的事，它需要自己不断地摸索和努力。事后分析我发现自己在上课过程中过于书生气，与学生的实际不相符，自然也就难以吸引学生的注意了。有了这次教训，我开始反思自己，以使自己能够适应学生的实际。

开学没多久，我就拜杨英老师为师，通过一段时间的听课，与杨英老师的沟通，加上自己的不断摸索，我认识到了自己的不足：知识重难点的把握、课堂时间的把握、教学方法的把握、与学生之间的沟通等。我带着一腔热情来到这里，也曾畅想过自己上课时的情景，可实际往往与想象有一定的距离。在与同学们交往的过程中，我深刻地体会到他们的基础较差，学习能力有待提高，最关键的还是纪律等问题，这让我感到了形势的严峻。实际情况告诉我：一定要成长，希望自己能尽快适应教师的工作！我告诉自己一定要多看书，多学习，多向指导老师请教，多研究她的教学方法，学以致用。

成为杨英老师的徒弟后，她给了我巨大的帮助，每次校公开课、视导课到来之前，她都会听我试讲，下课后给我逐条地指出缺点和不足，并针对我的课程内容，给我一些很有价值的建议，这让我受益匪浅，开始认识到中学政治课的特点以及如何把握整个课堂，让学生接受所学内容。通过她的指导，我感受到了她一丝不苟、严谨的教学风格，这些同样对我有很大的启示和帮助。

然而，事情的发展都不是一帆风顺的。记得第一次做校内公开课，教学副校长听了我的课之后，为我指出了这堂课的11条缺陷及不足之处。第一次区级视导课我的课堂效果也不是很好，这给了我很大的打击。之后，我痛定思痛，开始认真地对待课堂的每一个环节，去除一些华而不实的语言，用学生能够接受的语言去处理，开始向真正的教师角色转换。一年过去了，我的教学水平终于得到了提高，虽然课堂教学还有不尽如人意的地方，教学效果也没有达到自己想要的程度，但终究迈出了第一步。

在小汤山中学的这三年，我感受到了学校对我的帮助，在我教学遇到瓶颈、挫折甚至失败时，学校领导没有轻言我教学不行，而是用很大的耐心、实用的帮助来期待我的突破，正是他们的这种做法，让我在较短的时间内由师范生转变成了中学教师。

作者简介：

刘丙寅，男，2010年参加工作，现任小汤山中学政治课教师，曾荣获2010年《生活的准则》征文竞赛北京赛区优秀指导教师。

如歌岁月 纪念北京市昌平区小汤山中学建校五十七周年

我参与，我成功，我快乐

◎作者 程 希

"成功课堂，幸福人生"是我校师生共同追求的目标。自从我校实施成功课堂以来，全校师生精诚一致，课堂面貌焕然一新，学生学习兴趣普遍提高。作为一名物理学科的青年教师，我努力钻研教法，精心设计教案，课堂教学得到了学校领导和教研员的充分认可。下面我就实施成功课堂以来的成长经历和感悟与大家分享交流。

由我校编写的《成功课堂教师手册》让我受益匪浅。在悉心研究高效课堂二十条之后，我开始进行自我诊断，力求在塑造属于自己的教学风格的同时，发挥教学优势，不断改进教学方法。

对于我来说，最大的教学优势就是融洽的师生关系。我认为只有学生喜欢你，愿意与你交流，才会心甘情愿地学习你传授的知识，正所谓"亲其师，信其道"。自参加工作以来，我始终在教学工作中奉行这句话。我认为这是教学成功的关键所在，也是制胜法宝。虽然身为班主任，但我从未把班级事务带进课堂。只要上课铃声一响，班主任的身份就被抛到脑后，取而代之的是一个诙谐幽默并富有激情的物理老师。在我的课堂上，老师教得开心，学生学得轻松，就连很多后进生都能做到踊跃发言，感受到学习的喜悦。我力求平等地对待每一个孩子，努力让后进生在课堂上找到被重视的感觉。课间，我经常找问题生进行思想交流，帮助其树立信心，转变他们的学习态度。每当看到他们在物理学习中取得进步时，我都感到非常欣慰，我更感到在这些学生身上花费很多时间是值得的。

作为一名青年教师，我热爱物理教学工作，喜欢尝试并乐于创新。我积极参加教研活动和各种比赛，在与同行的交流中，吸取先进的教学理念，并将其有效地运用到了我校成功课堂的实践中去。在我的课堂上，学生总是被富有创新性的教学形式所吸引，这促使他们更加积极主动地参与学习活动，成为课堂学习的主人。在教学手段方面，我善于将现代化信息技术手段与实验、黑板、书本、学案巧妙地结合在一起，做到信息技术与学科教学的合理整合。在利用

ppt增强教学效果的同时，注重教师的引导作用和学生的落实情况。

由于物理知识的掌握对于初二年级的学生来说存在着一定的难度，在过去的教学中，出于对学生学习能力的担心，我总是给予他们过多的提示，而留给学生自己解决问题的时间较少。成功课堂实施后，我借助这个契机对教学设计进行了大胆改革。我要求自己做到适当缩短讲授时间，减少提示次数，在做好铺垫工作的前提下，能让学生自己解决的问题，我绝不代劳；能让学生动手练习的知识点，我绝不动口强调；尽量为学生创造独立思考、合作探究和对抗质疑的机会，从中培养学生的协作、探究和表达能力。

"成功课堂"第一阶段，我代表全校教师完成了一节《控制变量法应用》的全校观摩课。这堂研究课，其设计灵感来源于闯关游戏。本节课的教学目标是通过学生动手实践掌握物理学科的重要实验方法——控制变量法。为了增强课堂的趣味性和激发学生的积极性，我以擂台赛的形式，设置不同关口，让学生经历选择问题、解决问题和当面展示几个阶段，使学生在整节课中充分获得学习的喜悦感和成就感。在这堂课中，不仅做到了师生之间的良好互动，还加入了生生互动环节，即实验展示。后面的点击试题是对实验方法掌握情况的变相检测，也是一种学习的迁移过程，让学生在练习的实战后，对自己的学习效果有一个理性的认识，从而有方向性地解决问题，提高成绩。

以上就是我在成功课堂实践过程中的一些收获和感悟。在今后的教学工作中，我会继续努力，坚持不懈地上好每一堂课。最后我要感谢小汤山中学对我的培养，感谢各位领导对我的认可，感谢同事们对我的帮助，我将与我校的成功课堂共同成长。

作者简介：

程希，女，2009年参加工作，中共党员，现任小汤山中学初中物理教师。2010年、2012年两次承担区级研究课并获得好评，先后获得昌平区青年教师课堂大赛一等奖、昌平区首届课件大赛三等奖、昌平区第五届"信息技术与学科教学整合录像课"二等奖，曾获得校级教学质量标兵和"三八红旗手"称号。

如歌岁月
纪念北京市昌平区小汤山中学建校五十七周年

做颁奖礼仪员的收获

◎作者 王 蕊

刚参加工作，我就有幸成为2012年教师节的一名颁奖礼仪员。从参加教师节颁奖礼仪集训到结束，我人生道路上的阅历又丰富了，从中学到了不少东西，现在想起来还是觉得回味无穷，难以忘怀，它将是我人生道路中最亮丽的风景线。

为了开好庆祝教师节暨表彰大会，学校专门安排王建兴主任和李海燕主任对我们这几个颁奖者进行培训。王主任及李主任先对我们进行了理论指导，然后带我们进行实际演练，最后又带我们到会场实地彩排。为了做到动作标准、整齐划一，我们严格按照两位主任提出的要求去做，丝毫不敢马虎。比如，在放证书鞠躬时，以髋关节为轴，上半身向下倾斜15度到30度。由于放证书时是多人一组，在鞠躬时，经常出现时间不统一、动作不整齐的情况，所以要求我们心里要有一个一致的节拍。托盘的动作也有要求，手臂与侧腰大约是一拳远的距离。端托盘时，大拇指是露在托盘外面的。控制步速也很重要，在行走了一段距离之后，几个颁奖者之间的间距还应该是一样的，大概是三四十厘米。颁奖仪式上需要的微笑与我们平时的笑有着天壤之别，嘴张大了不行，张小了也不可以。在整个训练过程中，王主任和李主任一直陪在我们身边，给予我们细心的指导，并且亲身为我们做演示，真可谓孜孜不倦。

在我们紧张训练的时候，李校长也来到了现场。李校长告诉我们，体态是决定我们个人形象的一个重要因素，尤其对教师而言。现在训练自己的体态，不仅能美化个人形象，更能体现我们汤中教师的风采。李校长的话更增添了我们做好这次大会礼仪员的决心和信心，我们练习得更认真了。紧接着，李校长还对我们提出了更高的要求：走路的时候要做到不慌不忙，稳步前行；挺直腰和背，走路要轻而有弹性；站立时要头正、肩平，两肩放松自然下垂；整个颁奖过程要面带微笑。

在李校长的鼓励和严格要求下，在王主任和李主任的耐心指导下，我们圆满地完成了此次颁奖任务，获得了全体领导、老师和同学的赞赏，为学校争了光。

这次特殊的经历，使我真的爱上了汤中这个大集体。没有李校长对工作精益求精的态度以及对工作的严格要求，没有王主任和李主任孜孜不倦的指导，我们不可能取得如此好的成绩。我相信在各位领导的关心、鼓励以及严格要求下，我一定能在自身的成长中取得更大的进步！我爱汤中！我与汤中共进步！

作者简介：

王蕊，女，2011年参加工作，小汤山中学物理二级教师，兼任学生社团指导工作。撰写的论文曾获得区级三等奖。参加昌平区物理教师实验技能大赛获得区级一等奖，辅导学生参加物理知识竞赛获优秀指导教师奖。

成长感悟

◎作者 高淑娟

回首过去，我在小汤山中学已经度过了九个春秋，从一名大学毕业生到一名光荣的人民教师，角色的成功转变离不开小汤山中学各级领导的关怀和帮助。自从到小汤山工作以来，在思想上，学校各级领导注重青年教师思想道德的培养；在生活中，关心每位教师的日常生活；在工作上，为青年教师提供一切可发展的机遇。每当我遇到困难时，学校各级领导的帮助都如一场及时雨，帮我摆脱困境。九年来，小汤山中学的氛围让我深深地爱上了这个学校，爱上了教师这份神圣而光荣的职业。学校领导的关怀备至，同事之间的和谐相处，让我在工作上有了更强的事业心和责任感，让我更加义无反顾地投身到自己的教育工作中。

一、教学方面

记得2003年我大四毕业前刚刚和李校长签完约的那一刻，李校长跟我说："高淑娟，看得出你很执着，也很优秀，但走上教师这个工作岗位后跟上学的感觉不一样，一定要努力呀！"这句话一直印在我的心里，我也意识到仅有一腔教学热忱和勤勤恳恳的敬业精神还不足以让我成为一名优秀的教师。于是，我严格要求自己提高教学水平，不断从书本、讲座、图书馆、网络中学习先进的教育教学理念。

2007年高中新课改后，主管教学教务的张校长和张主任给我提供了很多去市里学习的机会，让我得到了丰富的知识滋养，我把学到的知识和理念运用到教学中，取得了显著的效果，2010年是新课改后的第一届高三，我带的理科班一模化学考试取得了前所未有的好成绩——普高校第二名。

教学中，我积极参与学校教育改革实践活动，积极向组长冯老师请教，冯老师给了我很多有益而珍贵的教育教学经验，极大地促进了我的成长，使我在专业教学上有所突破。

随着我校成功课堂的启动，我对自己的教学也进行了进一步思考，我的课堂也在逐步地发生变化，以前的我在课堂上不敢大胆放手让学生们自己做一些探索，总想把自己知道的知识全部都传授给他们。在今年高三的教学中，我尝试把课堂交给学生，给他们一定的空间，让他们自己发现问题、解决问题。课前我会参考教材、课标、高考考试说明精心设计出适合不同层次学生的学案，精选历年高考题、模拟题，按照学生们的不同层次发给他们，尽可能让每位同学在课上都有收获。教学中，我还会采用"问题串"的教学方法：通过设置一些引导性的问题，引导学生主动思考，表达对问题的看法，引导性的问题不单单要求学生叙述所获得的信息，而且尽可能地把目标转向培养学生获得信息的潜能，利用向学生反馈或者继续提问的方式来识别学生的回答，确认学生们对问题的不同理解状态，识别他们的想法，洞察这些想法的由来，同时通过恰当引导，引发学生们互相交流和质疑，引导学生丰富、调整自己的理解，从而也完善他们对知识的理解。通过我们共同的努力，这一届高三学生的化学成绩也有了很大的进步，在上学期的期末统考中，位居普高校第一名。

二、班主任工作方面

几年里，我连续四年担任了副班主任工作，第一年的班主任是齐老师，他给了我很大的帮助，给我机会让我管理班级，耐心地引导我做好班主任工作。我一直记得齐老师跟我说的"细节成就完美"。在我做副班主任的这几年，我一直努力配合班主任管理好班集体。在王校长的领导下，我在班级管理方面坚持抓立规成习、对学生的养成教育。我在注重班级凝聚力的培养、注重班级文化建设的同时加强对班级各方面的建设，努力让学生在学会学习的同时还要学会生活，全面发展，受到学生的一致好评。但是，刚开始的时候，我感觉班主任工作是一些特别琐碎的工作，摸不着头绪，也做不好，很多学生根本不听我的话。有一件事，我至今仍清楚地记得，发生在我第一年带的高一（1）班。那是在一次刚刚下过雪的第二天早晨，学校组织扫雪，我一到班级，就通知学生出去扫雪，同学们都很高兴地出去了，我看到这一点，很高兴，心想：学生们还是挺热爱劳动的！可是我错了，他们哪里是想去扫雪，大家都很兴奋地跑到了班级的分担区，拿着铁锹和笤帚打起了雪仗。我马上制止他们，大部分同学还比较听话，可一些男同学就不一样了，还是疯狂地打着雪仗，最后那些听话的孩子扫完大家一起回去上课了。回去以后，我越想越不是滋味，别的班级的学生都那么听话，为什么我的学生不听话，平时跟我关系也挺好的啊，尤其是一个男同学，平时是最爱学化学的了，别的课不爱听，最爱听我的课啊！想着想着，自己便哭了起来。同寝室的老师劝我不要哭，要想一些有效的措施，以免这样的事情再发生。我一想也是，那么，我该怎样解决这个问题呢？我问了问其他的班主任，他们告诉我：班主任要在教育、教学、生活和各项活动中，根据是非标准进行褒贬，该肯定的就肯定，并给予适当的表扬和奖励；该否定的就否定，并给予适当的批评和教育，在全班形成一种能够扶持正气、伸张正义、制止错误思想、阻止不道德行为的集体舆论。这种集体舆论不是班主任的单向灌输，而是建立在全班占压倒多数的正确认识与言论的基础上，具有同一性、扶正性和对全班成员都有感染力和道德上的约束力，在具体实施的过程中他们的方法是借力用力。另外，班主任的工作琐碎，所以必须利用好班级干部

199

这些帮手。记得一个班主任在介绍经验时说过，班主任、班干部及学生三者之间的关系如同伞柄、支架和布，一个再好的伞柄如果没有支架的支撑，是无论如何也撑不起一片天空的。通过听取其他老师的经验介绍，我又仔细琢磨了一下，决定先从班级干部下手，给每一个干部布置任务，然后陆续地找每一个同学谈心，并随时做好记录。慢慢地，学生们也愿意和我聊天了，有什么问题我都尽量帮他们解决，他们也越来越信任我了，现在班内大多数同学都比较听我的话了，有很多事情我直接让班级干部去做就很放心。

还有一件事我至今仍记忆犹新，2005年我们学校举行了春季运动会，运动会的很多工作，比如说准备报名、写广播稿、出板报等都是由学生们自己准备的。他们在运动会前把精心准备的方案拿给我看时，我惊呆了，平日里不听话的孩子们怎么会如此有创意，把一切都弄得井井有条，很多事情连我都没有考虑到。会前，我曾考虑到学生们也许会像平时一样好动，不好管理，可恰恰相反，让我感动的是，他们从入场到结束，表现得一直都很好，每个人都怀着要为班级争光的心理，最后虽然班级的运动会成绩不是最好的，但同学们的表现确实让我非常满意。从这件事当中，我总结出这样一点：每一个孩子不管他学习怎么样、生活怎么样，他的骨子里都是有团结友爱的精神的，所以应当适当组织一些集体活动，以此来增强学生的集体荣誉感。班主任的工作确实很累，但一旦你体会到能和同学们达到心与心之间的交流的时候，那是其他老师所体会不到的幸福。经历了几年的班主任生活，我不但没有灰心，反而更加坚定了做班主任的信念。

梁启超说：少年智则国智；少年强则国强；少年胜于欧洲，则国胜于欧洲；少年雄于地球，则国雄于地球。而教育少年的重担就落到了我们教师的身上，世界上有多少优美的词句赞美教师这一职业的崇高，有多少动听的诗篇歌颂教师这一职业的伟大，歌颂教师是太阳底下最光辉的职业，赞美教师是人类灵魂的工程师。的确，教师像一线晨光穿透雾霜，给大地带来黎明的气息；教师像一泓清泉流入沙漠，使沙漠诞生了绿的精灵；教师像普罗米修斯的圣火，为人类带来文明之光，照彻上下五千年。教师是伟大的、崇高的，又是最平凡、最普通的人，他们引导孩子健康、快乐地成长。他们肩负着社会赋予的重任，承载着民族的希望。我是一名普通、平凡的高中教师，自从我选择了教师这个职业，听到孩子们亲切地叫我老师的那一天起，我就一下子觉得肩上沉甸甸的，在心里多了一份责任。也正是从那一天起，我下定决心，要让我所教的孩子们健康快乐地成长。

作者简介：

高淑娟，女，2004年参加工作，现为小汤山中学高中化学教师。连续两年被评为学校"三八红旗手"，连续四年被评为镇级骨干教师。所撰写的论文有三篇获得北京市三等奖和昌平区二、三等奖，一篇教学设计和录像课在昌平区中学优秀课堂评比活动中分别荣获二等奖和三等奖，在首届高中基本功大赛中获区级二等奖。

从汤中学生到中层领导的感悟

◎作者 齐景新

每天清晨，当我迎着阳光步入小汤山中学校园时，总是快慰地感受着她的变化："成长、成才、成人、成功"是学生的培养目标，它分布在教学楼顶校徽的两侧；红绿白描绘出的田径场、篮球场、网球场、羽毛球场在古典围墙的怀抱中充满朝气蓬勃的诱惑；错落有致的树木花草伴着阳光微笑着迎接新的一天；绿荫长廊、桃李园、学生实践基地是学生们挥洒知识的阵地；整洁明亮的办公室、教室给予师生们无限知识沉淀的空间；干净卫生的A级食堂是师生们奋斗之余享受生活的幸福港湾；温馨舒服的宿舍，带给师生无限美好的夜晚。美好的校园无处不体现着"一切为了师生发展"的办学理念，无处不体现着李士春校长带领全校师生自强不息、追求卓越的心血，无处不体现着总务处人员辛勤劳作的痕迹。作为总务主任的我，在深刻理解总务主任的定位、工作任务、发展方向的同时，感慨自己成长的历程，欣慰自己进步的平台，触动自己奋斗的闸门。

一、总务主任的定位

学校管理是一门科学，是办好学校的关键，总务管理是学校管理的一个重要组成部分。

校长与总务主任都是学校的管理者。如果说校长是学校管理的灵魂，那么总务主任就是校长身边最亲密的内务管理助手。

二、总务工作的任务

学校总务工作与学校教育教学相互依存、紧密配合，共同完成学校教育的任务。学校总务工作的管理水平是影响学校各项工作顺利开展的重要因素。工作实践中我体会到总务工作的管理大致可分为人的管理和财物的管理两个方面。

总务部门是学校各职能部门中人员最复杂的部门，人员组成有会计、出纳、干事、工人等。"教学工作是学校的中心工作"，"德育工作是学校的核心工作"，那么总务工作呢？我给总务工作在学校管理系统中的地位下了个结论："总务工作是学校的夯基工作"。为什么？因为"物质是第一性的"。

——总和财务，有辅佐校长筹谋校园建设整体规划之职。

——务实勤奋，务求在脚踏实地的工作中闪烁创新的智慧。

——主观能动，发挥部门主管之作用，调动部门人员的智力和能力等资源完成工作目标。

——任重道远，精诚团结，以学校发展为己任。

三、我的成长历程

（一）初长成人

1983年我任小汤山中学初一（4）班的生活委员，后又兼职班长、体育委员，一直到1989年7月，进入北京体育师范学院学习，学成后回到母校任教。2000年5月1日，我亲自参与学校搬迁到占地44000平方米，建筑面积16713平方米的龙形建筑新校址。

（二）专业发展

2003年，拼搏中经历"非典"的洗礼与考验，肩负起学校体育的带头人，用心动和行动与同事们一起和时间赛跑，和艰苦的条件斗争，和同学们奋起努力，使学校体育成绩取得历史性的突破，获得昌平区初中组团体第四名、高中组团体第四名和精神文明奖；2004年，小汤山中学体育组获得昌平区唯一的优秀体育组称号；2005年，迎接学校的新考验，又同时兼任高一年级组组长及班主任。紧张的工作，充实的生活，让我的能力得以尽情发挥。小汤山中学体育在昌平区的备受关注，高一学生在学校和社会的认可，学生的稳定发展，班风、校风日渐良好的势头，让我感到有使不完的劲儿。

（三）接受第一次挑战

明确的目标。2006年，自己在体育方面的能力再次获得领导的认可，更大的任务让我不得不卸任高二年级组长和班主任，迎接挑战，协助小汤山镇文化中心吴学平主任，重新组建小汤山镇女子拔河队，兼任教练，备战每4年举办一次，于2008年在福建泉州举办的第六届全国农民运动会。这次的目标相当明确：保证小汤山女子拔河队荣获全国"三连冠"，也就是必须保证获得全国冠军，那就要求我们必须首先获得昌平区冠军，再代表昌平区参加北京市的选拔赛且必须荣获北京市冠军，才有资格代表北京市参加全国比赛，那次是我有幸在牛有成副市长带队的情况下，第一次率队参加全国的比赛，而且必须要拿到全国冠军。

良好的氛围。任务之重，压力之大，语言无法赘述，我都担心自己是否可以完成如此重任。还好，有区镇领导的大力支持，李校长及全校师生的全力帮助，领队吴学平主任和队员们及家属的默契配合，让我的计划在艰苦训练中有条不紊地推进。

2007年，我被任命担任学校总务处副主任，作为老总务主任邵万全的接班人，到总务处学习。叶伟先生做过较有意思的统计，发现百分之九十以上的总务主任都是"半路出家"的。因此，可以想象，角色的转变需要多大的勇气！挑战又光顾了我。邵万全主任的用心抚育与培养，让我快速成长，"学习为辅，训练为主"的担当精神，让我有更充沛的精力投入到紧张的拔河训练备战中。

成绩的取得。取得昌平区女子拔河队冠军后，于同年10月又获得北京市560公斤级拔河比赛冠军，吴学平领队带着6个月身孕的身躯和队员们的泪水拥抱，让我感到暂时喜悦的同时，深刻理解到什么叫任重道远。

2008年11月1日，在市、区、镇各级带队领导面前，在张新亮镇长为我们"看包"服务面前，我们这些来自小汤山镇淳朴的农民妈妈们，第一次在远离家乡的福建泉州，经过难以忍受的煎熬，艰苦残酷的4轮厮杀，最终战胜了内蒙古队，代表北京市获得了第六届全国农民运动会女子560公斤级拔河比赛的冠军。领队吴学平和队员们挂满泪水的笑脸，疯狂的拥抱，各级领导的祝贺，李士春校长远隔千里的慰问，让我的内心感到了些许宽慰，我们用事实告诉大家，小汤山中学没有辜负北京市政府、昌平区政府、昌平区教委、小汤山镇政府及家乡父老的厚望。中央电视台5套体育频道的专题采访，让小汤山镇"妈妈拔河队"家喻户晓。

（四）迎来第二次挑战

庄严的任务。2008年12月9日，邵万全主任正式退休，我接过小汤山中学总务主任的重任，继续辅佐李士春校长推进学校的建设发展。2009年遵照党中央的指示，市、区教委的安排，筹备学校的"校安工程"——抗震加固工作。

认真的筹备。那是2009年5月，党中央国务院在汶川地震后，严格要求在三年时间内把全国中小学校建成最安全的避难所，我校在北京市及昌平区的统一部署下，积极筹备，配合区里的统一安排，2010年1月配合教委，和"京园"招投标公司接洽，完成招投标工作。2010年4月和设计单位、施工企业、监理公司接洽，详细阐述如何对12600平方米的教学楼和3008平方米的食堂、宿舍楼进行加固施工。由于历史问题，在没有原始建筑图纸的情况下进行抗震测试、绘图，5月底进行交底，6月底中考考点结束工作，7月10日施工队准备进场，准备利用暑假时间，完成总投资3千万元的加固工程。

面对如此大的压力，搞体育出身的我，没有任何逃避的理由，只有迎难而上。李士春校长的一句"高度重视，刻苦学，大胆干，细心做，有我呢"让我细心倍增，激发了我不服输的倔强精神，我要把"校安工程"作为人生的又一次高考，必须交出让人民满意的答卷。

首先，我对学校的主建筑——教学楼和食堂宿舍楼进行了全面分析研究，教学楼分五个区，114间房子，30间教室、24间办公室、28间厕所、20间专业教室和其他辅助用房（其中还有不在此次加固之列的框架结构1080平方米）；宿舍楼54间和食堂8间，再加上操作间和用餐间。我校6月26日结束中考考点工作，7月6日结束本校期末考试工作，要想在不影响正常教学与办公的情况下完成如此任务，真的很难！

接着，我查阅了大量的加固知识、基建知识、设计知识等强化自己；李校长还带领我及相关领导到兄弟学校实地考察学习。"五一"长假我们没有休息，对我校实际情况进行了认真充分的研讨，确立了本次改造工程的宗旨：高度重视，坚定信心，周密部署，精心组织，扎实推进，科学竣工。学校很快成立了由李士春校长任组长的抗震加固领导小组，成立了由我任组长的抗震加固工作小组，成立了抗震加固国有资产管理委员会，初步制定了《小汤山中学抗震加固装修设计方案和实施方案》。我们确定"加固"工程要分期分批地进行。第一步进行教学楼的整体改造，第二步进行食堂、宿舍的改造，即使这样也要求我们首先要在10天之内将教学楼内的所有设备设施清空，暂时存放地点只有食堂、宿舍和篮球场（田径场要作为施工队的临建基地），而且即使是雨季也必须保证国有资产不丢失、不损毁。到45天教学楼南初中部，加固装修可以进驻时，我们要保障学生可以在9月1日正式开学，再逐步进行食堂、宿舍的加固装修，而且必须保证所有工作的开展，包括学生及老师的用餐，体育课只能在校门口的甬路进行。

工作在有条不紊地进行着，我指定工作小组顾文志和周世龙老师必须在7月5日前，把学校所有房间的设备、装修、布局和外立面完全录像和照相，保留加固前的影像资料。紧张的考试结束后，我们马上开全体会议进行宣传布置，工作组开始在7月6日进入紧张激烈的实战工作，收拾、装箱、运送、码放、保管、封存，一片战酷暑、抢时间的奋斗景象。我们的指挥部设在宿舍一层，剩下的只保留了校长办公室、教学校长办公室、政教办公室、总务办公室和财务室。

意外的插曲。6月27日，拉伤了右腿小腿韧带的我，调整7天之后，毅然谢绝了李校长让我在家休养的安排，架拐到校指挥工作。我不想做逃兵，不想给李校长添麻烦，更不想影响所有同事的激情，当然，只好在宿舍协调工作。在这期间，李校长给了我很大照顾，在需要和他商量重大施工进展的时候，他让我打电话给他，他亲自到我的宿舍和我协商，很让人感动！

艰苦的过程。7月10日，昌平区劲旅建筑工程公司正式进场。在工程开始的一周内，第一天在与施工方和分包方洽谈落实设计方案时，8家公司面对图纸，听我侃侃而谈每个房间的布局、装修工艺等时，他们特别佩服我对工作的熟悉。以后几天，强电改造做增容准备，弱电做到"8线合1"，为今后学校的发展做好准备，各专业的讲解让我讲到"嘴抽筋"，终身难忘呀！手机当然很不客气地"罢工"了，只好换新的继续工作……

每周一对倒排工期的进度进行跟进，每周五的安监与质监会议，只能在简易的工棚中进行，但始终是雷打不动。期间还有审计单位的全程审计，监理单位的全程监理等，充实的时间真的胜过每天24小时。

随着施工进度的逐步进行，李校长和我们发现，按照招投标的估算，我们完全有能力调整设计方案，可以把开始的抗震加固恢复装修改为抗震加固装修，这就要求我们必须找到设计单位变更原始设计，否则无法进行。面对如此大的问题，我再一次看到了李校长面临重大问题的果敢，他当即决定我们俩驱车直奔设计公司协商洽谈。到达石景山的设计公司后，洽谈一开始就碰到了"软钉子"，更改设计方案被一口回绝。李校长的才智爆发出来，"国家对教育建筑的加固是为学校、为学生服务的，我们也是为国家服务的。在经费允许的情况下，我们要把学校建得更好，让学生感觉更安全、更幸福，在不违反原则的情况下，有什么理由不调整呢？我们有什么理由不让国家放心、不让人民安心呢？装修我们也不透支，也不超标，难道这么大的投入到后来还是恢复原貌吗？请理解我们对学生、对学校的一片苦心……"动之以情、晓之以理的谈判取得了初步进展，设计单位同意按照施工进度微调设计方案，做到楼道铺砖、教室吊顶（后期再度协商到更换防盗门，全部吊顶，全部铺砖，更换所有破旧门窗和全部灯具）。艰苦的过程取得的成果，让我们直到下午两点半才想起来吃午饭……

日夜奋战的学校工地，就像奔驰的列车，急速地追赶着时间，但是我们严把质量关，水泥的保养期是28天，我们不能大跃进，必须保质保量地推进，我和李校长每天的至少两次沟通，都是在他挂满水泥灰的时候。8月初，校长和教委一起去东北慰问教师，我成了学校的"独立校长"，肩负起招生和其他所有事情，我很负责任地过了把"校长瘾"，我瘸着腿在工地的身影也成了工人们艰苦作业下的一道小菜。

严格的过程监理。在多方通力监管下，钢筋分项工程、模板分项工程、砼施工分项工程、砖砌体分项工程、预制板构建分项工程、砼强度验收分项工程、砼原材料及配合设计分项工程、水泥砂浆防水层分项工程等全部符合设计要求及施工规范。

规范的施工过程。在整个建筑工程中，甲方有工作日志，乙方有施工日志，监理公司有监理日志，一旦发现问题，三方现场办公，提出整改意见，及时整改。在建筑中途根据实际情况需要变更的，我们也及时请规划设计部门出面，协商出据变更图。

激战中，转眼到了开学时间，学校的特殊结构使我们不可能在暑期完全竣工。为此，我们和学生、家长、教师多方商讨，最后决定边施工边上学，从上午七点上课，下午一点半放学后，施工队再进场作业。为确保师生的生命安全，我们采取了一系列保障措施：与施工方签订安全责任书，与教职工、学生及家长签订安全责任书，用铁板把施工区与教学区隔离开，张贴警示标志，每天上课前排查安全隐患，固定岗位和时间安排老师管理学生纪律和安全等等，做到了"特殊时期，特殊管理"。谁知9月4日的《中国青年报》头版头条就报道了我校克服困难在脚手架下学习的情景，给我们开了一个不是玩笑的玩笑，使各方压力扑面而来，但李校长还是冒着风险坚持着我们的工程计划……

环境的变迁。艰苦的工作使学校建设向前迈出了坚实的一步。新楼进驻的现场会，各方代表的胜利表情，学生作文中"3个月后的学校，发生了翻天覆地的变化"的兴奋心情，自发购买脚垫等保洁用品的行动，让我再次感受到了环境改变人、环境塑造人的欣喜。

加固工作的初步成功，让我积累了更多经验，后续的食堂和宿舍楼的抗震加固工作，我们顺利完成。

装修一新的楼体与遭到破坏的室外绿化等校园环境更加不协调。为尽快为师生创造良好的工作、学习、运动、休闲环境，我密切配合李士春校长的战略思路，统筹安排，稳步推进：修建教师餐厅、改善学生就餐环境、开通学校东门进行人车分流、增装楼内外监控点、翻建学校围墙、新建300米环形塑胶运动场、篮球场、网球场、羽毛球场和机动车停车场、非机动车停车场、绿化长廊，增设校徽、雕塑、宣传栏、电子屏等校园文化设备设施。如今的小汤山中学，能够让每个汤中人引以为豪！2012年，北京市教委副主任郑鄂女士和昌平区教委副主任季福林先生曾对我校的抗震加固工作给予高度评价："这是北京市'校安工程'做得最好的学校之一！"

四、欣慰的进步平台

汤中的熏陶。小汤山中学1956年建校，是原北京市122中，地处天安门中轴线30公里处，悠久的历史积淀了汤中特有的文化，我有幸出生在她的身边，她默默培养我，使我潜移默化地受到她"自强不息，追求卓越"精神的影响，才有学成后义无反顾地回到家乡服务的强烈愿望。

汤中的精神。如果说2003年小汤山精神让世界熟知的话，那么离它只有400米直线距离的小汤山中学，富有内涵的汤中精神，在"非典"的考验后再次得到了升华。

2001年，李士春校长任职小汤山中学，他在继承汤中精神的基础上，富有激情的设想，感染着汤中的每一个人。新迁校址的艰苦环境没有难倒汤中的每一个人，他们为汤中的发展，施展自己的才华。"团结就是力量，信心就是源泉"，这在"非典"的特殊时期得到了很好的诠释：操场上热烈的篮球比赛、村落间运送学习材料的私家车辆、校园里总务消毒人员的身影……

2004年恢复高中后，高考成绩的"一炮打响"、大量优秀新教师的加入、土操场的整治成功、体育成绩的突破提高等等，使汤中这个"大家庭"登上了快速发展的列车。

2008年拔河比赛成绩的取得得益于小汤山中学这个大家庭的全力保障。

2010年的抗震加固工程，再次展现了李校长的战略思路和全校师生团结一心、自强不息、勇战困难的汤中拼搏精神。

今天的我，最幸运的就是成长在这样的一个发展平台当中。李校长及各位领导的人格魅力感染着我；白朝民老师、高兴老师，不计近60岁的年龄，始终坚持每天巡查校园等忙碌身影感染着我；总务副主任顾文志、校车司机郝续平没时没响的工作感染着我；财务室朱艳春、周东芳、刘华严谨认真的工作态度、忘我的工作精神感染着我；食堂郝立明带领团队20多年，默默无闻，始终为汤中师生饮食想方设法提高转变的行动感染着我；保洁员赵雨晴不计报酬的辛苦劳作感染着我；还有我的家人支持等等，大批的汤中人用他们的实际行动感染着我。我甘愿为汤中的发展尽心尽力，把"自强不息，追求卓越"的汤中精神发扬光大！

作者简介：

齐景新，男，1992年参加工作，中共党员，中学体育学科高级教师，昌平区体育学科带头人，现任小汤山中学总务主任兼工会副主席。《篮球下的红旗小将》入选全国百节课题资源库；《立定跳远——起跳初期的空中动作分层教学》特约发表于《体育教学》，并被收录于北京市基础教育课程教材改革实验文丛；全国课题《合作教学在体育中的运用》课题组主要成员；2008年组建训练小汤山镇女子拔河队，荣获全国第六届农民运动会560公斤级冠军。

我眼中的李校长

◎作者 罗忠洲

人在一生中，会认识很多人，但是能给你产生很深影响的人则少而又少，而李校长正是这种能让人铭记于心的人。在他的身上有着太多让我感动的事情，因此，我决定写一写李校长。

李校长初来之时，先是任我校的党支部书记，人看起来很儒雅，高高的个头儿，目光明净，里面好像沉淀了许多人生的感悟与智慧；讲话的时候，眼睛闪闪发亮，充满激情，时而微笑，时而坚毅，极富感染力，让人觉得既亲切又倍受鼓舞。不知不觉，我在内心深处就把李校长当成了可以信赖的人。没多久，教委任命李校长为小汤山中学校长，负责学校的全面工作，我对李校长有了更加深刻的认识。

他是一个"敢"字当头的校长。

我们学校是昌平区东片一所普通中学，李校长一上任就展示出了他独有的事业激情与办学胆略，提出要把我校办成昌平区的东方明珠学校。拿李校长的话来说就是我们要敢想敢干，敢于定下远大的发展目标，哪怕在别人看来是狂想，但一定不能自己封了自己的手脚，要敢于实现这个目标。

李校长做的第一件事就是确立学校的发展方略，提出"四化"办学理念和"四成"办学目标，推出"三六三一"的管理模式，接着一系列的教学改革行动开始实施：和城区的重点中学手拉手，积极学习城区先进教学理念和课堂教学；承接跨越式教研课题，以课题研究带动教师成长，打造优秀教师团队；"成功课堂"改革全面展开，带动学校向更高层次发展；筹措资金优先发展学校教育信息化建设；建立小汤山中学独具特色的校园文化等，学校在李校长的科学指导与激情引领下，发展越来越好！

李校长不但在办校方面敢为人先，在学校利益面前，也一样是敢于力争，勇挑重担。2006年学校大门被房产开发商封堵，为了让学校早日复课，李校长和开发商据理力争；当学校工程建设发现质量问题时，李校长敢于发表自己的意见，责成施工方整改；还记得2003年非典流行时，"非典"医院就设在距我校直线距离500米处，"非典"疫情最严重的时候，我校师生都放假在家，大家都心生恐慌，而李校长在学校整整守了两个多月，一次家都没有回过！每到夜晚，三楼校长办公室的灯光就会亮起，就像灯塔的光，柔和、光明、坚定而勇敢！

他是一个追求完美的校长。

说李校长胆大敢为也不全面，实际上李校长很"胆小"。在李校长看来，学校发展怎么样，领导的重视固然重要，而领导的才智更为关键，所以李校长强调领导干部光讲奉献还不行，还必须讲学习。李校长总是说，我们所做的工作事关下一代的培养与成长，我们做事情必须有"诚惶诚恐"的责任担当感，他担心学校在自己的手里无法得到很好的发展；担心无法建构起有效的平台，导致老师不能获得足够的发展；担心学校在科学引领教学方面做得不到位，无法让孩子们得到最好的培养教育；担心领导工作的失误伤了老师的心气；担心学校安全工作不够细致；总是对校园文化建设不够满意……这种"胆小"意识实际上是一种追求完美、高度负责的工作精神，正是怀着这种"胆小"意识，李校长总处在一种高度紧张的工作状态，不断地学习思考、调研实践、开拓创新。学校各部门也不断努力提高素养，工作尽心尽责，做事细致严密，教改结合本校实际，务实高效，一切为了学校师生的发展，努力创造最好的学校发展环境，学校的声誉也由此越来越高！

他是一个以人为本的校长。

李校长认为，人是有感情的，感情是需要交流的。有感情才有真情，有真情才能共融，共融的团队才能创造奇迹。李校长在管理中十分重视情感交融，始终把教职工的安危冷暖放在心上。无论是在职还是退休，无论是在本地还是外地，无论婚丧嫁娶还是家有急事，李校长都做到一视同仁，第一时间赶到，与学校班子成员一道送去一片温暖与真诚。为解决教师上下班的难题，学校更换了一辆50座大客车；为让师生洗上热水澡，学校澡堂引入温泉水；为改善教师楼的住宿条件，李校长与有关部门协商，更换了门窗，做了外墙保温，倍受感动的学校住户给学校送来锦旗……

李校长很尊重那些已退休的老教师。李校长说，这些老教师把一生都献给了学校，我们要力所能及地为他们做一些事情。这是尊重，是感谢，更是关爱。给我印象最深的是参加我校的一位老教师的葬礼。李校长带领学校班子成员到殡仪馆送别，又送到墓地，并躬身为这位一生多病的老教师打扫墓穴，当时周围的送行者无不动容。

对老教师的尊重如此，对年轻教师更是爱护有加。我校的一位年轻教师因父母性格不和，总是挂牵父母，工作上也常因此分心。有一天李校长听说了这件事，当天下班后找到这位教师，备了礼物，并请夫人帮忙，一起前去"劝和"。时值四月，山里还比较冷，没想到当天又下起了雨，天越发湿冷，但两个人一直忙到很晚，让这位年轻教师及其父母感动不已！

　　这就是李校长，一个在工作上让人佩服，在生活中让人敬爱的人！一件件往事，不能一一呈现，也许最好的记忆是写在人的心底的。很感动和李校长一起走过的岁月，特记此文，留以纪念！

作者简介：

　　罗忠洲，男，1994年参加工作，中共党员，小汤山中学语文高级教师，昌平区语文学科骨干教师，现任小汤山中学德育处副主任。曾被评为昌平区优秀教师、昌平区优秀职工、昌平区交通安全优秀班主任。撰写的论文、课例、教学设计多次获得国家、市、区一、二、三等奖。参加昌平区语文课堂大赛获得二等奖，在2011年昌平区"中华诵·经典诵读"行动高中语文教师诵读比赛中获得二等奖。

交流平台

总结工作经验，分享教学心得体会，搭建沟通桥梁。

浅谈小组合作教学模式

◎作者 李红艳

苏联教育家苏霍姆林斯基曾说过:"在人的心灵深处,都有一种根深蒂固的需要,这就是希望感到自己是一个发现者、研究者、探究者。而在儿童的精神世界中这种需要则特别强烈。"作为教育者应多给学生提供这种探究的机会,并让他们感受到成功的喜悦,这将激励他们不断地去探索,从而走上成功之路。

十几年的教学经验让我喜欢上了小组合作的教学模式。特别是我校实行成功课堂教学以来,小组合作学习成为课堂教学的一个十分重要的环节。它的好处是:在有限的时间内,让每一个学生都主动参与学习,让学生在自主学习中得到发展,树立信心,养成良好的习惯,形成有效的学习策略。小组合作学习能促进个体发展,能让学生优势互补,各尽其才。我认为,小组学习最大的优点在于,培养了学生们的合作精神,使他们学会了与他人合作,具备了合作完成学习的能力。

小组合作学习要求教师在分组前认真研究班级同学的学习能力、学习状况,把好、中、差程度不同的学生分在一组,这样,有助于调动大家的学习积极性和潜能。下面我就具体谈谈我在实际教学中是如何实施小组合作学习这种模式的。

一、创造氛围,明确任务,提高效率

在每一次小组合作学习前,我都会布置好明确的学习任务,这样,学生们明确了学习任务,再开展合作学习活动,就能大大提高合作学习的效率。例如:在作文教学中,老师不可能在课堂上对每个学生的作文进行评价,而对于作文写得好的学生来说,他们也具备了一定的评价能力,这时,可以利用小组合作的形式,让写作能力较差的学生得到更多的帮助。老师在课堂上可以安排在小组内交流作文，并互相评价。在小组活动前，老师可提出明确的要求。在组员读作文时，其他同学要认真听，边听边想，他的作文有哪些优点，有哪些不足，等他读完后，其他组员就可以发表自己的看法，对作文中存在的不足，可以提出修改意见。被评价的同学，应该及时在作文旁记上自己认为好的建议。这样一来，学生都很明确自己要做些什么，小组活动就会开展得更有实效了。

二、分工合作，知识互补，培养能力

为了使小组合作学习成为学生们的有效学习，我要求每个小组的成员在合作学习时都承担不同的工作。每个小组在活动时都有记录员、计时员、组织员、发言代表四种角色。他们承担不同的工作，记录员负责记录每个同学的发言内容；计时员负责提醒发言的同学不能用过长的时间，以致其他组员没有发言的机会；组织员负责管好组内纪律，组织组员有序发言；发言代表负责最终小组汇报时做总结发言。有效合理的分工，使得合作学习的效率提高了，学生们听、说、读、写的能力都得到了锻炼。另外，如果要在课堂上要求对有关知识进行扩展，我都会提前一天布置给学生，学生们也可以在组内分工，每个学生负责查找一部分相关的资料。在课堂上，学生带着自己查找到的不同资料，进行交流，这样资源可以共享，起到了知识互补的作用，使得课堂的教学资源也变得更加丰富。为了进一步提高分工合作的效率，在课堂上我经常会以小组的形式来进行评比，如：评比"学习型小组"，课堂汇报，常以小组的形式来展开，学生每一次的发言，都会为自己的小组争得一分。一周下来，得分高的小组就被评为"学习型小组"。通过这样的活动，学生的学习热情提高了，课前准备工作也做得更加充分了，学习效率也提高了。

三、团结协作，强带动弱，都有所获

每一次的小组活动，我都提醒学生，不明白的、不认识的字，要主动提出来，请教其他组员，其他组员不可以嘲笑这些同学，而应该当一位小老师，耐心地教会这个同学。久而久之，在小组里，学生有不认识的生字就会主动问同学；组员有不认识的字其他同学也会主动给予帮助，呈现了一种互助学习的现象，体现了小组合作学习的优势。在教学中，我常常会以小组为单位进行比赛，因此，在每次上课前，我都会给学生十五分钟的时间进行课前预习，而且是以小组的形式进行预习活动。在每个小组，理解能力强的学生充当小老师，负责教会理解能力较弱的学生。不难发现，学生们被任命为小老师后，有着极强的责任心和耐心去帮助其他同学。而被帮助的学生在一种轻松的学习气氛中，也能较快地掌握新知识。充当小老师的学生们，在帮助别人的同时也重温了一遍已掌握的知识，达到了复习巩固的目的，可以说两者都有所收获。同时，这也弥补了课堂上老师与学生一对多的不足之处，使所有的后进生都得到了关注与帮助。

四、评价及时，展现个性，竞争激烈

在每个小组新建初期，我都会让学生为本组取一个能展现本组个性的名字。并把教室墙壁划分为六大块，作为六个组展现本组特点的园地，做好小组建设工作。在教学过程中，及时给出加减分值作为小组竞争的机制，由学习委员每天、每周、每月各公布一次总分和排名，六组中取前两名每月给予物质奖励。这样大大激发了学生学习的积极性。

可见，小组合作学习是一种重要的课堂形式，它能够有效地提高学生的语文学习能力。小组合作学习，使学生真正地成为学习的主人，学生在小组里能够大胆地、轻松地各抒己见，使其个性得到张扬，还学生一片自由翱翔的天空。

作者简介：

李红艳，女，1998年参加工作，中共党员，小汤山中学语文一级教师，曾被评为昌平区优秀班主任、昌平优秀农村教师、区级骨干教师；撰写的论文、课例、教学设计和组织的语文综合性实践活动及班会活动多次获得国家级、市、区一、二、三等奖；参加昌平区语文教师朗读比赛获得二等奖，参加昌平区语文课堂大赛获得二等奖。

让孩子喜欢生物课

◎作者 李海红

兴趣是最好的老师，北宋程颐提出："教人未见其趣，必不乐学。"歌德也说过："哪里没有兴趣，哪里就没有记忆。"但是生物课程目前在中学阶段是非毕业考试科目，处于"副科"地位，这些因素导致学生对生物课不够重视，积极性不高，也导致学生学习方法的不适和学习兴趣的下降。在教学过程中，如果教师能够让学生的学习过程充满乐趣，加强学生的学习自觉性，培养学生的探索精神，激发其创造力，就能让学习变得更有成效、更轻松，让学生学有所得。

如何让学生喜欢生物课，是上好生物课的重要条件。如何让学生在课堂上既感觉到身心愉悦，又能获得知识，提高能力，增加情感，是摆在任课教师面前的大问题，基于此，结合本人这几年的点滴教学经验，谈谈如何让学生对上生物课充满兴趣。

一、用丰富的学科知识和爱心去赢得学生

生物学是一门颇具特色的学科，不仅以实验为基础，而且与生活联系紧密。生活中衣、食、住、行，方方面面都与生物学科密切相关。当前的热点话题、前沿科学，如克隆技术、DNA指纹技术、人类基因组计划、人类脑计划等也与生物学科密不可分。还有各种各样的趣闻，如讲解"生物多样性的价值"时会涉及鼯鼠的粪便五灵脂，借此提到鼯鼠大名鼎鼎的别称"寒号鸟"，以及"样样会，门门瘟"的鼯鼠五技而穷的故事，相信学生一定会对五灵脂印象深刻。还可以帮助解答生活中的一些疑难问题。如，一次施肥过多，植物为何会烧苗？南瓜为何有的子房发育良好，有的发育不好？这样，学生自然会惊叹生物的丰富内涵，喜欢这门学科，从而激发学生学习生物的兴趣。

教师不仅要拥有丰富的知识，还要有一颗爱学生的心，这样才能赢得学生。

教师的爱如同阳光普照大地，如同雨露滋润万物，但是，爱并不意味着迁就放松，而是严而有爱，爱而从严。只要充满爱，学生们就一定会喜欢。我觉得学生最关心的是教师对他的看法，最大的愿望是受老师的关心和喜爱。当我们面对学生，尤其是那些似乎充满缺点的学生时，如果能尽量发现他们的优点，然后真诚、慷慨地去赞赏他们，就会激发他们内心深处的希望和信心，鼓励他们奋发向上。我记得一位优秀教师说过这样一句话：打着灯笼寻找学生的优点，用显微镜来观察学生的"闪光点"，尽可能地创造条件让学生有展示自我的机会，满腔热忱地欢迎每一个学生的微小进步。遇到有的同学感冒了，我会用自己的脸贴近学生的额头，试一试他是否发烧；有时遇到有些同学值日不认真，我会拿起笤帚，和他们一起扫；有的同学进步了，我会送上一句鼓励的话；帮放学时匆忙穿衣服的同学拉上拉链；为在运动会上付出努力和汗水的同学送上赞赏的话……这样做，你会发现身边的孩子多了，有问问题的，有说困惑的，也有聊天的……亲其师，信其道。

二、深挖课程资源，揭示生物美育价值，共同感悟生命之美

众所周知，自然界充满美的元素，而生物正是自然界中美妙的音符，所以在中学生物教学中，我充分发掘生物学科的美育因素，揭示生物学科的美育价值，和学生一起聆听自然之声，共同感悟生命之美，从而使学生爱上生物课。

生命是个开放的系统，不间断地和周围环境之间的物质和能量的交换，是生物生存和发展的前提，这就是生物体的新陈代谢或自我更新。这无疑是贯穿于生物教学的永恒主题，正是在这里隐含着美，即开放才有生机，更新才能生存与发展。如讲述细胞结构中细胞膜如何调控物质进出、生物新陈代谢、生命的遗传与变异、生命的延续等，实际上是在昭示一种美，开放之美，更新之美，唯开放才能常新，一个人的成长成才是如此，社会的进步也是如此，其美育价值就在于此。

生命的适应性与坚韧性，同样有美育价值。正如"离离原上草，一岁一枯荣。野火烧不尽，春风吹又生"。这些生物无论是低级还是高等，都能找到它赖以生存的环境。上至十几千米的高空，下到数百米的海洋深处都有生物存在。即使在冰天雪地的极地、雪山和贫瘠的沙漠戈壁，也都有生物分布，如极地生物（企鹅、北极熊等）、沙生植物（如仙人掌）等，其生命力之顽强令人折服。面对生命的适应性与坚韧性，会引发怎样的情愫呢？敢于面对困难，完善自身，适应社会的进取精神，美育价值蕴藏其中。

生命的多样性及其依存性，也具有美育价值。学习生物学，比学习其他学科更能让人体会到客观世界的多样性，而这种多样性的存在，又依赖于相互生存，此种生物是它种生物存在的前提。如讲述生物的分类，五界或六界系统，种群、群落与生态系统，食物链与食物网、生态系统的自我调节与平衡，依赖于物种的多样性及其关系，从遗传与变异、选择，来揭示物种多样性的原因，可以说，生物学时刻都在研究生物的多样性及其相互依存关系，于是呼吁尊重多样性、保护多样性以及生态系统的修复等，如果把美育仅停留在欣赏生物体态的美、色彩的艳丽、鸣声的好听，是肤浅的。美在于多样性（及其相互依存）的本身，连同那些并不美丽的生物在内。通过生物多样性及其相互依存的理解，进而可以升华为多样性、多元性是美的构成要素，相互借鉴、相互学习，才可以百花齐放、万紫千红。

生命还有它的和谐之美。生命的和谐强烈地表现为生命有机体的整体性和协调性，还表现为以自身的协调实现和环境的协调。如生物体结构和功能协调的统一、生物体与环境协调的统一，同化与异化、刺激与兴奋、抗体与抗原、遗传与变异、肌肉的拮抗、DNA分子的双螺旋结构等等，所有这一切，都是自然选择的产物，也是生命系统的自组织性的产物，无不体现为服从于整体、体现于协调的和谐之美。

美除了给人以愉悦，陶冶人的情操之外，生命本质之美的揭示与领悟，更重要的是教育我们更深刻地懂得爱护生命、珍视生命、尊重生命。

三、精心设计课堂结构，激发孩子的潜能，共享成功的喜悦

有人说，老师要有"一桶水"，才能教给学生"一碗水"。我的理解是这样的：我拥有一桶水，但我想：不是从自己的桶里给你一碗水，而是告诉学生

如歌岁月 纪念北京市昌平区小汤山中学建校五十七周年

自己取得这一桶水的方法和工具，以及这一桶水所来源的大江或大海，指引和鼓励孩子们设法去获取自己的一桶水。无论是用工具挖井，还是用机器抽水，哪怕用碗舀水，那也是他自己获得的成就。这样，固然可能会有不少孩子只能弄回一碗水，甚至只有一勺水，或者只有一滴水，这取决于学生的能力和意愿。但同时会有很多优秀的学生，会获得一大缸水，甚至一潭水，比老师还多得多。这才是真正的教育。多年来，我总是在精心设计每一节课，尽量让学生有展示的机会，有成功的舞台，体验成功的快乐，提高学生的兴趣，让孩子们喜欢生物课。

学生刚升入初中，对在学校所接触到的一切事物均有浓厚的兴趣，他们这个年龄段的特点是活泼好动，适应环境的能力很强，愿意接受新事物。初次接触生物学这门课程，他们具有强烈的好奇心，学习热情高涨。生物学教学是课堂和课外生活的延伸，生物课的内容有实验、探究、资料分析、课外阅读、观察与思考、技能训练，这些内容必须是课内课外相结合，学生可以通过课外活动采集生物标本，进行课外观察。随着新课改的不断深入，课外活动在生物学教学中的作用显得更为重要。美国华盛顿儿童博物馆的格言为"我听见就忘记了，我看见就记住了，我做了就理解了"。为了让学生了解调查的一般方法并通过调查真正熟悉身边的生物，了解生物与环境之间的关系，我把课堂设在了校园，让学生在校园内以小组合作的形式，自主地调查校园内的生物。这节课后学生们都非常兴奋，许多同学跟我说："生物课太有趣了。"听了学生们真诚的话语，我也很兴奋。这使我想起了一句话："孩子都是在游戏中学习长大的。"对于中学生来说，何尝不是如此呢？教师为学生搭建一个学习、游戏的平台，学生们在整个学习活动中，通过小组合作、拟定计划、参与调查、收集资料、讨论交流，相互学习，汲取并互补了各自的经验，从被动的"知识容器"变成了主动学习的参与者，学习资源的开拓者，合作的意识、自主的个性得到了充分彰显和发展。在学习体验中生成新的问题，在争论中解决问题，这让他们感受到了学习的快乐。教学中我也发现学生的能力差异较大，比如各个组在设计调查路线时，有的组的同学设计的路线沿途观察到的生物种类较多；

而有的组的同学设计的调查路线欠缺思考，虽然调查的生物种类也较多，但多走了许多冤枉路，浪费了许多时间；还有的组甚至没有设计调查路线，毫无顺序性地满校园跑。这也启示我：教育要面向全体学生，面向学生的各个方面，关注每一个学生的发展。更要根据学生的年龄特征和兴趣爱好，给学生提供灵活多样的学习方式，让学生真正乐学、好学。

以上是我作为一名普通生物教师在多年教学工作中的肤浅体会和点滴感受。要提高学生的兴趣并非一朝一夕的事情，我认为作为一个老师，应该从自身所处的立场和角度出发，在教学实践中不断探索，为全面提高学生素质，作出自己应有的努力。

> 作者简介：
> **李海红**，女，1995年参加工作，小汤山中学生物一级教师，曾被评为昌平区骨干教师，撰写的多篇论文、课例、教学设计分别获得市、区级一、二、三等奖。

千百倍耕耘，换来桃李满园香
——我的英语教学感悟

◎作者　陈立银

我1995年参加工作，到今天已在教育这方热土上默默耕耘了18年。我是因为喜欢才从事教师这个职业的，所以我的工作态度是积极的。作为一名普通的农村中学英语教师，我一直踏踏实实，勤勤恳恳，逐步由一名青年教师成长为经验型教师、骨干教师，直至科研型教师。

众所周知，农村中学的英语教学，天然就带有一定的缺陷和局限性。因此教师在英语教学中，必须充分考虑英语的学科特点，初中学生的心理特点，以及不同水平、不同兴趣的学生的学习需要，运用多种教学方法和手段，引导学生积极主动地学习，掌握英语的基础知识和基本技能以及英语思维，发展合作意识和创新精神，形成积极的情感态度，提高语言素养，使学生对英语学习形成较为全面的认识，为未来发展和进一步学习打好基础。

回顾自己这十几年来在教学中的点点滴滴，有的只是自己尽职尽责的工作态度，严格而灵活的教学方法。总之一句话，种瓜得瓜，种豆得豆，好成绩的取得和平时心血的付出是成正比的。

作为一名英语教师，在教育教学工作中，我刻苦钻研业务，不断学习新知识，探索教育教学规律，做到教学中目标明确，重点突出，难点分散，并在教学中渗透德育内容。积极参加市、区、片、校级各种形式的进修教研活动，坚持业务学习，学习与所教学科密切联系的知识，不断充实自己；认真学习教育教学理论，用以指导教学实践；虚心向他人学习，吸取他人的成功经验，使自己的业务能力有了一定的提高。教学上努力创新，树立以人为本的教育教学理念，努力吃透教材，了解学情，对每一个学生负责，钻研教法，耐心答疑，认真备课上课，认真批改作业，因材施教，以使每一个学生都能有所得。求真务实，勇于创新，热爱学习，构建了自己的教学模式。

要当一名优秀教师，首先需要有先进的教学理念、过硬的专业知识和高超的教学艺术。尤其是作为一名英语教师，对课堂教学艺术的研究、对学科认知规律的探索更是我一直以来关注的焦点。我十分重视自身业务能力的提高，尤其是在参加了加拿大教师任教的口语培训班、英语研究生班、"教师专业发展与有效教学"高级研修班的学习后，我更加深入地学习先进的教学理论，努力寻找课堂教学与新教材、新课标的结合点，钻研实验成功学校的教学设计、课堂实录，学习和借鉴他人的教学经验，探寻先进的教学模式和方法，同时不断提高自己的信息技术水平。课堂上我努力营造一种民主自由、活泼生动的学习氛围，鼓励学生畅所欲言，并允许出错，更鼓励创新，这使得我的学生会学、乐学，学习成绩和能力也稳步提升。

在多年的教育教学实践中，我深深地体会到：教学工作最突出的特点就是学习、反思与创造。对此，自己也有了一些感悟。

首先，建立良好的师生关系，做一名学生喜欢的老师。教学中，我感受最深的是，学生在成长过程中，需要知识，更需要关爱，关爱是一份情感，也是一份责任。作为老师，除了要有精湛的业务、敬业的精神、全面的知识，更重要的是在传道授业解惑时，做到爱生如子。人与人之间的感情是相互的，学生虽小，但他们都有着一颗敏感而真诚的心，只要你真心关爱他们，他们一定会给你惊喜的回报。亲其师而信其道，只有让学生喜欢你，他们才会信任你，向着你引导的方向发展。多年来，我激励自卑的学生，点拨后进的学生，暗示自负的学生，发现特殊的学生，服务所有的学生，关爱所有的学生，用心去与学生交流，用爱去抚慰他们的心灵，构建师生平等、关系和谐、共同进步的求知家园。

更重要的是，狠抓课堂教学，构建和谐高效、思维对话型课堂。我比较关注以下几个环节：

一、备课环节：日益丰富的备课资源，为我们的备课提供了方便，节约了时间，也提高了效率。但是如果过度依赖于这些条件必将滋长我们的惰性，从而导致我们的教研能力下降。因此，在广泛学习的基础上，我积极思考，结合教学内容的特点，自己的教学风格与特色，更重要的是自己学生的特点，凭借多年的教学经验与挑战精神，推陈出新，从而设计出了每一节适合自己和学生的课。我认为这就是我真正意义上的备课。因为，没有学习，就没有进步，而没有思想，就根本谈不上创新。

二、情境创设：作为一名工作多年的英语教师，我意识到情境的创设对于英语学习来说是多么重要。因为问题情境体现文化底蕴。因此，我努力做到：通过联系现实生活中的应用实例，体现英语在实践中的巨大作用；通过深层次的历史文化背景的展示，体现英语学习对自然、历史、文化及人类自身的关注和热爱；通过英语故事或语言发展史的讲述，培养学生对英语学习的兴趣；通过对历史名人，特别是西方伟大人物的介绍，帮助学生形成坚强的个性。问题情境的展示，可以充分体现英语教师深厚的人文底蕴，对形成学生终身受益的认知结构、学生人格的塑造、学生综合素养的形成和发展都有着巨大的作用。

三、学习过程的设计：学习过程的设计应体现自主精神。在教学过程的设计中，我尽量给予学生充分的选择机会和自主发展的空间，使学生通过能动的、创造性的学习活动，实现自主精神的充分发挥，改变传统教学过程的"讲——学——练"模式，强化通过解决问题来学习的"学——讲——练"方法，使学生"学会学习"。事实上，学生的自主精神是通过课堂上的交流活动来体现的，可采用实验、尝试、猜测、讨论等方式进行。交流活动是通过"会话"来实现的，除师生之间的交流活动外，还要重视学生之间的交流活动。交流的内容是广泛的，可以交流知识、方法、信息、体会等，让学生在课堂上有充分的活动空间和时间，形成学生自我寻求发展的愿望，充分发挥他们的自主精神。

四、对复习课的处理：复习课是英语教学工作的重头戏，是对已学知识的温习、整理、巩固、系统和延伸。因此，复习课的重点应放在组织、引导学生做好查漏补缺、归纳概括、巩固提高等工作上，而不应是新授课的简单重复。而复习课是以巩固所学知识并提高运用知识解决实际问题的能力为主要任务的一种课型。由于学习的内容是学生已经学过的知识，因此复习课的内容对学生来说已失去新鲜感，学生甚至认为已全部掌握，往往会感到枯燥乏味。复习不能停留在仅让学生对已学知识的温习上，更重要的是教会他们整理，将知识系统化，在巩固的基础上提高。我们都很清楚"授人以鱼，不如授人以渔"，只有让学生懂得了方法，才能更好、更深入地学习和掌握知识。如何调动学生的积极性，激发他们的求知欲，让学生喜欢上复习课，并在复习中有所收获，从而巩固知识，掌握方法，内化迁移，这一直是我探索的一个方面。

五、教学模式：在教学过程中，我认识到课堂教学的模式是可以多样化的，教师要在对已学知识熟悉的基础上，善于钻研、分析整理、归纳总结，要敢于开拓，大胆实践，在实践中探索新的教学途径和教学模式。在设计一堂课的过程中，不是选择最优的方式，而是根据学生的实际情况，选择可行的方式。一堂成功的课堂教学，应该留给学生充裕的独立思考的时间，同时针对不同的问题恰当引导学生展开充分的讨论，启发、鼓励学生大胆发表自己的不同见解。这样才能使学生的思维灵活起来，从而实现高效教学。此外，好的教学方法和过程体现的是一个教师驾驭教材的能力，在实施中学会选择，活用教材，在继承中寻求发展，在继承中寻求创新。作为教师要与学生多交流，只有多交流，多沟通，教学才能有亮点。教师只有学会俯下身子去倾听学生的想法，才能走进他们的世界，才能了解学生的实际情况。

很幸运在我的成长过程中有很多可以相互切磋的诤友和同事，大家的关心、帮助和信任，让我既感到英语教学责任重大，又对自己充满信心。所有这一切让我在快乐中工作与成长。我觉得我的每一次教学设计，都是集体智慧的结晶。我认识到，一个老师要不断更新自己的教学理念，提高自己的教学水平，就必须善于钻研，勇于开拓，大胆实践，不满足于所谓的经验，并且能够真正地做到毫无保留地奉献出个人的智慧和虚心听取众人的意见和建议。因为团结就是力量。

多年的教学工作已让我感受到，一个优秀的教师不在于他教了多少年书，而在于他用心教了多少年书。今后我将继续把爱心献给每一个学生，真心对待每一次课；我将继续把"发现"留给学生，让他们的每一天都能在期待和惊喜中度过。这样，我也能一次次地感受到教育的乐趣，体验到教育的幸福。

作者简介：

陈立银，女，1995年参加工作，中学英语高级教师，昌平区骨干教师。曾被评为昌平区英语学科优秀教师、昌平区义务教育课程改革先进个人、昌平区交通安全优秀班主任。撰写的论文、教学设计、课件制作多次获得市、区一、二、三等奖。参加昌平区中青年骨干教师课堂大赛获得二等奖，辅导学生参加科技英语大赛、"佳域杯"英语知识大赛、英语戏剧大赛获辅导教师一、二、三等奖。

学生体能测试的感悟

◎作者 夏宝成

鉴于我在2009年带领我校初二（1）班在北京市学生体质测试中获得第二名的好成绩，昌平区体美科安排我每年到我区的其他中学进行体质测试辅导。在参加辅导的这几年里，随着对学生体质测试工作的不断深入，我发现学生普遍存在体能、肺活量下降，肥胖比例增加等问题，如何在实际工作中立足"感悟教学"，进行现状反思、实践操作、辩证把握，来"感悟"浓浓的"学生体质味儿"，是我们体育工作者应该思考的。

以我校今年学生体质测试中身高、体重、肺活量的数据为例：

分年级、性别、身高、标准体重评价等级表（生长发育、营养状况）

年级		样本数	营养不良(%)	较低体重(%)	正常体重(%)	超重(%)	肥胖(%)
初一年级	总体	136	4.41	47.06	17.65	6.62	24.26
	男	74	6.76	52.70	14.86	8.11	17.57
	女	62	1.61	40.32	20.97	4.84	32.26
初二年级	总体	104	1.92	35.58	39.42	4.81	18.27
	男	54	3.70	42.59	31.48	3.70	18.53
	女	50	0.00	28	48	6	18
初三年级	总体	88	2.27	38.64	27.27	12.5	19.32
	男	50	2	60	22	4	12
	女	38	2.63	10.52	34.21	23.68	28.96
初中总体	总体	328	2.86	40.43	28.11	7.98	20.62
	男	178	4.49	51.69	21.91	5.62	16.29
	女	150	1.33	28.67	33.33	10	26.67

通过资料可以看出：

年级	性别	样本数	优秀率(%)	良好率(%)	及格率(%)	不及格率(%)
初一	男	74	1.36	9.46	44.59	44.59
	女	62	0	6.45	37.10	56.45
初二	男	54	1.85	9.26	42.59	46.30
	女	50	12	8	56	24
初三	男	50	16	14	46	24
	女	38	2.63	2.63	60.53	34.21

1.初三年级的总体各项成绩指标要明显高于初一、初二年级，说明在初中体育毕业考试压力下，学生在较大强度和密度的练习下，体育成绩稳步上升。

2.女生各率均要明显低于男生，不及格率明显高于男生。

3.从学生身高、体重、肺活量的统计表上可以看出，初三年级的成绩均要好于其他两个年级，这符合学生身体发育成长规律和运动技能循序渐进的规律。

4.男生的生长发育营养状况明显不如女生，正常体重的比重只有女生的三分之二左右，而营养不良比重却是女生的3倍左右，较低体重的学生比重比女生多23.02个百分点。

5.肺活量、体重等级总体来讲都不是很好，初三的要好一些，但是这些不能说明学生的体质就真的不好，主要是一些体重重的学生肺活量相对不大，而一些体重轻甚至有营养不良的学生肺活量却很大，致使得出的肺活量指数值有些出人意料。不过单看肺活量平均值，我校的肺活量水平不高，但还是逐年级明显递增的。

造成以上结果的主要原因有两种，一种是意识上的：当前是信息化时代，人与自然、人与产品打交道的方式发生了很大的变化。粗壮的体力不再是决定胜负的关键筹码，强悍的身躯更不是左右事物的唯一标杆，美国与伊拉克的战争，只需高科技的巡航导弹等战术武器，鲜有刺刀见红的肉搏战发生，在这种情况下，电脑、游戏等网络生活成为人们生活方式的首选，一部苹果手机似乎便能走天下，甚至赢天下。在这种情况下，每天一早到操场跑步锻炼，对学生

如歌岁月 纪念北京市昌平区小汤山中学建校五十七周年

而言似乎已成为一种笑话，挥汗如雨的冲刺、突破自我和挑战极限的努力，这些应该在参加体育竞技中得到的人生感悟和心得几乎荡然无存。一种是应试教育造成学生体育锻炼不足（包括时间和强度均不够）以及家庭的溺爱，例如有的学校为了让学生在中考中取得优异的成绩，直接从初一开始对学生仅进行针对中考科目的体育课教学；有的家长为了避免孩子上体育课受苦受累，竟然想方设法为孩子请病假，造成学生没有吃苦耐劳的精神。以上内外环境均导致了学生体质逐年降低。

如何在当前的条件下增强学生的体质呢？

我个人认为在体育教学中要用积极的情绪感染学生，要用多种形式激发学生，要用新颖的方法引导学生。体能训练一般来说都是比较枯燥的，如何让学生将训练转化为兴趣，再由学生的兴趣转化为自主的训练，也是重要的环节。教师可以通过创设情景，在情景中提高学生原有的知识结构水平，完成训练目标和任务。如跑的练习，学生对一味的跑会感到厌恶，觉得枯燥，所以教师在训练跑的时候可以适时改变策略，设计情景，开展各类的跑的游戏，如追逐跑或者踢足球等，通过这样的训练，学生的兴趣被调动了起来，训练也更有成效了。再比如针对肺活量的锻炼，我们就可以教学生们通过多种形式增强肺活量。比如教学生们在业余时间采用深呼吸法、静呼吸法、睡眠呼吸法、运动呼吸法等进行练习，轻松省力，效果明显；我们还可以在课堂上多安排一些提高人体肺活量的运动项目：诸如双杠双臂屈伸、引体向上、俯卧撑、耐力跑、长距离健步走、武术、有氧操以及各类健身运动等。我们还可以根据学生的实际情况为他们设定肺活量的运动处方：俯卧撑10~30次，做两组；做一套约20分钟的有氧操；双杠双臂屈伸锻炼10~15次；进行30分钟至1小时的游泳活动；哑铃扩胸10次，做两组；长距离跑15~20分钟；引体向上5~10次，做两组；慢速骑自行车3公里；篮球、排球、足球类运动20分钟；羽毛球、乒乓球运动20分钟；等等。也许通过我们这样精心的设计能把学生不喜欢的、枯燥乏味的体能练习课上得生动有趣，也能让学生在主动参与或者不经意间发展有助于健康的体能。

对于那些忽视体育课的家长，我要说，对孩子们用心呵护，没有错；对孩子们有所要求，希望他们有好的考试成绩，没有错；但决不能忽视的是身体素质，这尤为重要，有一个健壮的体魄胜过优秀的文化成绩，我是这样理解的。学生只有开展有计划、有目的、有规律的体育锻炼，才能改善身体形态和机能；学生只有走向操场，走进大自然，走在阳光下，才能朝气蓬勃，成为新时代的弄潮儿。

作者简介：

夏宝成，男，1993年参加工作，中学体育高级教师，现任小汤山中学体育学科教研组长。曾多次被评为校级、镇级、区级优秀教师，撰写的论文也多次获得市级一、二等奖，并多次获得市、区级教师运动会跳远第一名。

走好教师专业发展之路

◎作者 马 婷

从2010年参加教学工作以来，我一直努力使每一节课堂教学落到实处，成为学生掌握知识的一种认知过程，努力把教师的外部指导转化为学生的能动活动，总是在怎样才能唤起学生更深层次地思考和如何才能引导学生主动地探究新知识上下功夫，并且适时地渗透思想方法。教师专业化与专业发展对于教师是一个不断成长、不断进步的过程。新课程背景下的教师更应该朝专业化发展的方向努力，着手提高自己的专业水平，不断促进自己的专业发展。以下是我关于教师专业化发展的心得体会，也是我今后应该努力的方向。

一、更新个人的教师信念

教师信念即对语言和语言教与学的认识。教师的认识必然会影响他的教学实践。每周二的教研活动中，我们总是能从解析新课程大纲、学习教学设计原理、心理学、教学反思、听说读写教学过程的设计等方面，更新我们对教学的认识，并最终帮助我们把这些新的想法实践在之后的追踪听课以及平时的教学中。

在每一次的研究课中，教师在准备和完成比如选择学习活动、呈现学习活动、提问、检查、复习等教学任务中，都能反映出教师对教学的认识。作为一名青年教师，我在听评课中，尽力主动向其他老师学习，更新自己的教学信念，借鉴新的教学方法，丰富自己的教学实践。

二、开展并坚持反思性教学

"吾日三省吾身"，对于教学，我们首先要对自己采取批判的态度，不断总结经验教训；以他人之长补自己之短。把对"怎么教"（how）的关注移向"教什么"(what)和"为什么教"(why)，从而在更广泛的层面上深化对英语教学的理解。开展反思性教学的方法有很多，比如，写反思日记，开展行动研究，进行教学观摩，写教学报告等等。运用反思性教学的方法贵在坚持，我想这也是今后我努力的方向，可以为自己建立一个成长档案，把反思的素材存档，帮助自己开展好个人的专业发展。

教研活动中，我们每一次的听课，都是在发展自己的反思性教学技能——如何观摩别人。这时不仅仅是把注意力集中到别人的教学行为上，更是为了更好地反思自己。在听课中我经常会反问自己：如果我是这位老师，对于这项活动我会怎么开展？哪一种方法更适合我的学生？这节课对我个人的成长有什么启示？老师们在教学中需要进一步完善的部分，我平时是不是也有同样的问题？今后该怎么解决呢？我的教学应该做出哪些改变？作为一名青年教师，听评课对我的成长具有更多的实践意义。

同课异构的方式也是让听课老师不断反思的过程。去年我们参加了一次由三位老师针对同一教学内容授课的活动。教学内容为"Module 8 Unit1 How do I get to the Forbidden City？"（外研版初二上册），话题是指路和引路。三位老师展示了各自的风采，采用不同的教学方法和教学活动，并实现了各自的预期目标。桃洼中学的李老师采用小组教学的模式，既发挥了优秀生在小组中的引领作用，又调动了学困生的课堂参与积极性。教学中，学生自己手绘地图，自编情景剧，课堂气氛轻松活跃。一中的彭老师教学经验丰富，听课老师都对她设计的教学活动和课件给予了高度评价，教师课前的准备对学生起到了很好的示范引导作用。一中的郑老师采用分层教学法，教学活动由易到难，充分关注了各个层次的学生的学习情况，教学落到实效。教研活动后，我充分反思了这三位老师在教学中的优缺点，总结了当天老师们的评议，分析了我班学生的实际学习情况，重新设计了教学活动，并在自己的教学中进行了再实践。

教师专业化发展不能停留在现成的理论学习中，而是要不断地去反思自己的教学，观察自己的课堂行为，评估自己的教学效果，开展教学中的科研，最终实现教学相长，走向专业化发展之路。

作者简介：

马婷，女，2010年参加工作，中共党员，昌平区小汤山中学英语教师。曾获得昌平区青年教师课堂教学大赛英语学科三等奖、昌平区英语教学设计三等奖。参加"歆语工程"中小学英语教师高级研修；承担昌平区青年教师英语研究课；获得学校"成功课堂"三优评比大赛教学设计、教案和论文一、二、三等奖。

做一名出色的化学教师

◎作者 冯春梅

随着小汤山中学建校五十七周年的来临，回首往事，我与学校已经共同经历了十六年的风风雨雨。

我经常这样鼓励自己："你的面前是一条一往无前的攀登路，只有你才能寻找到自己的求索路。"从教十六年来，我凭着对小汤山中学的赤诚之心，实现了自己的人生价值，虽然经历了不少坎坷磨难，但着实锤炼了自己。攀登的足迹记录着我的成长，洒过的汗水印证着我的心路历程。

如歌岁月 纪念北京市昌平区小汤山中学建校五十七周年

短短的十六载一晃即过，十六年的粉笔生涯让我意识到：教育需要激情，需要全身心的投入与无私的奉献；教育需要诗意，需要浪漫的情怀；教育需要机智，需要以永远年轻的心态热情地工作；教育需要恒心，需要毫无懈怠地追求与探索。正是如此，我付出了青春的热血，换来了学生的一张张笑脸与累累硕果。

一个偶然的机遇，我选择了教师这一职业，至今无怨无悔。记得当时教我们高中化学的老师幽默机智、互动的教学方式给同学们留下了难忘的印象，同学们每天都渴望上化学课。当同学们向化学老师投以仰慕和崇敬的目光时，我深深地感受到做一名这样的老师多幸福、多光荣。高考报志愿时，我毅然决然地报了首师大化学系。上大学了，我真的成了首师大化学系的一名学生，从此与化学结下了不解之缘。从走上讲台的第一天起，我就立志做一名出色的教师，做一名出色的化学教师……

一、领先的理念——成为好教师的前提

1996年我大学毕业被分配到小汤山中学任教初三化学，为了不辜负全校老师的期望，当时我凭着年轻人的朝气，全身心地投入到教育教学工作。我带三个班的化学课，除完成备课、听课、上课、批改作业、辅导等学校规定的常规工作外，还经常利用中午和节假日休息的时间找学生谈心，晚上常常工作到深夜十一二点钟。"高强度的死记硬背，高频率的考试练习"，成为当时课堂教学中普遍的风景。由于应试教育成为当时最热门的话题和最推崇的教育方式，所以除了课堂教学以外，做题和对习题的研究是当时化学教学工作中最主要的方面。在课堂教学中，我虚心向老教师学习，从听课到备课，从上课到辅导，努力使学生有兴趣学习化学这门课程，并在轻松活泼中接受知识。为了准备一堂课，我经常要查找许多课外资料，斟酌每一道例题，直至写出完整而全面的讲稿。由于自己的努力和付出，课堂教学得到了学校领导、同行、家长、学生的一致好评。

在课堂上我尽量让学生去重演知识的发生过程，将教学过程转变为学生的"再研究"和"再创造"的过程，使他们在获得化学知识的同时，启迪心智、

培养品格，全面落实新课程的三维目标。在化学教学中，有着三条基本序线，即：与教材内容相对应的知识序，与学生学习相对应的认知序，以及与教学过程相对应的教学序。只有课堂教学实现有序化，才会赢得教学过程的高效化；任何一堂能被称为过程优化的好课，都是"三序合一"的结果。真、善、美是化学教学追求的最高境界。具体而言，化学课堂教学第一要"求真"，达到科学境界；第二要"从善"，体现人文境界；第三要"审美"，有艺术境界。

我喜欢课堂教学，因为课堂教学是教育工作的基本形式，是培养人才的必要环节，是传授知识的重要途径，也是教师以其人格魅力影响学生的宝贵时光。当学生随着我的讲解一步步从困惑中走出来、当学生的作业和试卷告诉我他们真正掌握了所学的知识时，那种快慰是令人陶醉的。

二、深入的研究——成为好教师的关键

作为一名有着十多年教育实践经验的教师，我逐渐认识到，教育不应停留在对直觉的把握、对经验的感悟上，而应从理清结构、把握关系的角度，运用理论对实践的现象进行分析，透过现象看本质，从理论上思考教育教学问题，始终保持敏锐的学术意识。我渴望成为一名智慧型教师，为学生的智慧人生奠基，带出一批批充满智慧、富有创造力的学生。所以我愿意在教学中研究、在探索中感悟、在实践中反思、在思考中生成智慧，用一生的精力，去追寻充满智慧的教育，去追逐智慧教育之梦。深入的研究是成为好教师的关键。我认为教师开展研究不是花精力去研究高深的教育教学理论，而应把自己的教育教学活动作为研究对象，持续不断地对教育教学行为进行反思。是否愿意花时间反思自己的教学工作，是教师是否具有专业素养的标志。在课堂教学改革实践中产生的点点滴滴，在教研活动中教师的言论、观点，课堂教学过程中对某个问题的理解，学生问题中的闪光点，都能通过整理、归纳、反思以随笔的形式记下来，在我的日记中既有对问题的思考，也有成功的喜悦，更有自己的感悟。作为一名教师，要不断提高教学理论水平，不断提高教学能力，就得坚持写教学日记，要进行教育科学研究，也必须坚持写教学日记，"哪怕是肤浅的感悟或缺乏理性的直觉思维，都会带来日后冷静的思考"。近几年来，在新课程理

念的影响下，我们对课堂教学进行了有效的改革探索，并取得了丰硕的成果：从课堂教学设计到课堂教学模式的改革，从问题式教学到探究式教学，从信息技术与化学教学的整合到应用学习维度理论提高课堂教学成效。

三、广博的阅读——成为好教师的基石

要使自己成为一名教学能手，还必须读书学习。十多年来，我平时养成了阅读的习惯，重视学习和积累，在工作和生活中阅读了大量的学科专业书籍以及教育学和心理学、教学论等理论书籍，使得自己的理论水平有了很大的提高。在教育教学工作中能得心应手，取得了一些成绩。身为昌平区化学学科的骨干教师、学校化学教研组长，我没有把目光仅仅停留在提高自己的教学水平上，而是联系老教师、培养年轻人。几年来我带着一个教学梯队始终工作在教学第一线。

"桃李不言，下自成蹊"，经过不断的努力和全身心的投入，我在教育教学及教科研方面取得了一些成绩，多次受到区、镇、校级的表彰。我也从一名青年教师成长为昌平区化学学科骨干教师，多次被评为十佳教师。

终身学习是我的信念，不断进取是我的承诺，为教育服务是我的目标。今后我将更加努力地学习，躬行、诚信、尽忠，以爱岗敬业为天职。

作者简介：

冯春梅，女，1996年参加工作，中学化学高级教师，昌平区骨干教师，现任小汤山中学化学教研组长。其化学教学沉稳踏实中不乏开拓创新，教学成绩优异，多次被评为昌平区初中化学十佳教师、优秀教师。2008年被昌平区教育委员会评为昌平区义务教育课程改革先进个人，其教学设计、课件、论文多次获市、区级奖。

和风细雨润心田

◎作者 杨长芳

自1995年参加工作以来,在担任班主任的14年生涯中,我始终坚持"德育首位"的原则,注重学生的思想教育工作,经常利用班会、家访等途径和丰富多彩的活动,对学生进行思想政治教育,帮助学生树立正确的世界观、人生观、价值观,培养学生追求内在真、善、美的愿望。同时大力鼓励学生培养兴趣爱好,发展个性,注重对学生综合素质和能力的培养及锻炼。在这14年的工作中,我深深地认识到了班主任工作的重要意义就在于班主任是德、智、体、美、劳全面发展新人的培育者,是对学生进行管理教育和素质教育的组织者和领导者,是青少年成长过程中的引路人。

一、从小事做起,在活动中培养习惯

记得梁启超说过这样一句话:"我们每个瞬间都在教育学生!"塑造别人首先要塑造自己,完善别人也要首先完善自己,这正是正人先正己的道理。参加工作以来,我每天按时上、下班,从不迟到和早退。在班主任工作中,我深知言传身教的作用,平时要求学生做到的,我就自己先做到,作为教师,这尤为重要。在2007至2008学年,学校组织了"迎奥运,文明礼仪伴我行"活动。在活动中,我先上网查阅了大量有关奥运的知识,向学生宣传、渗透奥运精神,使学生懂得文明礼仪就在自己身边。孩子们在活动中,表现出不怕脏、不怕累的主人翁精神,团结合作意识也有了很大提高;教育学生在学校用完水后随手关闭水龙头,涮拖把时把水接到桶里,培养他们的节约意识。我在班级贴"八荣八耻"宣传画,带领学生背诵"八荣八耻",使学生了解社会中的是非、善恶、美丑,在学生中征集有关"八荣八耻"的文章。通过荣辱观的教育,促进学生树立"唱响国歌,尊敬师长、主动问好,不随地吐痰,把纸屑扔进垃圾桶,不说脏话,在公共场所轻声交谈,右行礼让,乘车购物不拥挤,观看演出文明喝彩，遵守规则走人行横道、不闯红灯"十个文明形象，在班级活动的开展中，促进学生文明形象的养成，收到了很好的效果。

二、把握"最佳时期"对学生进行教育

谁也不会料到，2008年5月12日就这样写入了历史。一场突如其来的地震，震动了大半个中国。四川省汶川县的8.0级大地震更是牵动着亿万中华儿女的心。为此，班级举行了一场以"我们都是一家人"为主题的班会活动。随着对一张张受灾同胞图片的展示，大家很快进入了庄严、肃穆、宁静、感伤的氛围，孩子们表情严肃而沉重，眼中流露出悲伤与坚定，特别是当大家看到一位武警战士正怀抱着一个不满三个月大的婴儿的图片，得知他的母亲在临死前留下"亲爱的宝贝，如果你能活着，记住，妈妈爱你"的短信时，不少孩子早已泣不成声，眼泪像决堤的洪水一样涌了出来，一发不可收拾。一颗颗心被良知净化着。天灾无情，人间有爱；一方有难，八方支援。孩子们纷纷把平时积攒的零花钱捐给了灾区，尽自己一份微薄之力。我顺势利导：我们可以用捐款的方式来表达自己对灾区人民的爱心，但我们更应该把这种关心别人的美好品质表现在日常生活中，拥有一颗爱同学、爱老师和爱父母的心，因为"我们都是一家人"。通过这次主题班会，同学们更加感受到了生命的可贵、亲情的伟大。

三、家校联手，和谐成长

家长是孩子的第一任老师，在孩子的成长过程中起着不可替代的作用。为了让好的习惯伴随孩子更好地成长，每接一个班，我总是及时与家长沟通、联系，取得家长对学校工作的支持和认可。家访能拉近老师与家长间的距离，只有在家访的过程中，学生和家长才会把老师当作朋友，才会说真话。我班学生小明，学习基础很薄弱，没有养成良好的学习习惯，每次上课不是说话，就是睡觉，我多次与小明谈话，都没有收到良好的效果。为了找到病因，在一个周末的上午，我走进了小明的家。原来小明很小的时候父亲就去世了，是他的母亲独自一人把他拉扯大。母亲每天忙于工作挣钱养家，忽略了儿子的学习，慢慢地发现儿子掉队了，可没有太多文化的母亲却束手无策，心想算了，只要有个好身体就行了。通过此次家访，小明的母亲明白了知识的重要，我也和她商定了下一步对小明的辅导计划。功夫不负有心人,一个月过后,小明变了,上课开始听讲了,并能举手回答老师的问题了。为此我又进行了第二次家访,向小明的母亲讲述孩子的巨大变化。在老师和母亲的夸奖下,小明彻彻底底地变了,在初三升学时考入了一所重点中学。尝到家访甜头的我,在当班主任的这些年,只要学生有了进步,我就进行家访,这种表扬式的家访对学生是一种鞭策,同时也是一种荣耀。

班主任工作精细而又繁琐,是在广阔的心灵世界中播种耕耘的职业。但我无悔,我快乐,因为我是一个班主任。

作者简介:

杨长芳,女,1995年参加工作,小汤山中学数学一级教师,昌平区骨干教师,现任小汤山中学初一年级组组长。曾被评为昌平区优秀教师、昌平区交通安全优秀班主任、昌平区数学学科十佳教师;获区中青年骨干教师课堂大赛二等奖;撰写的论文、课例、教学设计多次获得市、区一、二、三等奖。

新课改下的高中数学课堂教学

◎作者 佐晓峰

高中数学新课程对于学生认识数学与自然界、数学与人类社会的关系,认识数学的科学价值、应用价值、文化价值,提高提出问题、分析问题和解决问题的能力,形成理性思维,发展智力和创新意识具有基础性的作用。如何处理好新课改下数学的教与学,让学生成为课堂的主人,充分发挥学生的自主学习、合作学习、探究性学习等学习方式,也成为当今数学教师的重要责任。如何适应新课程改革下的数学教学,通过近几年的教学,以及学校实施了近两年的"成功课堂",我有了一定的感受,具体反思如下:

一、每节课的具体教学操作环节

教学是由一节一节具体的课组成的，只有切实把握好每一节课，才会使数学课的教学内容得到较好落实，才能让学生把数学学好。下面，我就对每一节数学课具体的教学环节做一下介绍：

（一）强化基础，重在落实

我们的学生大部分基础较差，学习习惯不好，学习兴趣不高。因此一定要深入浅出，既把握好教材、课标的要求，又能让大部分学生跟上老师的思路，不至于掉队。所以，习题要有一个梯度，有一个逐步加深的过程，否则，学生会望而生畏，慢慢就放弃学习了。

（二）合作教学

以小组为单位，每组选一个成绩好、管理能力强的学生当小组长，负责本小组成员的数学学习，有不会的题，问小组长。学生教学生效果可能会更好。通过合作教学，既能以学生为主体，让学生在课堂上都动起来，又能树立良好的班风、学风，使学生愿意学习数学，能够掌握一些基本的数学知识。

（三）分层教学

对于基础比较好的学生，或者对数学感兴趣的学生，要单独布置作业，单独批改，单独讲解，力争提高优秀率。在平时的授课过程中，也要分层次地对学生进行提问，要让每个学生都有前进的动力，都有较强的自信心，要让他们觉得伸手够一够是有可能够得着的，千万不能打击学生学习的积极性，让他们对数学望而生畏。

（四）让学生展示

让学生通过预习、复习，以及小组间的讨论，来前面展示，这样既可以让学生对习题加深印象，又可以培养学生的成就感，还可以提升学生的综合素质，可以说是"一举三得"。

（五）做高考题

通过做高考题，让学生感觉到，高一离高考并不遥远，而且高考题也不是高不可攀的，以此增强学生的自信心。

（六）抢答题

为了调动学生的积极性，提高课堂的效率。根据高一新生很注重面子、爱显摆的心理特点，让学生对习题进行抢答，然后给该组每个学生加分。这样做的好处是，可以督促该组学生学习，因为如果他学不会，会影响本组的成绩，所以他必须下功夫。这个时候，教师再加以引导，给他讲讲，很快他既会对数学感兴趣，又会感激老师，这对以后的教育教学非常有利。学生只有"亲其题"，才能"信其道"。

（七）关于作业

留作业有必要，多留一些作业更有必要，对于大部分学生，作业难度不宜过大，个别有精力的同学需要加深作业的数量和难度，要培养学生写作业的习惯，不会的题可以向本组同学或老师求教。

（八）恩威并用

对学生既要多鼓励，又要适可而止，不能让学生太随意、太放纵，力争做到收放自如，要让学生对老师既亲近，又敬畏，掌握好度，控制好课堂，达到最佳的效果。

对于成功课堂，必须让学生充分参与，让学生动起来，让学生真正成为课堂的主角，让他们体会到学习数学的快乐，只有这样，才能让学生取得更好的成绩。

二、要充分认识新课改下教材发生的变化

（一）新教材结构体系发生了变化

变化不仅在知识性、趣味性上，甚至在印刷版面上都做了有益的探索，如增加了著名科学家的知识背景简介、阅读材料、插图等新内容，开阔了学生的视野，贴近生活，理论联系实际，还增加了不少与现代生活密切相关的内容。

（二）新教材对原有的数学知识体系进行了调整

新教材对原有的繁难问题进行了删减，对学生难以理解的重点内容进行了分散处理。新教材的编写体现以学生为主体，强调学生能动地学习和掌握知识，本质是使学生学会学习，学会思考，学会解决问题，学会创新。

（三）新教材重视教学方式的多元化

新教材就知识讲解分为"问题提出、抽象概括、分析理解、思考交流"。

因此，首先，教师要更新观念，教学设计时刻突出一个"变"字，这也是教学中的最关键之处，教学方法要不断创新，突出问题的提出和解决的方法，教师提出问题允许学生质疑，不唯书本，不唯教师，充分调动学生的参与意识。其次，教师要重视运用多媒体辅助教学。多媒体教学不仅能以其生动、直观、形象、新颖的特征优化数学课堂教学，给学生提供更多的直观形象、生动活泼的数学背景，如讲授正弦曲线、余弦曲线的图形，棱锥体积公式的推导过程都可以用多媒体来演示，而且能减轻教师板书的工作量，提高讲解效率。在教学中，对于板演量大的内容，如立体几何中的一些几何图形、一些简单但数量较多的小问答题、文字量较多的应用题、复习课中章节内容的总结、选择题的训练等都可以借助于多媒体课件来完成，教学时省时省力。通过教学方法的"变"，使学生在动态的教学过程中，个性得到发展，思维品质得到优化，达到会学习的目的。

三、充分关注学生的课堂表现，调动学生的学习积极性，体现学生的主体地位

在教学过程中，教师要随时了解学生对所讲内容的掌握情况。如在讲完一个概念后，让学生复述；讲完一道例题后，将解答擦掉，请中等水平的学生上台板书演示。有时，对于基础差的学生，可以对他们多提问，让他们有较多的锻炼机会。同时教师根据学生的表现，及时进行鼓励，培养他们的自信心，让他们热爱数学，学习数学。

学生是学习的主体，教师要围绕学生展开教学，在教学过程中，自始至终让学生唱主角，使学生变被动学习为主动学习，让学生成为学习的主人，教师成为学习的领路人。根据课堂教学内容的要求，教师要精选例题，关键是讲解例题的时候，要让学生也参与进来。教师应腾出十来分钟时间或更多的时间，让学生做练习或思考教师提出的问题，或解答学生的提问，以进一步强化本堂课的教学内容。若课堂内容相对轻松，也可以指导学生进行预习，提出适当的要求，为下一次课做准备。

众所周知，近年来数学试题的新颖性、灵活性越来越强，不少老师把主要精力放在难度较大的综合题上，认为只有通过解决难题的方式才能培养能力，因而相对地忽视了基础知识、基本技能、基本方法的教学。教学中直接把公式、定理、推论拿出来，或草草讲一道例题就通过大量的题目来训练学生。其实，定理、公式推理的过程蕴含着重要的解题方法和规律，教师没有充分展示思维过程，没有发掘其内在的规律，就让学生去做题，试图通过让学生大量地做题去"悟"出某些道理。结果是多数学生"悟"不出方法、规律，理解肤浅，记忆不牢，只会机械地模仿，思维水平较低，有时甚至生搬硬套，照葫芦画瓢，将简单问题复杂化。如果教师在教学中过于粗疏或学生在学习中对基本知识不求甚解，都会导致在考试中判断错误。不少学生说，现在的试题量过大，他们往往无法完成全部试卷的解答。而解题速度的快慢主要取决于基本技能、基本方法的熟练程度及能力的高低。由此可见，在切实重视基础知识的落实中同时应重视基本技能和基本方法的培养。

以上是我在教学中关于成功课堂的一些反思。要提高课堂教学效果，新课程理念就是要让学生充分"动"起来，培养学生分析问题、解决问题的能力，教师在课堂教学中扮演引领角色，学生才是主角。只有学生充分"动"起来了，我们的课堂才能"活"起来，数学课堂教学才会有声有色，新课程教学才得以体现，学生们的综合素质和能力才会得到更大提高，才能为社会培养出更多的优秀人才。

作者简介：

佐晓峰，男，2002年参加工作，中共党员，中学数学一级教师，高中班主任和年级组长。多次承担区级公开课、研究课并取得较好效果。辅导的学生获得过北京市数学竞赛三等奖，在昌平区中青年教师课堂教学大赛中获得一等奖。曾多次被评为校级优秀班主任和镇级优秀教师。

理念指引教学方向
小组合作学习收效高

◎作者 吴卫辛

$\qquad$ 金秋九月，经过一轮轮的面试、口试、笔试、试讲、答辩和公示的招聘程序，我有幸被小汤山中学录用为一名思想政治教师。作为一名新教师，踏进新环境遇到了许多新领导、新同事、新同学，我感触更多的是小汤山中学新的教学理念——成功课堂教学。

10多年的教师生涯，从事过公立学校的传统教育，接受过民办教育改革，再次踏入教育领域，让我眼前一亮：这所坐落于乡村的中学，教学改革思想竟然这么超前！

一、成功课堂理念指引教学方向

成功课堂要求教师树立三种意识：一是平等和谐的朋友式师生关系，二是生动活泼的课堂氛围，三是有序有效的课堂效果。成功课堂要求具有六个环节：一是提问环节，二是授课环节，三是教学手段运用环节，四是重难点突破环节，五是课堂检测环节，六是课堂评价环节。成功课堂要求有三大改变：一是改变座位，二是改变思维方式，三是改量变为质变。成功课堂要求一提高：提高真正的教学效果。

张景利同学是我在高三（1）班实施成功课堂教育的一个典型案例。现在看到他在政治课上，站在讲台上的那种坚强、乐观、自信、阳光，我的心中充满欣慰，也许他在今后的人生路上，还会有更多的磨难和挑战，但有了这份自信和勇气，我将不再替他过多担忧，他定会以不懈的努力书写更多的美好。成功课堂教育是一种以激发学生成功愿望，开发学生成功潜能，帮助学生获得成功目标的教育思想和教育模式。成功课堂教育的基本信念是三个相信，一是相信每个孩子都有成功的愿望，二是相信每个孩子都有成功的潜能，三是相信每个孩子都可以取得更多方面的成功。

在成功课堂的实施过程中，我领悟到：反复失败者越来越失败，经常成功者越来越成功。因此教师必须创造成功的机会，让学生时时处于成功之中：低起点、小步子、勤反馈、多指导。帮助学生获得成功，在成功的体验中唤醒学生沉睡的自尊与自信。创造机会，帮助成功和体验成功是成功课堂教育的关键点和基本策略。

二、小组合作学习收效高

成功课堂的理念是让学生体验成功，课改的核心是"让学生动起来"，也就是让课堂成为学生展示自己的舞台。那么，作为教师，我们应如何让学生"动"起来呢？通过不断的探索和实践，我们认识到小组合作学习是一种让学生"动"起来的好方法，也就是众人拾柴火焰高。

（一）预习导学——小组合作学习的前提和基础

课前预习并不是完全放任学生进行盲目的学习，而是由教师制订出切实可行的导学案，让学生看到学案，就有了方向，就知道小组内应该解决哪些问题，以什么方式解决，他们当然就有兴趣准备了，也就"动"起来了。学生有目的性地进行知识点的预习并搜集资料，同时也找出自己不明白的地方，为合作探究和成果展示做好准备。

（二）展示交流——小组合作学习的关键

在小组讨论后，进行成果展示，也就是全班各组同学一起交流，先让讨论得比较成熟的小组代表发言，汇报该组对知识的理解程度，其他各组进行补充、质疑和评价，再由各小组提出本组的疑难问题，小组之间进行讨论、解答，前后黑板是学生动起来的杰作。在讨论的过程中，教师一定要做好调控，使学生的讨论始终围绕学习目标，突出关键问题；最后，教师不失时机地进行引导，师生共同对所学内容进行归纳，形成一致意见。这样，不仅能使每一个学生都可以在课堂上大胆地、尽情地发表自己的见解，让学生积极主动地获取知识，提高他们的自学能力和分析、判断、推理等多种思维能力，而且在不知不觉中，学生们的语言技能也得到了提高，学习潜能和创造力也得到了发挥，更重要的是培养了学生团结合作的精神，克服了以自我为中心、胆怯等不良心理。

（三）达标检测——小组合作学习的检测

在成果展示之后，教师按一定的评价标准对各个学生进行全面、客观、准确的评价。而课内练习是学生巩固知识的必要环节，也是检测教学效果的有效手段，教师及时运用预先设计好的练习题，从知识的不同层次、不同侧面让学生练习测试。在学生自练的基础上，让其互评、互议、互批、互改，对其中出现的代表性问题，教师再进一步点拨讲解。

采用小组合作学习之后，我觉得学生的学习状态、精神面貌都有了很大的改变：

1. 小组合作学习，让学生学会探究

采用了小组合作学习后学生的学习不再是教师"满堂灌"下的机械重复、简单记忆，而是亲身经历、发现、体验、探究的过程。学生有情感的投入，有内在的动力支持，积极运用各种学习策略，在解决问题中学到了知识，活用了知识。学生在与教师合作性的互动教学活动中，形成了有效的自主学习方法。

2. 小组合作学习，让学生学会了沟通

小组合作学习能使学生积极参与，真正成为学习的主人。不仅每个组员要充分发挥自己的能力，而且各组员之间还必须建立良好的合作关系。即使在学习上有困难的学生，通过小组合作学习，往往也能有所进步。由于目标一致，学生发生冲突时也能跳出自我，从他人的角度看待问题，听取别人的意见。因此，学生在小组合作学习中可以学会互相尊重和理解，学会沟通，学会互相分享。

3. 小组合作学习，让学生拥有了自信

以前，在我的课堂中，很多学困生整日默默无言，不敢张嘴、不敢看老师，但采用了小组合作学习方式后，他们在组长及其他组员的带动下敢于张嘴、勇于表现自我了，特别是在成果展示的平台上，常常都能听到他们的声音，他们的自信心增强了，学习兴趣自然也高涨了。

现在，在我的课堂里，学生体验到了成功，我更收获了成功的喜悦。今后，我还要继续进行成功课堂教学，力争早日走出自己的教学之路！

作者简介：

吴卫辛，男，1994年参加工作，中共党员，2012年到小汤山中学，现任学校政史教研组长。曾在《中国德育》等报纸杂志发表文章6篇，出版著作5本，先后11次获全国类奖项、4次获全市类奖项、10余次获区级奖项，曾被评为区优秀青年教师和区骨干教师。

浅谈高中后进生的转化

◎作者 孙建明

十年树木，百年树人，国家发展大计当以教育为本。学校教育的对象就是学生，高中生正处于青春期，内心敏感、思想复杂，高中阶段是世界观、人生观、价值观形成的关键时期，而且学生极易分化，大部分学生学识更加丰富，思想更加成熟，待人接物更加稳健，精神越来越积极、昂扬、向上，而一小部分学生却不爱学习，纪律观念淡薄，思想消极，成为所谓的"后进生"。大部分优秀学生，老师喜欢、家长高兴。而小部分后进生，老师、家长都头痛。但我们教育的目的不光是精英教育，而是全面的素质教育，让每一个学生都成才、成人，是我们教育义不容辞的责任。那么，面对后进学生我们该怎么办？作为一名合格的教师，有责任转化这一部分学生，让他们像其他学生一样享受阳光、雨露、健康、快乐、自信地生活，由一棵倾斜、瘦弱的小树成长为笔直的参天大树，在他们身上绽放美丽的素质教育之花。

我从事班主任工作十几年，在转化后进生方面有一些自己的做法，效果良好，现总结出来与同仁一起分享。

一、从班主任班级管理的角度实施的方法

（一）安排班级座次时不应歧视后进生，要好、中、差合理搭配

在班级座次安排上学问很大，按高矮排，有其合理之处，但也有弊端，按成绩排位最不可取，最容易激发矛盾，滋生班级混乱现象，最合理的就是把班级的男女生高矮、成绩全面掌握起来后进行好、中、差合理的搭配，既可起到传、帮、带的作用，又不会出现好、差集中的现象。

（二）多找"后进生"谈话，使其不受冷落

我们多数老师经常找成绩好的学生谈话，往往冷落了一小部分后进学生，此法不可取。后进生更需要老师的关注、关心。谈话要多地点、多角度、多方式，可在课间、饭前、饭后、放学的路上，更可在办公室。谈话一定要注意艺术性，要蹲下来与学生交流，不能高高在上，不能板着脸。面色要柔和、和蔼。内容上，不能单纯说教，泛泛说理，应多结合自己上学时期的实际谈谈家庭、社会、人生、理想等，要让学生感受到你的真诚，要进行心与心的交流。在办公室可以让学生坐下来，促膝交谈，更显平等与真诚。可以通过一个细微的动作（如拍拍肩膀、摸摸头）、一个会心的微笑、一句温馨的话语，融化学生那颗受伤而冰冷的心。

（三）要爱中有严，严中有爱，严而有格，严而有度

对违反纪律的后进生不能姑息纵容，不能轻描淡写地不了了之，更不能不管不问，听之任之。但也不能狂风暴雨般，劈头盖脸地批评、数落，甚至威胁、恐吓，又是停课反省，又是叫家长，又是劝退，这只会适得其反，弄巧成拙。碰到后进生违反纪律要冷静，切忌用简单、粗暴的方式处理。

（四）使他们融入集体，用集体的力量约束他们，甚至温暖他们、感化他们

集体的力量是无穷的，值日组内进行劳动不合格全组一块儿处罚，宿舍内违反纪律一起批评，作业组内完不成作业一同扣分，进行这种捆绑式教育，其他同学就会联合起来帮助他们。

（五）多给"后进生"施展才能的机会

"后进生"在学习上可能成绩落后，但在运动场上可能有他们矫健的身

姿，文艺晚会上可能有他们嘹亮的歌声，劳动中可能有他们不怕脏、不怕累、满头大汗的身影。所以为了提高这部分学生的积极性，发挥他们的才能，可以安排他们担任体育委员、文艺委员、劳动委员、值日组长等职务。或让他们干一些具体而又力所能及的事情，如让学生做搜集名言警句并摘抄在黑板上的负责人，或负责每天黑板上值日班长、课程表的更换工作。他们都会很积极而且干得很好。

（六）多发现他们的闪光点，拿起表扬的武器，机智地转化"后进生"

这些同学是矛盾的统一体，有这样那样的毛病，但也有自尊心，也希望得到老师、同学的赞扬和认可。在平时的学习和生活中，只要发现他们的闪光点，或捡拾一片纸屑，或帮助擦黑板，或帮助倒垃圾，或认真做作业，等等，尤其是学习成绩上的一点点进步，我们都要及时加以表扬，这样久而久之，善的就会战胜恶的，就像地里种上庄稼才不会长草一样。这样，慢慢地他们就会朝好的方面发展。

（七）一视同仁，要有公心

违反纪律的不一定都是后进生，成绩好的同学一样也会违反纪律，如果同时违反，怎么对待？不少老师往往厚此薄彼，对成绩好的同学一脸灿烂，对后进生却冷若冰霜；对成绩好的同学和风细雨，对后进生却恶语相向。这样，很易伤透后进生的心，只会让后进生更自暴自弃，破罐子破摔，走向无底的深渊。所以碰到这种情况，要一视同仁，在了解情况的前提下该批评的都批评，要有公心。

（八）多与家长沟通、交流，建立"教师—家长—学生"沟通机制

与家长的沟通、交流一定不要在学生违反纪律后，要充分利用时机，如电话联系，在学校中偶尔碰面，家访时，开家长会时，家长主动联系时，可和家长全面或就具体的某一方面交流学生的学习、思想、生活情况，只有这样，才能在转化后进生的过程中知己知彼、有的放矢。

（九）尽量阻断后进生结帮的机会

俗话说：物以类聚，人以群分。后进生之间往往有更多的共同语言，共同爱好，共同活动空间，而他们经常在一起更增加了玩耍、违反纪律的机会，也更没有兴趣学习了，甚至还有拉帮结派的危险。有饭一起吃，有架也一起打，

这也增加了违反纪律的严重性，更有甚者可能走上违法犯罪的道路，所以为学生的一生负责，要尽量阻断他们更多接触的机会，使他们把时间放在学习上。要求他们课间、饭前饭后不能在教室内、教室门口聚堆、打闹，不能一下课就跑出教室到其他教室门前聚堆、打闹。男女同学不能有太亲密的接触，走读的同学不能在大门口聚堆，住宿生在宿舍内没事不能经常跨宿舍聚堆。老师要经常利用课间到教室转一转，看一看，也经常找其他同学了解情况，发现情况及时处理。这样几次以后，教室就会安静下来，聚堆、打闹少了，学习气氛也就浓了。

（十）民主评议互找优缺点

每星期班会时间，组织学生通过书面形式互找优点和缺点，涉及后进生的要及时总结，对其优点要大加表扬，有问题要指出并要求其及时改正，让后进生知道其他同学对他的看法、态度，要他们处理好与其他同学的关系，不要陷于孤立。时间一长，后进生问题就少了，优点就多了。

（十一）建立后进生成长档案

要专门为后进生建立成长记录簿，记录他们违反纪律的次数、做的好人好事，绘制他们的考试成绩曲线图，要求他们每个星期写一篇思想日记，老师亲自批阅。

二、从任课教师的角度实施的方法

班主任和任课教师都是班级的管理者和教育者，班级管理不光是班主任一人的事，与任课教师也密切相关，尤其是后进学生的转化。班主任要与任课教师协调一致，共同使班级蒸蒸日上，班主任要经常与任课教师交流转化后进生的方法与措施，要达成一致意见，以免出现班主任往前拉，任课教师往后拖的现象。

（一）课堂上要经常提问后进生，不能使后进生成为无人问的"特区"。有的老师怕影响课堂效果，课堂上往往只提问那几个得意弟子，甚至有的老师漠视后进生的积极主动表现，对后进生的提问、举手不屑一顾，从而把学生思想的火花给抹杀了，更有甚者挨个提问学生时，碰到后进生却跳过去，这无疑于给了后进生一巴掌，更打击了他们的学习积极性。老师应经常提问后进生一些相对容易的问题，回答对了多表扬，回答错了少批评，评价要委婉，不要刻薄。虽然可能多耽误一点时间，但会增强后进生的自信心，甚至影响他们的一生。

（二）作业批改多留言。作业本是师生无声交流的阵地，鼓励老师在每次作业后多给后进生留几句或热情洋溢，或见解独到，或蕴涵哲理，或真诚体贴的话语，要对学生进行鼓励，与学生交心。如："我相信，你能行"，"勤能补拙"，"是金子总会发光"，"拼三个春夏秋冬，搏一生无怨无悔"，"既然选择了远方，便只顾风雨兼程"，等等。这些话会让学生感动，他因此不会辜负你的期望。

后进生的转化是一个老生常谈的问题，但又是一个必须常谈而且要常谈常新的问题，因为它关系着我们的全面素质教育，关系着学生一生的幸福。学生正处于成长期，这棵小苗需要老师细心施肥、浇灌，尤其是后进生更需要阳光、雨露，如果因为我们的疏忽，这棵小苗过早夭折了，我们将是教育界的罪人，更是社会的罪人。所以我们所有老师要群策群力，一起研究，优势互补，达成共识，必须为学生的一生负责。后进生转化是长期而又耗费精力的工作，但是意义十分巨大，我们老师要本着做教育家，而不是工作者的崇高思想，牢记"转化一个后进生就会改变一个家庭，惠及子孙后代"的观念，来进行这项平凡而伟大的事业。

爱是教育的基础，只有热爱学生，才能教育好学生。尊重、信任后进生，解决后进生有自尊和自尊得不到尊重的矛盾，关心和帮助后进生，解决后进生好胜又得不到取胜机会的矛盾，抓好后进生教育的反复现象，解决后进生有上进心与知难而退的矛盾。消除后进生戒备心理的唯一途径，是教师对后进生要爱得真、爱得深，将严格要求渗透在爱中。

作者简介：

孙建明，男，1994年参加工作，中共党员，小汤山中学物理高级教师，昌平区骨干教师，高中班主任和年级组长。曾被评为昌平区优秀班主任、昌平区优秀教师；撰写的论文多次获得市、区一、二、三等奖。

成功课堂的理念与实践

◎作者 张 艳

我校于2011年3月16日启动成功课堂。成功课堂的理念是教学过程优化，以学生为主体，师生互动，学生思维活跃、主动发展；教学手段和方法优化，教师驾驭课堂能力强，提倡激活思维的"启发式"、"探究式"，利用多媒体网络和计算机辅助教学，课堂教学更具新颖性；教学氛围优化，创建民主、和谐的师生关系，内容拓展延伸，更加注重培养学科能力，学生会学、乐学。

我认为教师要完成使命，关键在于把握好课堂，创造高效课堂。教师不仅要把课堂当成知识传授的平台，更要把课堂当成学生成长的摇篮，在课堂上培养学生的能力，促进学生的发展。

一、传统课堂教学

传统课堂教学中教师是课堂的中心，基本采用"满堂灌"的方法，不管学生听不听得懂，反正讲了，学生就应该仔细听，就应该会，课上做笔记，课后做大量习题加以巩固。但事实上有些学生根本听不懂，课下只能抄作业，结果学生疲劳厌学，教师疲劳厌教。长此以往，学生一旦习惯了这种被动的学习，学习的主动性就会渐渐丧失，这种课堂教学显然是失败的。

成功的数学课堂应遵循发展性原则，教师要从学生的潜能开发、思维拓展、身心发展、自主健全的角度出发，在数学课教学中要灵活运用不同的教学方法，最大程度地开发学生的潜能，培养学生的创造性思维。学生是学习的主人，我们要放手让学生自己去发现问题、解决问题、推导公式、归纳结论，自己摸索前进。当然，这里的放手绝不是放任自流，否则，学生得到的将是一些肤浅的、支离破碎的、不完善的知识。所以，我们在充分相信学生的能力、充分放手的同时，还要多在引导上下功夫，讲究"导"的艺术。教师"导"得好，学生的聪明才智才能得到充分发挥，真正驾驭学习，成为学习的主人，才能为自主学习添活力。

二、打造成功高效的课堂

要完成知识的传播，培养学生的思维能力，这一教学过程的关键是教师的教学设计，如何培养学生的创造思维，如何成功上好一堂数学课，应注意以下几点：

（一）更新教育教学观念

教育家苏霍姆林斯基曾经告诫我们："希望你们要警惕，在课堂上不要总是教师在讲，这种做法不好……学生通过自己的努力去理解的东西，才能成为他自己的东西，才是他真正掌握的东西。""师傅的任务在于度，徒弟的任务在于悟"，在课堂教学结构上，教师要始终坚持以学生为主体，以教师为主导的教学观念，使学生成为学习的主人，放手让学生自己去发现问题、解决问题、推导公式、归纳结论，自己摸索着前进，教师的任务是点拨、启发、诱导、调控，真正实现教学相长。

（二）提高高中数学复习课解题教学的艺术性

在高中数学复习时，由于解题的量很大，就更要求教师将解题活动组织得生动活泼、情趣盎然，让学生领略到数学的优美、奇异和魅力，这样才能变苦役为享受，有效地防止智力疲劳，保持解题的"好胃口"。我们要使学生由"要我学"转化为"我要学"，课堂上要想方设法调动学生的学习积极性，创设情境，激发热情。一道好的数学题，即便具有相当的难度，也像一段引人入胜的故事，那迭起的悬念、丛生的疑窦正是它的诱人之处。"山重水复"的困惑被"柳暗花明"的喜悦取代之后，学生又怎会不赞叹自己的智慧呢？我们要使学生由"要我学"转化为"我要学"，课堂上要调动学生学习的积极性，有这样一些比较成功的做法：一是运用情感原理，唤起学生学习数学的热情；二是运用成功原理，变苦学为乐学；三是在学法上教给学生"点金术"；等等。

（三）用严谨的治学态度、幽默风趣的授课方式吸引学生

现在的学生个性鲜明，他们往往因为喜欢某位教师而喜欢他所上的课，因此，作为教师，我就抓住学生的这一心理特征去捕获他们的心。教师要不断更新知识储备，创新教学方法，诲人不倦，认真授业。课堂上，教师以渊博的知

识、工整的板书、精练的语言、独特的思维、巧妙的引导、非凡的耐心引起学生心灵的震撼。例如：在高中数学中，平面几何部分有一节是《双曲线的几何性质》，为了让学生对椭圆与双曲线的性质有深刻的认识，椭圆中讲到的是长轴和短轴，但在双曲线中叫实轴与虚轴，我就创设了这样的情景："椭圆有个长短轴，双曲线中有个实虚轴。大家都看过《天龙八部》这部电视剧，剧中有一个主角叫虚竹，请大家不要跟我们的虚轴搞混了。"

（四）了解、掌握学生的学习状况

教学的本质在于使学生受益，教得好是为了使学生学得好，学生学会、学好才是教学的根本目的。课堂上讲习题时，当我向学生介绍一些精巧奇妙的解法，特别是一些奇思妙解时，有的学生看似听懂了，但当他自己真正实践解题时却发现茫然失措、无从下手。教师在备课时把要讲的问题设计得十分巧妙，表面上看天衣无缝，可以完成一次完美的教学，结果真的会是这样吗？其实，任何人都会遭遇失败，如果教师把自己思维过程中失败的部分隐瞒了，把最有意义、最有启发的东西抽掉了，学生除了赞叹教师的高超解题能力以外，又能有什么真正的收获呢？因此，教师要深入了解学生，从学生的实际出发进行教学，针对学生的个性特点，提出不同的要求。建议基础好的学生注重能力提升，多做高考真题；基础差的学生多练习课本中的例题；要善于发现和培养有特殊才能的学生，鼓励其发挥专长，并加强对学习有困难的学生的工作。

（五）树立终身学习观，不断完善自我，顺应时代的要求

高中数学教师也要做到不断学习，为自己充电，进行自我的完善。比如学习相关的数学教育理论，在专业领域继续深造，阅读数学教学理论，等等。这样能够使我们更加理智地看待自己和他人的教学经验，能够更大限度地做出有效的教学决策，从而达到更好地教授学生的目的；也只有这样，才能成为一名合格的人民教师。

总之，教师要不断探索教学的"术"与"道"，创造成功的数学课，让学生积极主动地参与课堂，师生互动，做到趣味性、娱乐性融为一体，促进学生快乐地发展，让学生真正体验到参与课堂的乐趣，极大地激发学生的学习兴

趣，使学生乐于学数学，主动学数学，这样做能使学生学好数学。当然，这样的教学设计应以教学内容为依据，悉心捕捉所学知识的各种信息，加以艺术化，突出核心知识，展开联想，培养学生求异创新的思维能力。

作者简介：

张艳，女，2004年7月参加工作，中学数学一级教师。现任小汤山中学高中数学教研组长。多次承担区研究课、校公开课，评价优异；撰写的论文曾获市级二等奖；多次被评为镇级骨干教师和校级优秀班主任。

如何提高通用技术课程课堂的实效性

◎作者 魏 军

2008年，我校根据北京市教委的统一要求，在高中开设通用技术课程，我成了这门新兴学科的任课教师，这使我感到责任重大。如何真正运用新的教育理念教好这门课，让学生喜欢上这门课呢？实践中我不断更新自己的教学理念，利用不同的教学手段，更好地调动学生的学习积极性、主动性和创造性，培养学生的操作技能和创新能力，提高通用技术的课堂教学效果。

一、构建和谐课堂，营造学习氛围

课堂教学中，构建"和谐课堂"可让学生感到宽松、愉悦，没有任何形式的压抑和强制。在这种氛围下，学生可以自由自在地思考、探究、实践，可以无所顾忌地发表自己的见解，也可以大胆果断地进行决策和实践。因此，在保证基本教学秩序的前提下，给学生一定的宽松度和自由度，使学生在课堂教学过程中能够张弛有度，始终保持一个良好的心态，进行积极的思考，这能从根本上培养学生的操作技能，更有利于学生创新思维的开发。

二、情境导入，激发学习兴趣

教育家皮亚杰说过："少年儿童是有主动性的人，他的活动受兴趣和需要的支配，一切有效的活动必须以某种兴趣为先决条件。"点燃学生兴趣的火花，激发学生动手实践的愿望，首先必须设计一个新颖而有吸引力的教学情境。如我在教《控制系统的基本组成与工作过程》一课时，利用"自动门"和"水箱水位"控制模型演示给学生看，二十多双眼睛被深深地吸引住了，"哇，好神奇啊！"在观察过程中，"啊"、"呀"之类惊叹之声不绝于耳。我接着问："你们看到的这个过程，知道它们是如何实现的吗？今天这节课我们就来学习这两种控制的基本组成与工作过程。"学生的学习积极性一下子被激活了。有了这么一个良好的开端，教学活动就自然顺利开展了。

三、直观教学，让课堂"活"起来

发挥直观教具的优势，调动学生动眼、动口、动脑和动手等多种感观参与的技术实践活动，从而实现教学过程的整体优化，更好地让学生掌握技术要领，提高教学效率。

如讲《三视图形成原理和识图》一课时，我让学生自己选模具绘制三视图，然后运用实物投影仪将学生绘制好的图纸展示给大家，指出问题，从而进行改正，接下来再利用花泥将三视图还原成立体图，充分锻炼了学生的空间想象力，这样每个人都积极地动手，从而使课堂"活"了起来，激发了学生的学习兴趣。

四、鼓励独创，享受成功乐趣

现今实施素质教育，以培养学生的创新和实践能力为重点。当学生注意的对象变成手中直接操作的对象时，他们的大脑皮层就会处于积极的活动状态。实际操作是促进智力发展的重要手段，通过动手实践，使思维的结果物质化，成功者可巩固其所学理论，提高其技能；即使失败，也可使学生的创造性思维更符合现实，更具有实际效果。如在讲《欣赏和评价典型结构设计》一课时，我利用花泥作材料，让学生按照图纸，利用尺子、美术刀、铅笔加工出斗拱结构，10多分钟的时间，学生就完成了简单斗拱的制作然后出示复杂斗拱模型，对这个结构进行欣赏和评价。这样既调动了学生的学习积极性，又提高了教学效果，在实践活动中培养了他们的创造意识和动手能力。通过不同材料和工具的使用，同学们也掌握了一定的技巧和方法。

课堂上学生自己动脑去探索，动手去实践，体验使用工具的手感，通过动手与动脑，掌握技术要领，反复实践，形成技能。

五、自主探究，优化课堂结构

教育家布鲁纳认为，教学不应是"奉送真理"，而应是"教人发现真理"。"尝试—探索"的教学模式就是教人通过实践活动去发现真理的模式。长期的教学中我主要使用"尝试—探索"的教学方法，经常让学生以小组形式先自主尝试来学习技术操作的方法，教师的指导分析贯穿在学生尝试学习操作的实践活动之中。"多功能学习用品盒制作"课的前一周，我发动学生周末时查找学习用品盒设计方面的相关资料，包括上网、去书店、图书馆等。课上每个人先说出自己的设计方案，小组讨论后修改，然后分组讨论，学生从外观、结构、大小、材料、工艺、特色等方面进行综合的设计，最终以组为单位每组选出一个最佳设计方案，并完成学习用品盒的制作。

六、有效评价，激发创新欲望

教育心理学研究证明，正确的评价，适当的表扬和鼓励，可以激发学生的上进心。通用技术课的教学评价是教学活动的一个重要组成部分，它是以教学目标为依据，运用有效的评价手段，对教学活动的过程和结果进行测定、分析、比较，并给予价值判断的过程。评价应注重学生在活动过程中的具体表现，尤其注重对学生在实践制作中综合运用知识的能力。

（一）采用开放式评价

在通用技术课堂教学中，教师应该注重学生在学习中表现出来的情感和态度，关注学生学习发展的过程，帮助他们认识自我。从学生提出问题到最后形成结论、制成作品，教师都必须引导学生在教学过程中进行多方面评价。对学生通用技术课制作作品的评价，不能只关注作品，而应充分发挥评价的激励与引导作用，挖掘每个人的闪光点。

（二）学生自我评价

新课程倡导评价方法的多样化，尤其强调质性评价方法的应用。我们确立"以学生为主体"的课堂教学基本模式，让学生主动参与，鼓励学生自我评价。例如在"壁挂式简易衣帽架的制作"的实践课教学中，我将教学过程设计为"激趣导入"、"师生研讨"、"实践创新"、"作品评析"四部分。教师事先设置"学生作品评价表",每项内容都让学生认真填写、自主评价。提倡学生中能者为师,互帮互学。教师只作巡视指导,针对个别学生作具体的辅导,很少作面向全体学生的讲解,把时间留给学生,课堂气氛十分活跃。学生自我评价时分为小组内交流发言、进行自我评价和班级小组中开展相互评价,人人通过自评找出不足,通过互评提出建议。学生"自我评价"教育活动的开展拓展了学生的创新思维,而且在评价与实践中培养了学生的创新能力。

二十一世纪,社会对教师的素质要求更高,对新学科教师教学的基本功也提出了更高的要求。在今后的教育教学工作中,我将更加严格地要求自己,努力把握教学方向,认真钻研新课程的教学,努力工作,发扬优点,克服不足,开拓前进,使我校通用技术教学更上一个新台阶。

作者简介:

魏军,男,1997年参加工作,中共党员,小汤山中学通用技术教师,现任学校信艺组教研组长。参加昌平区教师基本功比赛、教学设计与实录课比赛、信息技术与学科教学整合录像课比赛获得一、二等奖,撰写的论文有三篇获市、区二等奖。

"心灵港湾"让汤中心理健康教育扬帆启航

◎作者 陈 玲

在全面贯彻教育方针、实施素质教育的今天,学校开展心理健康教育,既是学生自身健康成长的需要,也是社会发展对人素质要求的需要。中共中央在《关于进一步加强和改进学校德育工作的若干意见》中明确要求:"通过多种方式对不同年龄层次的学生进行心理健康教育和指导，帮助学生提高心理素质，健全人格，增强承受挫折、适应环境的能力。"我校向来高度重视心理健康教育，把心理健康教育视为我校整体教育改革和"成功教育"的重要内容和突破口。在几年的探索与实践中，在各级领导的精心呵护和全校教职员工的辛勤工作下，我校的心理健康教育工作迈进了一大步，形成了自己的特色，取得了一些成绩。

一、"心灵港湾"心理咨询室建设正朝着专业化方向推进

我校心理咨询室原来名为"心灵驿站"，经过缜密思考，现在改名为"心灵港湾"。"港湾"本指船舶用以避风、避浪、避水流，而能安全停泊，并能装卸货物及让乘客上下的地方。两个字的更改，显得更大气、更具有安全感，同时充满了正能量。"心灵港湾"立足全体师生的成长与发展，为全校师生宣泄不良情绪、释放压力、找到重新出发的力量，帮助他们感悟价值和体验幸福，成为汤中人心灵栖息的港湾。

2011年下学期，酝酿已久的心理咨询室建设工作开始展开，在原有配置的基础上，我们又配置了具有1500多种沙具、高规格的沙游工作坊，体验和领悟到"一沙一世界，一水一天堂"的独特的沙游治疗优势。"心灵港湾"还购置了一套心理档案管理系统软件，记录学生在社会适应过程中的心理健康状况，是用以评定、预测和监控学生心理行为的管理系统。该软件为家长和学校心理老师提供了一个交流平台，他们能够配合学校促进子女全面健康成长，成为学生心理健康教育中的一支重要力量，使学校心理健康教育得到横向发展。另外，咨询室还添置了沙发、玻璃茶几、心理学书籍、心理挂图、盆栽等，墙上巧妙地贴着各种各样的墙贴，让人觉得如进了"心灵花园"一样，充满了温馨和阳光。现在的"心灵港湾"，总体给人一种幽雅、清静而又温馨如家的感觉。咨询室外面挂有"心情涂鸦板"。全校只有在这个留言板上可以任意挥洒自己的心情，为学生们宣泄不良情绪提供了一个平台。咨询室外面还设有精美的"知心小信箱"，方便学生与心理老师沟通。学生有什么心理问题、困惑需要帮助却又因为某些问题不能面谈的，都可以写信投进"知心小信箱"。

二、通过"心灵港湾"网站、心理专刊、校园广播站等形式普及身心健康的专业知识和自我调节心理的有效策略

为了让每个学生都能更好地了解心理健康的重要性，提高广大学生的心理素质，从而帮助学生们更好地认识自己，使自己的潜能得到更好的发挥，提高学习效率和社会适应能力，我校心理健康教育加大了宣传力度。通过"心灵港湾"网站、心理专刊、校园广播站等形式普及身心健康的专业知识和自我调节心理的有效策略。我校购置的心理档案管理系统软件已经投入使用，同学们登录浏览，能更深入地了解心理健康知识，更方便地与心理老师交流。学校广播站专门开辟了"心灵港湾"栏目，及时传播心理健康教育知识，解决一些普遍性的问题。另外，还出版了每月一期的心理小报，根据需要，有针对性地设计相关栏目。如考试前设计"考前心态调整"；针对学生仪表问题，讨论"校服与个性"；青春期异性交往方面，开辟"阳光男孩女孩"等栏目，使专刊真正成为学生学习心理健康知识和掌握情绪调节策略的园地。全方位心理知识的宣传，能让学生们懂得心理健康的重要性，更全面地了解自己的心理，同时更科学地了解别人。

三、积极参加区级或市级课题，在专家的引领下开展各项工作

2010年，昌平区进修学校申报了《初中生健康异性交往教育方法研究》课题。该课题是《北京市中小学性健康教育大纲实践研究》的一个子课题。我校很荣幸地成为该课题的实验校之一。通过两年的课题跟进和各项工作的开展，我校初中生异性交往方面的教育取得了可喜的成绩。初二（1）班《成长路上，你我同行》，在2011年昌平区中小学心理健康教育课堂教学评优中荣获三等奖。2012年11月，《成长路上你我同行——初中生健康异性交往》论文在"北京市中小学性健康教育研究项目"征文中荣获论文评比二等奖。《关注羊群效应——从个案谈初中生异性交往过程中ABC理论的利用》在"北京市中小学性健康教育研究项目"征文中荣获论文评比一等奖，该论文在2012年6月曾荣

获"第五届全国学习性健康教育学术研讨暨国际论坛"论文评比二等奖。《关注初中生异性交往以及合理情绪疗法的利用》荣获2012年北京市学术论文一等奖，并编入《2012学术年会论文集》。由于领导的大力支持和同学们的配合，通过自己的努力，我在北京市性健康教育项目《中小学性健康教育大纲修订与实施》课题研究中表现突出，荣获昌平区唯一"先进个人"称号。并且，小汤山中学心理健康工作得到了北京市教育委员会和北京市性健康教育研究会课题组的充分肯定和认可，现在向我校发出2013年课题申请意向书，邀请参加北京市中小学青春健康教育项目新一轮研究和实验。相信在该课题的支持和引导下，我校青春健康教育工作将更全面、更深入地开展。在该课题的带领下，心理健康教育工作将打开新的局面，更上一层楼。

四、通过各种团体活动扩大心理健康教育工作的辐射和影响

个案咨询是心理健康教育的工作重点，是心理老师的常规工作，我校坚持每周三中午开放心理咨询室，其他时间的辅导由学生另行预约，且要求做好咨询登记、咨询面谈接待、咨询记录和个案研究工作。但是，个案咨询绝不等于心理健康教育，心理健康教育工作的主阵地绝不能只在心理咨询室，我们工作的目的不再仅仅是个案的危机干预，更应该面向全体学生的发展。因此，心理老师一定要更新观念，以全新的姿态开展工作的新局面。一定要通过各种喜闻乐见的活动来推进心理健康教育。比如心理情景剧比赛、团体拓展训练、角色扮演、心理社团、校园建设等帮助全校师生成长和发展。2012年11月，我校组织了非毕业班"校园心理情景剧"比赛活动。组织"校园心理情景剧"的目的，是通过角色扮演的方法帮助学生以一种自发的、戏剧化的方式表达自己的或别人的感受，它能使许多人扮演各种角色，并受到这些角色的影响，符合学生的年龄特征，能直接展示学生身边发生的具体情景，有助于诱发和唤醒学生更多的自我反思。该活动是我校心理健康教育的一次新的探索和尝试。通过老师和同学们的共同努力，高中部和初中部比赛圆满结束。其中高中部的《花开应有时》和初中部的《青春你我同行》荣获一等奖。这次比赛，学生参与面之

广、投入程度之深,超过以前的任何教育活动。准备剧本、排练、彩排、比赛过程就是一个学生变化、分享、共同成长的过程,我参与指导的过程就是和孩子们一起参与、体会、领悟和成长的过程。通过这次团体活动,心理健康的观念更深入人心,学生面对问题的时候会理性对待,解决问题的方式会更积极。

现在,心理健康教育已经成为我校的一项重点工作,"心灵港湾"将一如既往地为汤中师生服务,为汤中可持续发展保驾护航。

作者简介:

陈玲,女,2002年参加工作,中共党员,小汤山中学德育干事,心理咨询师,英语老师。撰写的论文、课例、教学设计多次获奖,论文《关注羊群效应——从个案谈初中生异性交往过程中ABC理论的利用》在"北京市中小学性健康教育研究项目"征文中荣获论文评比一等奖,被编入《2012学术年会论文集》。在北京市性健康教育项目中荣获"先进个人"称号。

播撒师爱之光,呵护打工子弟

◎作者 孙 婕

教师职业道德的核心是爱学生。爱,是人类最美丽的语言;爱,是教师无私的奉献;爱,是教育学生的桥梁;爱,是沟通情感的钥匙。

近年来,随着外地打工人员的涌入,打工人员的子弟自然而然成了学校生源的一部分。然而这些孩子由于不停地转学,学习成绩、行为习惯都有待提高。面对这样的孩子,更要做到爱如慈母,管如严父,导如师长,交如朋友。在生活上对他们体贴入微,以良好的师德影响他们,以积极的情感感染他们,以健康的心态引导他们,使他们在爱中健康成长。

一、教育情景描述

我班有一位叫郝志远（化名）的男生，上初一时跟随打工的父母来到北京，分在了我的班。刚来时，这个男生看起来一切都是规规矩矩的，让我放下了悬着的心。然而不到一个学期，他的劣迹就屡屡出现：在课堂上睡觉，开始时对老师的提醒不理不睬，后来便顶撞老师；不交作业，或是即便交了，也是抄的，老师找他单独了解情况，他不是一言不发，就是跟老师顶嘴。继而发展到迟到、抽烟。起初我经常找他谈心，对他进行批评教育，请家长，甚至动用学校的处分机制，然而这些方法不仅于事无补，反而导致他更野蛮的行为：喝酒，打群架，考试作弊。面对这样的情况，我重新调整教育的方式，采取妈妈式的爱心疗法，尽最大可能，呵护这位打工子弟，使他重回正轨。

二、案例分析

作家冰心说过："世界上没有一朵鲜花不美丽，也没有一个孩子不可爱。"任何一个孩子的心灵深处都有一个无限丰富而又美好的世界等着我们去开发，走进孩子的心灵，特别是呵护打工子弟，是每一位教师义不容辞的责任。

（一）多次转学对他心理健康的影响

由于父母没有固定工作，所以小学六年，他转了四所学校。在这六年里，他接触的各类人中都有带着有色眼镜看他的，这让他明显感觉到自己和别人不一样。于是，升入初中后，他为了让老师和同学们对他另眼相看，采取了非常措施，以得到大家的关注。这种扭曲的人格让他在班级中显得格格不入。

（二）家长的过高期望对他的影响

他的父亲是个瓦工，母亲没有一技之长，靠打零工维持生计。带着他来北京，就是希望他不再过像父母一样的日子，总希望他各方面优秀一些，再优秀一些，甚至奢望他完美无缺。然而正是因为这样过高的期望，使得这个孩子的心理承受不了这样的压力，于是通过学坏来发泄。

（三）青春期叛逆心理的影响

这个孩子比同年级的孩子大一岁，青春期也稍提前了一些。青春期，在神经内分泌的调解下，自我意识在逐渐增强，"反叛期"就会出现，情绪不稳、易激动、烦躁不安、极其自卑，对外界及自身易产生怀疑、不信任感，情感很容易从一个极端走向另一个极端，心理冲突或挫折，往往导致心理问题的产生。即使一个普通的孩子，在青春期也极易出现逆反心理和叛逆现象，更何况他有着与别人不同的成长环境呢？其实，在叛逆暴躁的外表下，包裹着的是一颗极其脆弱、敏感的心，即使是老师无意中的一句话、一个眼神，都可能在他的心里激起千层浪花。为了维护他那颗高傲的心，他便采取学坏的方式来掩饰自己。

三、案例过程

（一）深入调查

我通过多次与家长联系，跟同学调查，搜集材料，建立了档案：他渴望得到别人的理解，但多次转学使得他对老师、同学缺乏信任；家长过高的期望，使得这个孩子承受不了这样的压力，便通过学坏来发泄；青春叛逆暴躁的外表下，包裹着的是一颗极其脆弱、敏感的心，需要有人来呵护。

（二）教师持久施爱

了解到这些情况后，我蹲下身子，放下架子，无数次像关心、爱护自己的孩子一样去关心、爱护这个学生，尊重、相信这个学生。在他生日的时候，写卡片祝福他；在他进步的时候，给他家长发短信表扬他；在他反复的时候，写小纸条提醒他；在他彷徨的时候，关注他、鼓励他。

时间久了便发现，这个孩子本性并不坏，只是人生观、价值观在长期的心灵压抑中被扭曲了。他热爱劳动，头脑聪明，在语文科目上的感悟能力非常强，在物理课上反应异常灵敏。对此，我与物理老师沟通，安排他担任物理课代表。他得到这样的重用后，欣喜之情化作行动之力，成了物理老师的得力助手，学生学习的好榜样。

（三）集体诚心帮助

一个有爱心、讲团结的集体，终能融化学生自卑的心。看到他每天的变化，我知道，是时候鼓励他登上第二级台阶了——展开理想的翅膀，实现心中的梦想。由于他的内心深处一直渴望被理解、被尊重，一直有一股上进的力量，如将这上进心唤醒将激发出巨大的动力，这股动力会不断推动他一路前行。我特地召开了一次题为"展开理想的翅膀"的主题班会，让学生们畅谈自己的理想，并为实现自己的理想制订切实可行的计划。在老师正确理论的引导下，集体力量的感染下，他的理想观慢慢转变了。

（四）家长积极配合

志远的父母一直都是爱他的，只不过他们表达爱的方式让这个孩子感到莫大的压力。经过我的多次指导，无数条有关教育的往来短信，志远的父母改变了自己的期待内容、教育方式。现在，儿子变得越来越懂事，能够体谅父母工作的辛劳，理解父母的一片苦心，家庭变得越来越和睦。

四、案例解决

用志远母亲的一条短信做个见证吧！

孙老师：

您好！

总想写一封信或是一篇文章来表达我对您的感激，可实在是才疏学浅，就算是绞尽脑汁也想不出能表达我心意的词汇来。

总觉得让他过像父母一样的日子有点不忍心，于是总希望他优秀一些，再优秀一些，甚至奢望他完美无缺。但升入初中后他的变化让我束手无策。在他跌倒的时候，您让我关心他、信任他；在他失意的时候，您让我理解他、支持他；在他放弃的时候，您让我原谅他、鼓励他。谢谢您，孙老师。以后他还要爬人生中更多的高山，他说，不管有多难，他一定会不断向上。

孙老师您知道吗？他竟然跟我说：您才是他的妈妈！

五、案例反思

十年的班主任工作，使我认识到爱是一种信任，爱是一种尊重，爱是一种鞭策，爱是一种激情，爱更是一种触及灵魂、动人心魄的教育过程。魏书生老师曾说：世界也许很小很小，心的领域却很大很大。班主任是在广阔的心灵世界中播种、耕耘的事业，这一职业应该是神圣的。愿我们以神圣的态度，在这神圣的岗位上，把属于我们的那片园地，管理得天清日朗，以使我们无愧于自己的学生，以使我们的学生无愧于生命长河中的那段天真年华。

作者简介：

孙婕，女，2001年参加工作，中共党员，中学语文一级教师，初中年级组长、班主任。2008年撰写的论文获得北京市基教研优秀论文二等奖；2010年获得昌平区引课评比活动二等奖；荣获第二十三届北京市中小学"紫禁杯"优秀班主任一等奖；2011年被评为昌平区农村初中语文学科优秀教师；2012年所带初一（1）班被评为昌平区"学雷锋先进集体"。